감정
평가사 1차

경제학원론

기출문제집(+최종모의고사)

SD에듀
㈜시대고시기획

Always **with you**

사람의 인연은 길에서 우연하게 만나거나 함께 살아가는 것만을 의미하지는 않습니다.
책을 펴내는 출판사와 그 책을 읽는 독자의 만남도 소중한 인연입니다.
SD에듀는 항상 독자의 마음을 헤아리기 위해 노력하고 있습니다.
늘 독자와 함께하겠습니다.

기출문제를 효과적으로 학습할 수 있도록 구성한 도서!

감정평가란 부동산, 동산을 포함하여 토지, 건물, 기계기구, 항공기, 선박, 유가증권, 영업권과 같은 유 · 무형의 재산에 대한 경제적 가치를 판정하여 그 결과를 가액으로 표시하는 행위를 뜻합니다. 이러한 평가를 하기 위해서는 변해가는 경제상황 및 이에 기반한 다양한 이론과 법령을 알아야 하며, 그 분량이 매우 많습니다.

큐넷에 공지된 감정평가사 통계자료를 보면, 1차 시험 지원자는 계속적으로 증가하고 있으며, 특히 최근의 증가 폭이 눈에 크게 띕니다. 2023년 1차 시험 지원자는 6,000명을 넘어섰고 2024년 지원자는 작년보다 262명 증가한 6,746명으로 집계되었습니다. 시행처는 최근 시험의 난이도를 높여 합격자 수를 조절하려는 경향을 보이고 있으며 이를 입증하듯, 제35회 1차 시험에서는 전년도보다 난이도가 대폭 상승, 고득점자가 크게 줄어 합격률이 23.28%로 작년 대비 크게 감소하였습니다.

이렇게 감정평가사 시험에 대한 부담감이 가중되고는 있지만, 전략적 학습방법을 취한다면 1차시험에서 과락을 피하고 합격 평균점수인 60점 이상을 취득하는 것이 매우 어려운 일은 아닙니다. 전략적 학습이란 결국 기본에 충실한 학습이며, 이를 위하여 기출문제를 분석하여 중요내용을 파악하는 것보다 더 효과적인 방법은 없습니다. 『2025 SD에듀 감정평가사 1차 경제학원론 기출문제집(+최종모의고사)』는 이러한 시험 여건 속에서 기출문제를 통해 가장 확실한 1차 합격 방법을 제시하고자 출간되었습니다.

이 책의 특징은 다음과 같습니다.

첫째 ▮ 감정평가사 경제학원론 9개년(2024~2016년) 기출문제를 수록하여 출제경향을 파악할 수 있도록 하였습니다.

둘째 ▮ 기출문제의 핵심을 파악할 수 있도록 명확하게 서술하였고, 난이도와 오답분석을 통해 고난이도 문제까지도 효과적으로 학습할 수 있도록 구성하였습니다.

셋째 ▮ 마지막 실력 점검과 실전 연습을 위해 최종모의고사 2회분을 수록하였습니다.

감정평가사 시험을 준비하는 수험생 여러분께 본 도서가 합격을 위한 디딤돌이 될 수 있기를 바랍니다.

편저자 드림

감정평가사 자격시험 안내

⊘ 감정평가

감정평가란 부동산, 동산을 포함하여 토지, 건물, 기계기구, 항공기, 선박, 유가증권, 영업권과 같은 유·무형의 재산에 대한 경제적 가치를 판정하여 그 결과를 가액으로 표시하는 것

❶ 정부에서 매년 고시하는 공시지가와 관련된 표준지의 조사·평가
❷ 기업체 등의 의뢰와 관련된 자산의 재평가
❸ 금융기관, 보험회사, 신탁회사의 의뢰와 관련된 토지 및 동산에 대한 평가
❹ 주택단지나 공업단지 조성 및 도로개설 등과 같은 공공사업 수행

⊘ 시험과목 및 방법

시험구분	교시	시험과목	입실완료	시험시간	시험방법
제1차 시험	1교시	❶ 민법(총칙, 물권) ❷ 경제학원론 ❸ 부동산학원론	09:00	09:30~11:30(120분)	과목별 40문항 (객관식)
	2교시	❹ 감정평가관계법규 ❺ 회계학	11:50	12:00~13:20(80분)	
※ 제1차 시험 영어 과목은 영어시험성적으로 대체(영어성적 기준점수는 큐넷 홈페이지 감정평가사 시행계획 공고 참고)					
제2차 시험	1교시	감정평가실무	09:00	09:30~11:10(100분)	과목별 4문항 (주관식)
		중식시간 11:10~12:10(60분)			
	2교시	감정평가이론	12:10	12:30~14:10(100분)	
		휴식시간 14:10~14:30(20분)			
	3교시	감정평가 및 보상법규	14:30	14:40~16:20(100분)	

※ 시험과 관련하여 법률, 회계처리기준 등을 적용하여 정답을 구하여야 하는 문제는 시험시행일 현재 시행 중인 법률, 회계처리기준 등을 적용하여 그 정답을 구하여야 함
※ 회계학 과목의 경우 한국채택국제회계기준(K-IFRS)만 적용하여 출제
※ 장애인 등 응시 편의 제공으로 시험시간 연장 시 수험인원과 효율적인 시험 집행을 고려하여 시행기관에서 휴식 및 중식 시간을 조정할 수 있음

⊘ 합격기준

구분	내용
제1차 시험	영어 과목을 제외한 나머지 시험과목에서 과목당 100점을 만점으로 하여 모든 과목 40점 이상이고, 전(全) 과목 평균 60점 이상인 사람
제2차 시험	❶ 과목당 100점을 만점으로 하여 모든 과목 40점 이상, 전(全) 과목 평균 60점 이상을 득점한 사람 ❷ 최소합격인원에 미달하는 경우 최소합격인원의 범위에서 모든 과목 40점 이상을 득점한 사람 중에서 전(全) 　과목 평균점수가 높은 순으로 합격자를 결정

※ 동점자로 인하여 최소합격인원을 초과하는 경우에는 동점자 모두를 합격자로 결정. 이 경우 동점자의 점수는 소수점 이하 둘째 자리까지만 계산하며, 반올림은 하지 아니함

1차 경제학원론 출제리포트

구분		2020년 (31회)	2021년 (32회)	2022년 (33회)	2023년 (34회)	2024년 (35회)	전체 통계 합계	비율
미시경제학	수요 · 공급이론	4	4	4	3	3	18	9%
	소비자선택이론	4	1	3	2	4	14	7%
	생산과 비용	4	5	3	1	5	18	9%
	완전경쟁시장	3	1	2	1	3	10	5%
	독점시장	2	1	2	3	2	10	5%
	과점시장, 독점적 경쟁시장	1	2	3	3	–	9	4.5%
	소득분배	1	–	1	1	–	3	1.5%
	임금, 이자, 지대	–	–	2	1	–	3	1.5%
	일반균형, 후생경제학	3	2	1	1	2	9	4.5%
	시장실패	–	4	1	4	1	10	5%
	소계	22	20	22	20	20	104	52%
거시경제학	거시경제학과 거시경제지표	2	2	–	2	1	7	3.5%
	균형국민소득의 결정	1	3	1	2	3	10	5%
	소비, 투자	1	–	2	1	1	5	2.5%
	재정과 재정정책	1	1	–	–	–	2	1%
	화폐와 금융	1	4	1	1	2	9	4.5%
	총수요 · 총공급 이론	4	2	4	7	4	21	10.5%
	실업과 인플레이션	–	5	2	3	2	12	6%
	경기변동, 안정화 정책	1	–	2	–	2	5	2.5%
	경제성장	3	1	3	2	2	11	5.5%
	소계	14	18	15	18	17	82	41%
국제경제학	국제무역론	1	–	1	1	–	3	1.5%
	국제수지와 환율	3	2	2	1	3	11	5.5%
	소계	4	2	3	2	3	14	7%
총계		40	40	40	40	40	200	100%

이 책의 구성과 특징

CHAPTER 01 최신기출
2024년 제35회 기출문제

01 ( )에 들어갈 내용으로 옳은 것은?

> 아래 그림과 같이 두 재화 X, Y에 대한 갑의 예산선이 AC에서 BC로 변했을 때, Y재 가격이 변하지 않았다면, X재 가격은 (ㄱ)하고, 소득은 (ㄴ)한 것이다.

① ㄱ : 하락, ㄴ : 감소
② ㄱ : 하락, ㄴ : 증가
③ ㄱ : 불변, ㄴ : 감소
④ ㄱ : 상승, ㄴ : 증가
⑤ ㄱ : 상승, ㄴ : 불변

02 재화의 특성에 관한 설명으로 옳은 것은?

① 사치재는 수요의 가격탄력성이 1보다 큰 재화를 말
② 열등재는 가격이 오르면 수요가 감소하는 재화를 말
③ 절댓값으로 볼 때, 가격효과가 소득효과보다 큰 열
④ 두 상품이 완전 대체재이면 무차별 곡선은 원점에
⑤ 수요가 가격 탄력적인 상품을 판매하는 기업이 가격

2024년 포함 9개년 기출문제 수록

감정평가사 경제학원론 9개년 (2024~2016년) 기출문제를 수록하여 출제경향을 파악할 수 있도록 하였습니다.

CHAPTER 01 PART 03 최종모의고사
제1회 경제학원론 최종모의고사 문제

01 수요의 탄력성에 관한 설명으로 옳은 것은?

① 재화가 기펜재라면 수요의 소득탄력성은 양(+)의 값을 갖는다.
② 두 재화가 서로 대체재의 관계에 있다면 수요의 교차탄력성은 음(−)의 값을 갖는다.
③ 우하향하는 직선의 수요곡선상에 위치한 두 점에서 수요의 가격탄력성은 동일하다.
④ 수요의 가격탄력성이 '1'이면 가격변화에 따른 판매총액은 증가한다.
⑤ 수요곡선이 수직선일 때 모든 점에서 수요의 가격탄력성은 '0'이다.

02 완전경쟁시장에서 수요곡선과 공급곡선이 다음과 같을 때 시장균형에서 공급의 가격탄력성은? (단, P는 가격, Q는 수량이다)

> • 수요곡선 : $P = 7 - 0.5Q$
> • 공급곡선 : $P = 2 + 2Q$

① 0.75 ② 1
③ 1.25 ④ 1.5
⑤ 2

03 X재에 대한 수요곡선은 $Q_D = 10,000 - P$, 공급곡선은 $Q_S = -2,000 + P$이다. 현재의 시장균형에서 정부가 최저가격을 8,000으로 정하는 경우 최저가격제 도입으로 인한 거래량 감소분과 초과공급량은? (P는 X재의 가격이다)

① 2,000, 2,000 ② 2,000, 4,000
③ 4,000, 4,000 ④ 4,000, 6,000
⑤ 4,000, 8,000

최종모의고사

마지막 실력 점검과 실전 연습을 위해 최종모의고사 2회분을 수록하였습니다.

핵심을 파악하는 해설

기출문제의 핵심을 파악할 수 있도록 명확하게 서술하였고, 난이도와 오답분석을 통해 고난이도 문제까지도 효과적으로 학습할 수 있도록 구성하였습니다.

CHAPTER 02 최신기출
2024년 제35회 정답 및 해설

01	02	03	04	05	06	07	08	09	10	11	12	13	14	15	16	17	18	19	20
①	⑤	④	④	④	③	①	④	③	⑤	③	⑤	①	③	⑤	①	⑦	②	③	⑤
21	22	23	24	25	26	27	28	29	30	31	32	33	34	35	36	37	38	39	40
④	③	④	②	⑤	①	④	②	④	⑤	③	④	③	④	④	④	④	④	④	②

01 난도 ★★ ①

■ 정답해설 ■

X재의 가격을 P_X, Y재의 가격을 P_Y라고 할 때 Y재의 가격은 변하지 않는다고 하였으므로, 예산선 $P_X X + \overline{P_Y} Y = M$에서,

1) Y재의 가격이 변하지 않았는데 예산선의 Y절편이 작아졌다는 것은 소득(M)이 줄어들었다는 것을 의미한다(Y절편에서 X재화는 0개 구매).

2) 줄어든 소득에서, 예산선의 X절편이 그대로라는 것은 X재화의 가격이 하락하였다는 것을 의미한다(줄어든 소득에서 동일한 재화의 양을 구매할 수 있다는 것은 그 재화의 가격이 하락하였기 때문이다).

따라서, X재의 가격은 하락하고, 소득은 감소한 것이다.

■ 정답해설 ■

⑤ 수요가 가격 탄력적인 상품이라면 가격 하락 시 수요량 증가가 더 크게 나타나므로, 판매수입은 증가한다.

■ 오답해설 ■

① 사치재는 수요의 소득탄력성이 1보다 큰 재화를 말한다. 소득탄력성이 0보다 크면 정상재이며, 이러한 정상재 중에서 수요의 소득탄력성이 0보다 크고 1보다 작은 재화를 필수재, 1보다 큰 재화를 사치재라고 한다.

② 열등재는 소득이 증가할 때 수요가 감소하는 재화로, 수요의 소득탄력성이 0보다 작은 재화를 말한다.

③ 기펜재는 열등재 중에서도 소득효과가 대체효과보다 더 큰 경우이다. 소득이 증가함에 따라 수요가 감소하는 재화를 열등재라고 하는데, 열등재 중에서도 열등성이 매우 커서 소득 효과가 가격하락에 따른 수요량 증가의 대체효과를 초과하여 결과적으로 가격의 하락이 수요량의 감소를 가져오는 재화를 기펜재라고 한다.

④ 두 상품이 완전 대체재일 경우, 무차별곡선은 우하향하는 직선이다.

03 난도 ★★ ④

■ 정답해설 ■

· X...
· U...
· X...
· U...
· 따라...
기...
형태...

04 난도 ★★ ④

■ 정답해설 ■

콥-더글러스 효용함수 $U = X^\alpha Y^\beta$ (일반형)에서 효용이 극대화되는 소비자균형점은(M은 소득이라 가정)

$$X^* = \frac{\alpha}{\alpha+\beta} \frac{M}{P_X} \quad Y^* = \frac{\beta}{\alpha+\beta} \frac{M}{P_Y}$$ 이므로

첫번째 효용함수와 소득에서의 소비자 균형점은

$$X^* = \frac{1}{3} \cdot \frac{90}{1} = 30, \quad Y^* = \frac{2}{3} \cdot \frac{90}{2} = 30$$이다.

그리고 두번째 효용함수와 소득에서의 소비자 균형점은

$$X^* = \frac{1}{2} \cdot \frac{100}{1} = 50, \quad Y^* = \frac{1}{2} \cdot \frac{100}{2} = 25$$이다.

따라서 효용을 극대화시키는 구매량으로 X재는 20 증가하며 Y재는 5 감소하게 된다.

05 난도 ★ ④

■ 정답해설 ■

ㄴ. [O] 두 재화 중 한 재화가 비재화(bads, 소비를 할수록 효용이 감소하는 재화)인 경우 무차별곡선은 우상향한다.

ㄷ. [O] 기펜재는 가격이 하락할 때 수요량이 감소하는 재화로서, 수요곡선이 우상향한다. 기펜재는 소득이 증가할 때 수요가 감소하는 열등재이며 대체효과는 음(-)의 부호를 가지지만 소득효과가 양(+)의 부호를 가지며 그 효과가 더 크기 때문에 전체적으로 가격효과가 양(+)을 가지게 된다(가격변화방향과 구입량변화 방향이 동일하면 -, 가격변화방향과 구입량변화 방향이 반대인 경우 +).

■ 오답해설 ■

ㄱ. [×] 효용의 절대적인 크기인 기수적인 ... 가측성을 전제로 하는 개념은 무차별곡선이론이 ... 이라 한계효용 이론이다. 무차별곡선이론은 효용을 ... 수치로 표현할 수 있다는 전제를 배격하고 선 ... 순서즉 서수 적 효용)만 알면 소비자행동의 설명이 ...

06 난도 ★★ ③

■ 정답해설 ■

③ 0차 동차생산함수는 규모수익체감의 성격을 갖는다. 1차 동차생산함수가 규모에 대한 수익이 불변인 생산함수이다.

■ 오답해설 ■

① 등량곡선에서 동일한 생산량을 유지하... 더 투입하기 위해 줄여야 하는 자본의 ... 체율($MRTS$)이라고 한다. 한계기술대... 의 기울기를 의미한다.

② 등량곡선이 직선일 경우, 생산요소간 ... 이것은 어느 한 요소 대신에 다른 요소 ...

⑤ 규모수익은 생산요소 투입을 동일한 비율로 변화시킬 때, 생산량이 어떻게 변화하는지를 보여주는 개념으로 모든 요소 투입량이 변하는 것을 전제하므로 장기에 성립하는 개념이다.

07 난도 ★★ ①

■ 정답해설 ■

· $Q = 100 - 2P$ 에서 $P = -\frac{1}{2}Q + 50$이고 $MR = -Q + 50$

· $TC = Q^2 + 20Q$에서 $MC = \frac{dTC}{dQ} = 2Q + 20$

· 이윤극대화 생산량은 $MR = MC$ 이므로
$-Q + 50 = 2Q + 20, \quad Q^* = 10, \quad P^* = 45$

· 그리고 이 때의 이윤은 $= TR - TC$
$\pi = P \times Q - (Q^2 + 20Q)$
$= 45 \times 10 - (100 + 200) = 150$

∴ (ㄱ) 생산량 : 10, (ㄴ) 이윤 : 150

이 책의 차례

최신기출

01 ( )에 들어갈 내용으로 옳은 것은?

아래 그림과 같이 두 재화 X, Y에 대한 갑의 예산선이 AC에서 BC로 변했을 때, Y재 가격이 변하지 않는다면, X재 가격은 (ㄱ)하고, 소득은 (ㄴ)한 것이다.

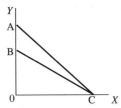

① ㄱ : 하락, ㄴ : 감소

② ㄱ : 하락, ㄴ : 증가

③ ㄱ : 불변, ㄴ : 감소

④ ㄱ : 상승, ㄴ : 증가

⑤ ㄱ : 상승, ㄴ : 불변

02 재화의 특성에 관한 설명으로 옳은 것은?

① 사치재는 수요의 가격탄력성이 1보다 큰 재화를 말한다.

② 열등재는 가격이 오르면 수요가 감소하는 재화를 말한다.

③ 절댓값으로 볼 때, 가격효과가 소득효과보다 큰 열등재를 기펜재(Giffen goods)라고 한다.

④ 두 상품이 완전 대체재이면 무차별 곡선은 원점에 대하여 볼록한 모양이다.

⑤ 수요가 가격 탄력적인 상품을 판매하는 기업이 가격을 내리면 판매수입은 증가한다.

03 두 재화 X, Y에 대한 갑의 효용함수가 $U = X + Y + \min\{X, Y\}$일 때, 갑의 무차별 곡선으로 적절한 것은?

①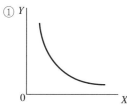

②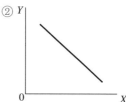

③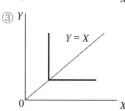

④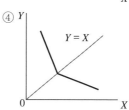

⑤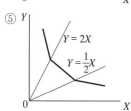

04 두 재화 X, Y에 대해 효용을 극대화하는 갑의 효용함수가 $U(X, Y) = (X+2)(Y+1)$이다. 한계대체율이 4이고, X재 선택은 14일 때, Y재의 선택은? (단, 한계대체율은 $\left|\dfrac{dY}{dX}\right|$이다.)

① 10

② 18

③ 32

④ 63

⑤ 68

05 등량곡선에 관한 설명으로 옳은 것을 모두 고른 것은? (단, 한계기술대체율은 절댓값으로 나타낸다.)

> ㄱ. 한계기술대체율은 두 생산요소의 한계생산 비율과 같다.
> ㄴ. 두 생산요소 사이에 완전 대체가 가능하다면 등량곡선은 직선이다.
> ㄷ. 등량곡선이 원점에 대해 볼록한 모양이면 한계기술대체율체감의 법칙이 성립한다.
> ㄹ. 콥-더글러스(Cobb-Douglas) 생산함수의 한계기술대체율은 0이다.

① ㄱ, ㄴ
② ㄴ, ㄷ
③ ㄷ, ㄹ
④ ㄱ, ㄴ, ㄷ
⑤ ㄱ, ㄴ, ㄷ, ㄹ

06 완전경쟁시장에서 모든 기업이 이윤을 극대화하고 있는 산업 A는 비용곡선이 $C(Q) = 2 + \dfrac{Q^2}{2}$인 100개의 기업과 $C(Q) = \dfrac{Q^2}{10}$인 60개의 기업으로 구성되어 있다. 신규 기업의 진입이 없을 때, 가격이 2보다 큰 경우 산업 A의 공급곡선은? (단, Q는 생산량이다.)

① $Q = 200P$
② $Q = 300P$
③ $Q = 400P$
④ $Q = 415P$
⑤ $Q = 435P$

07 완전경쟁시장에서 기업 A가 생산하는 휴대폰의 가격이 100이고, 총비용함수가 $TC = 4Q^2 + 4Q + 100$일 때, 이윤을 극대화하는 (ㄱ)생산량과 극대화된 (ㄴ)이윤은? (단, Q는 생산량이다.)

① ㄱ : 10, ㄴ : 476
② ㄱ : 10, ㄴ : 566
③ ㄱ : 10, ㄴ : 1000
④ ㄱ : 12, ㄴ : 476
⑤ ㄱ : 12, ㄴ : 566

08 시장실패를 발생시키는 요인으로 옳지 <u>않은</u> 것은?

① 역선택
② 규모에 대한 수익체감 기술
③ 긍정적 외부성
④ 불완전한 정보
⑤ 소비의 비경합성과 배제불가능성

09 두 재화 X, Y에 대해 양(+)의 소득 M을 가지고 효용을 극대화하는 갑의 효용함수는 $U(X, Y) = X + Y$ 이다. Y재 가격은 6이며, X재 가격은 5에서 8로 상승하였다. 이에 관한 설명으로 옳은 것은?

① X재 수요량 변화는 대체효과에 기인한다.
② X재 수요량 변화는 소득효과에 기인한다.
③ Y재 수요량 변화는 없다.
④ 수요량 변화의 1/3은 대체효과에 기인한다.
⑤ 수요량 변화의 2/3는 소득효과에 기인한다.

10 독점기업의 독점력과 가격규제 정책에 관한 설명으로 옳지 <u>않은</u> 것은?

① 러너의 독점력지수(Lerner index of monopoly power)는 수요곡선 상의 이윤극대화점에서 측정한 수요의 가격탄력성의 역수와 같은 값이다.
② 한계비용가격설정은 자연독점 기업에게 손실을 초래한다.
③ 평균비용가격설정은 기업이 손실을 보지 않으면서 가능한 많은 상품을 낮은 가격에 공급하도록 유도할 수 있다.
④ 이중가격설정(two-tier pricing)은 한계비용가격설정의 장점을 살리면서도 독점기업의 손실을 줄일 수 있도록 하는 정책이다.
⑤ 이중가격설정은, 낮은 가격은 한계비용과 한계수입이 일치하는 가격으로, 높은 가격은 한계비용곡선과 수요곡선이 교차하는 지점의 가격으로 판매하도록 하는 정책이다.

11 수요와 공급의 가격탄력성에 관한 설명으로 옳은 것을 모두 고른 것은?

> ㄱ. 수요곡선이 수직선인 경우, 수요의 가격탄력성은 수요곡선 상의 모든 점에서 동일하다.
> ㄴ. 수요곡선이 직각쌍곡선 형태인 경우, 수요의 가격탄력성은 수요곡선 상의 모든 점에서 동일하다.
> ㄷ. 공급곡선이 원점을 지나는 직선인 경우, 공급의 가격탄력성은 기울기와 관계없이 동일하다.
> ㄹ. 수요곡선이 우하향하는 직선인 경우, 수요의 가격탄력성은 수요곡선 상의 모든 점에서 동일하다.

① ㄱ
② ㄱ, ㄴ
③ ㄱ, ㄴ, ㄷ
④ ㄴ, ㄷ, ㄹ
⑤ ㄱ, ㄴ, ㄷ, ㄹ

12 정부의 실효성 있는 가격규제의 효과에 관한 설명으로 옳은 것은? (단, 수요곡선은 우하향, 공급곡선은 우상향한다.)

① 가격상한제가 실시되면, 시장에서의 실제 거래량은 실시 이전보다 증가할 것이다.
② 가격하한제가 실시되면, 시장에서의 실제 거래량은 실시 이전보다 증가할 것이다.
③ 최저임금제는 가격상한제에 해당하는 가격규제이다.
④ 가격하한제가 실시되면, 초과수요가 발생하여 암시장이 형성된다.
⑤ 가격상한제와 가격하한제 모두 자중손실(deadweight loss)이 발생한다.

13 비용곡선에 관한 설명으로 옳은 것을 모두 고른 것은?

> ㄱ. 기술진보는 평균비용곡선을 아래쪽으로 이동시킨다.
> ㄴ. 규모에 대한 수익이 체증하는 경우 장기평균비용곡선은 우하향한다.
> ㄷ. 단기에서 기업의 평균비용곡선은 한계비용곡선의 최저점에서 교차한다.
> ㄹ. 규모의 경제가 있으면 평균비용곡선은 수평이다.

① ㄱ, ㄴ
② ㄱ, ㄷ
③ ㄴ, ㄷ
④ ㄴ, ㄹ
⑤ ㄷ, ㄹ

14 완전경쟁시장에서 비용을 극소화하는 기업 A의 생산함수는 $Q(L, K) = L^{0.5}K^{0.5}$이고, 생산요소 L, K의 가격이 각각 12, 24일 때, 두 생산요소의 투입관계는? (단, Q는 생산량이다.)

① $L = K$

② $L = 0.5K$

③ $L = 2K$

④ $L = 12K$

⑤ $L = 24K$

15 사회후생함수에 관한 설명으로 옳지 <u>않은</u> 것은?

① 평등주의 경향이 강할수록 사회무차별 곡선은 원점에 대해 더 오목한 모양을 갖는다.

② 평등주의적 사회후생함수는 개인들의 효용수준의 차이를 반영해야 한다는 평등주의적 가치판단을 근거로 한다.

③ 공리주의자의 사회후생함수는 사회구성원의 효용수준에 동일한 가중치를 부여한다.

④ 롤즈(J. Rawls)의 가치판단을 반영한 사회무차별곡선은 L자 모양이다.

⑤ 롤즈의 최소극대화 원칙(maxmin principle)은 한 사회에서 가장 가난한 사람의 생활수준을 가능한 한 크게 개선시키는 것이 재분배정책의 최우선 과제라는 주장이다.

16 독점 기업 A의 비용 함수는 $C(Q) = 750 + 5Q$이고, 역수요함수는 $P = 140 - Q$이다. 이 기업이 '독점을 규제하는 법률'에 따라 한계비용과 동일하게 가격을 설정한다면, 이에 관한 설명으로 옳은 것은? (단, Q는 수량, P는 가격이다.)

① 양(+)의 이윤을 얻는다.

② 이윤은 0이다.

③ 손실이 375이다.

④ 손실이 450이다.

⑤ 손실이 750이다.

17 기업 A의 고정비용은 400이고, 단기생산함수는 $Q = 4L^{0.5}$ 이다. 가변생산요소의 가격이 400일 때, 단기 총비용곡선은? (단, Q는 생산량, L은 가변생산요소이다.)

① $\dfrac{400}{Q} + 400$

② $800Q$

③ $400Q + 400$

④ $0.25Q^2 + 400$

⑤ $25Q^2 + 400$

18 사회후생 관점에서 자원의 효율적 활용에 관한 설명으로 옳지 <u>않은</u> 것은?

① 계약곡선 상의 점들은 생산의 효율성을 보장하는 점들의 집합이다.

② 효용가능곡선은 주어진 상품을 두 사람에게 배분할 때, 두 사람이 얻을 수 있는 최대한의 효용수준의 조합이다.

③ 효용가능경계란 한 경제에 존재하는 경제적 자원을 가장 효율적으로 배분했을 때 얻을 수 있는 효용수준의 조합이다.

④ 종합적 효율성(overall efficiency)이란 생산의 효율성과 교환의 효율성이 동시에 달성된 상태를 말한다.

⑤ 생산가능곡선은 한 나라의 경제가 주어진 생산요소와 생산기술을 사용하여 최대한 생산할 수 있는 산출물들의 조합이다.

19 완전경쟁시장에서 이윤 극대화를 추구하는 기업 A의 공급곡선은 $Q_A(P) = \dfrac{P}{2}$ 이다. 이 기업의 생산량이 5일 때, 가변비용은? (단, Q_A는 공급량, P는 가격이다.)

① 23

② 25

③ 37.5

④ 46

⑤ 50

20 기업 A가 직면하는 노동공급곡선은 $w = 60 + 0.08L$이다. 현재 기업 A가 1000의 노동량을 고용할 때, 노동의 한계요소비용은? (단, w는 임금률, L은 노동량이다.)

① 임금률보다 80 크다.

② 임금률보다 160 크다.

③ 임금률과 같다.

④ 임금률보다 80 작다.

⑤ 임금률보다 160 작다.

21 두 재화 X, Y만을 생산하는 A국의 2022년과 2023년의 생산량과 가격이 아래와 같다. 2023년의 전년 대비 (ㄱ)<u>경제성장률(실질GDP증가율)</u>과 평균적인 가계의 소비조합이 X재 2단위, Y재 1단위일 때 (ㄴ) <u>소비자물가상승률</u>은? (단, 기준연도는 2022년이다.)

연도	X		Y	
	수량	가격	수량	가격
2022년	100	10	80	50
2023년	100	15	100	40

① ㄱ : 10%, ㄴ : 0%

② ㄱ : 10%, ㄴ : 10%

③ ㄱ : 20%, ㄴ : −10%

④ ㄱ : 20%, ㄴ : 0%

⑤ ㄱ : 25%, ㄴ : 10%

22 2023년에 기업 A는 한국에서 생산한 부품 100억 달러를 베트남 현지 공장에 수출하였다. 같은 해에 베트남 현지 공장에서 그 부품을 조립하여 소비재 완제품 200억 달러를 만들어 그 중 50억 달러는 한국에 수출하고, 140억 달러는 미국에 수출하였으며 10억 달러는 재고로 남았다. 이월된 재고 10억 달러는 2024년 베트남 국내에서 모두 판매되었다. 이에 관한 설명으로 옳은 것은?

① 2023년 한국의 GDP는 50억 달러이다.

② 2023년 베트남의 GDP는 200억 달러이다.

③ 2023년 베트남의 투자는 10억 달러이다.

④ 2023년 베트남의 순수출은 190억 달러이다.

⑤ 2024년 베트남의 소비와 GDP는 각각 10억 달러이다.

23 A국 국민소득계정의 구성항목에서 민간투자가 50, 정부소비와 정부투자가 각각 40과 60, 조세가 50이고, 수출과 수입이 동일할 때, 민간저축은?

① 40

② 50

③ 80

④ 100

⑤ 120

24 필립스곡선이 단기에는 우하향하고 장기에는 수직인 경제에서 중앙은행은 테일러 준칙(Taylor's rule)에 의해 통화정책을 시행한다. 중앙은행이 높은 인플레이션율을 낮추기 위해 인플레이션 감축정책(디스인플레이션 정책)을 시행할 때, 이에 관한 설명으로 옳은 것을 모두 고른 것은?

> ㄱ. 기대인플레이션이 빨리 조정될수록 장기균형에 빨리 도달한다.
> ㄴ. 단기에는 실질이자율이 하락한다.
> ㄷ. 단기에는 총생산이 감소하여 경기침체가 나타난다.

① ㄱ

② ㄴ

③ ㄱ, ㄷ

④ ㄴ, ㄷ

⑤ ㄱ, ㄴ, ㄷ

25 중앙은행이 아래와 같은 손실함수를 최소화하도록 인플레이션율을 결정하려고 한다.

$$L(\pi_t) = -0.5(\pi_t - \pi_t^e) + 0.5(\pi_t)^2$$

중앙은행의 정책결정 이전에 민간의 기대인플레이션율이 0으로 고정되어 있을 때, 중앙은행이 결정하는 인플레이션율은? (단, $L(\pi_t)$, π_t, π_t^e는 각각 손실함수, 인플레이션율, 민간의 기대인플레이션율이다.)

① 0

② 0.5

③ 1

④ 1.5

⑤ 2

26 통화정책에 관한 설명으로 옳지 <u>않은</u> 것은?

① 공개시장 매입은 본원통화를 증가시켜 이자율을 하락시킨다.

② 재할인율 인상은 재할인대출을 감소시켜 이자율을 상승시킨다.

③ 자산가격경로는 이자율이 하락할 경우 자산가격이 상승하여 부(富)의 효과로 소비가 증가하는 경로이다.

④ 신용경로는 중앙은행이 화폐공급을 축소할 경우 은행대출이 감소되어 기업투자와 가계소비가 위축되는 경로이다.

⑤ 환율경로는 이자율이 상승할 경우 자국통화가치가 하락하여 순수출이 증가하는 경로이다.

27 아래와 같은 고전학파 모형에서 정부지출이 150에서 200으로 증가할 경우 실질이자율과 민간투자의 변화에 관한 설명으로 옳은 것은? (단, S, $\overline{Y}$, $\overline{T}$, $\overline{G}$, I, r, $s(r)$은 각각 총저축, 총생산, 조세, 정부지출, 투자, 실질이자율(%), 민간저축률이며, 민간저축률은 실질이자율의 함수이다.)

- $S = s(r)(\overline{Y} - \overline{T}) + (\overline{T} - \overline{G})$
- $I = 200 - 10r$
- $\overline{Y} = 1000$, $\overline{T} = 200$, $\overline{G} = 150$
- $s(r) = 0.05r$

① 실질이자율은 1%포인트 상승하고 민간투자는 10 감소한다.

② 실질이자율은 3%포인트 상승하고 민간투자는 30 감소한다.

③ 실질이자율은 5%포인트 상승하고 민간투자는 50 감소한다.

④ 실질이자율과 민간투자는 변화가 없다.

⑤ 실질이자율은 1%포인트 하락하고 민간투자는 10 증가한다.

28 소비이론에 관한 설명 중 옳은 것은?

① 케인즈(Keynes)의 소비이론에 따르면 이자율이 소비의 주요 결정요인이다.

② 생애주기가설에 따르면 은퇴연령의 변화 없이 기대수명이 증가하면 소비가 감소한다.

③ 리카도 등가(Ricardian equivalence)정리는 케인즈의 소비함수에 기초한 이론이다.

④ 케인즈의 소비이론은 소비자들의 소비평탄화(consumption smoothing)를 강조한다.

⑤ 소비에 대한 임의보행(random walk)가설은 유동성제약에 직면한 소비자의 소비 선택을 설명한다.

29 아래와 같은 거시경제모형의 초기 균형에서 정부지출을 1만큼 증가시킬 때, 균형국민소득의 증가분은? (단, Y, C, I, G, T는 각각 국민소득, 소비, 투자, 정부지출, 조세이다.)

- $Y = C + I + G$
- $C = 1 + 0.5(Y - T)$
- $I = 2$
- $G = 10$
- $T = 2 + 0.2Y$

① 1.2

② $\dfrac{4}{3}$

③ $\dfrac{5}{3}$

④ 2

⑤ 2.5

30 아래의 거시경제모형에서 균형이자율은? (단, Y, C, I, G, T, r은 각각 국민소득, 소비, 투자, 정부지출, 조세, 이자율이다.)

- $Y = C + I + G$
- $Y = 20$
- $G = T = 10$
- $C = 2 + 0.8(Y - T)$
- $I = 2 - 10r$

① 0.1

② 0.2

③ 0.25

④ 0.4

⑤ 0.5

31 갑국의 생산함수는 $Y = AK^{0.5}L^{0.5}$ 이다. 자본량과 노동량의 증가율은 각각 4%와 −2%이고 총생산량 증가율이 5%라면, 솔로우 잔차(Solow residual)는? (단, Y는 총생산량, K는 자본량, L은 노동량, $A > 0$ 이다.)

① 1%

② 2%

③ 3%

④ 4%

⑤ 5%

32 한국과 미국의 인플레이션율이 각각 3%와 5%이다. **구매력평가설과 이자율평가설**(interest parity theory)이 성립할 때, 미국의 명목이자율이 5%라면, 한국의 명목이자율은? (단, 기대인플레이션율은 인플레이션율과 동일하다.)

① 1%

② 2%

③ 3%

④ 4%

⑤ 5%

33 1인당 생산함수가 $y = 0.5k^{0.2}$, **자본의 감가상각률이** 0.1, 저축률이 0.2인 솔로우(Solow) **경제성장모형**에 관한 설명으로 옳은 것을 모두 고른 것은? (단, y는 1인당 생산량, k는 1인당 자본량이고, 인구증가와 기술진보는 없다.)

> ㄱ. 현재 1인당 자본량이 2일 때, 1인당 투자는 증가한다.
> ㄴ. 현재 1인당 자본량이 2일 때, 1인당 자본의 감가상각은 1인당 저축보다 작다.
> ㄷ. 균제상태(steady state)에서 벗어나 있는 경우, 현재 1인당 자본량에 관계없이, 1인당 생산량의 변화율은 0으로 수렴한다.
> ㄹ. 균제상태의 1인당 자본량은 황금률(Golden Rule) 수준과 같다.

① ㄱ, ㄴ

② ㄱ, ㄷ

③ ㄴ, ㄷ

④ ㄴ, ㄹ

⑤ ㄷ, ㄹ

34 고정환율제를 채택하고 있는 정부가 시장균형환율보다 높은 수준의 환율을 설정했다고 할 때, 즉 자국통화가치를 균형수준보다 낮게 설정한 경우, 옳은 것을 모두 고른 것은?

> ㄱ. 투기적 공격이 발생하면 국내 통화공급이 감소한다.
> ㄴ. 투기적 공격이 발생하면 외환보유고가 감소한다.
> ㄷ. 자본이동이 완전히 자유로운 경우, 중앙은행은 독립적으로 통화공급을 결정할 수 없다.
> ㄹ. 투자자들이 국내통화의 평가절상을 기대하게 되면, 국내통화로 계산된 외국채권의 기대수익률이 하락한다.

① ㄱ, ㄴ

② ㄱ, ㄹ

③ ㄴ, ㄷ

④ ㄷ, ㄹ

⑤ ㄴ, ㄷ, ㄹ

35 폐쇄경제 IS-LM모형에 관한 설명으로 옳은 것은?

① 화폐수요의 이자율 탄력성이 0이면 경제는 유동성함정(liquidity trap) 상태에 직면한다.

② LM곡선이 수직선이고 IS곡선이 우하향하면, 완전한 구축효과(crowding-out effect)가 나타난다.

③ IS곡선이 수평선이고 LM곡선이 우상향하면, 통화정책은 국민소득에 영향을 미치지 않는다.

④ 소비가 이자율에 영향을 받을 때, 피구효과(Pigou effect)가 발생한다.

⑤ IS곡선이 우하향할 때, IS곡선의 위쪽에 있는 점은 생산물시장이 초과수요 상태이다.

36 아래의 폐쇄경제 IS-LM 모형에서 중앙은행은 균형이자율을 현재보다 5만큼 높이는 긴축적 통화정책을 실시하여 균형국민소득을 감소시키고자 한다. 현재 명목화폐공급량(M)이 40일 때, 이를 달성하기 위한 명목화폐공급량의 감소분은? (단, r은 이자율, Y는 국민소득, M^d는 명목화폐수요량, P는 물가수준이고 1로 고정되어 있다.)

- IS 곡선 : $r = 120 - 5Y$
- 실질화폐수요함수 : $\dfrac{M^d}{P} = 3Y - r$

① 5

② 8

③ 10

④ 15

⑤ 20

37 현재 한국과 미국의 햄버거 가격이 각각 $5,000$원, 5달러인 경우, 이에 관한 설명으로 옳은 것을 모두 고른 것은? (단, 햄버거를 대표상품으로 한다.)

ㄱ. 현재 구매력평가 환율은 $1,000$(원/달러)이다.

ㄴ. 변동환율제도하에서 현재 환율이 $1,100$(원/달러)이다. 장기적으로 구매력 평가설이 성립하고 미국의 햄버거 가격과 환율이 변하지 않는다면, 장기적으로 한국의 햄버거 가격은 상승한다.

ㄷ. 변동환율제도하에서 현재 환율이 $1,100$(원/달러)이다. 장기적으로 구매력 평가설이 성립하고 한국과 미국의 햄버거 가격이 변하지 않는다면, 장기적으로 환율은 상승한다.

① ㄱ

② ㄷ

③ ㄱ, ㄴ

④ ㄴ, ㄷ

⑤ ㄱ, ㄴ, ㄷ

38 거시경제이론과 관련된 경제학파에 대한 설명으로 옳은 것은?

① 새케인즈학파(New Keynesian)는 단기 필립스곡선이 수직이라고 주장한다.

② 새케인즈학파는 가격 신축성에 근거하여 경기변동을 설명한다.

③ 새케인즈학파는 단기에서 화폐중립성이 성립한다고 주장한다.

④ 실물경기변동이론에 따르면 경기변동국면에서 소비의 최적화가 달성된다.

⑤ 새고전학파는 메뉴비용의 존재가 경기변동에 중요한 역할을 한다고 주장한다.

39 t 시점의 실업률은 10%, 경제활동참가율은 50%이다. t 시점과 $t+1$ 시점 사이에 아래와 같은 변화가 발생할 때, $t+1$ 시점의 실업률은? (단, 취업자와 비경제활동인구 사이의 이동은 없고, 소수점 둘째자리에서 반올림하여 소수점 첫째자리까지 구한다.)

• 실업자 중에서 　− 취업에 성공하는 비율(구직률) : 20% 　− 구직을 단념하여 비경제활동인구로 편입되는 비율 : 10% • 취업자 중에서 실직하여 구직활동을 하는 비율(실직률) : 1% • 비경제활동인구 중에서 구직활동을 시작하는 비율 : 1%

① 8.9%

② 9.5%

③ 9.9%

④ 10.0%

⑤ 10.5%

40 모든 사람들이 화폐(M2)를 현금 25%, 요구불예금 25%, 저축성예금 50%로 나누어 보유하고, 은행의 지급준비율은 요구불예금과 저축성예금에 대하여 동일하게 10%라고 할 때, M2 통화승수는? (단, 소수점 둘째자리에서 반올림하여 소수점 첫째자리까지 구한다.)

① 2.5

② 2.8

③ 3.1

④ 3.6

⑤ 4.5

01	02	03	04	05	06	07	08	09	10	11	12	13	14	15	16	17	18	19	20
①	⑤	④	④	④	③	④	②	①	⑤	③	⑤	①	③	①	⑤	⑤	①	②	①
21	22	23	24	25	26	27	28	29	30	31	32	33	34	35	36	37	38	39	40
④	③	④	③	②	⑤	①	②	③	②	④	③	⑤	④	②	②	③	④	①	③

01 난도 ★★

답 ①

┃정답해설┃

X재의 가격을 P_X, Y재의 가격을 P_Y라고 할 때 Y재의 가격은 변하지 않는다고 하였으므로, 예산선 $P_X X + \overline{P_Y} Y = M$에서,

1) Y재의 가격이 변하지 않았는데 예산선의 Y절편이 작아졌다는 것은 소득(M)이 줄어들었다는 것을 의미한다(Y절편에서 X재화는 0개 구매).

2) 줄어든 소득에서, 예산선의 X절편이 그대로라는 것은 X재화의 가격이 하락하였다는 것을 의미한다(줄어든 소득에서 동일한 재화의 양을 구매할 수 있다는 것은 그 재화의 가격이 하락하였기 때문이다).

   따라서, X재의 가격은 하락하고, 소득은 감소한 것이다.

02 난도 ★

답 ⑤

┃정답해설┃

⑤ 수요가 가격 탄력적인 상품이라면 가격 하락 시 수요량 증가가 더 크게 나타나므로, 판매수입은 증가한다.

┃오답해설┃

① 사치재는 수요의 소득탄력성이 1보다 큰 재화를 말한다. 소득탄력성이 0보다 크면 정상재이며, 이러한 정상재 중에서 수요의 소득탄력성이 0보다 크고 1보다 작은 재화를 필수재, 1보다 큰 재화를 사치재라고 한다.

② 열등재는 소득이 증가할 때 수요가 감소하는 재화로, 수요의 소득탄력성이 0보다 작은 재화를 말한다.

③ 기펜재는 열등재 중에서도 소득효과가 대체효과보다 더 큰 경우이다. 소득이 증가함에 따라 수요가 감소하는 재화를 열등재라고 하는데, 열등재 중에서도 열등성이 매우 커서 소득 효과가 가격하락에 따른 수요량 증가의 대체효과를 초과하여 결과적으로 가격의 하락이 수요량의 감소를 가져오는 재화를 기펜재라고 한다.

④ 두 상품이 완전 대체재일 경우, 무차별곡선은 우하향하는 직선이다.

03 난도 ★★

답 ④

┃정답해설┃

• $X > Y$ 일 때

$$U = X + 2Y, \quad Y = -\frac{1}{2}X + \frac{U}{2}$$

• $X < Y$ 일 때

$$U = 2X + Y, \quad Y = -2X + U$$

• 따라서 무차별곡선은 $X = Y$를 기준으로 $X > Y$ 일 때에는 기울기가 $-\frac{1}{2}$, $X < Y$ 일 때에는 기울기가 -2인 직선의 형태가 되며 이를 나타내는 것은 ④이다.

04 난도 ★　　　　　답 ④

┃정답해설┃

$U(X, Y) = (X+2)(Y+1) = XY + X + 2Y + 2$에서 한계대체율이 4이므로,

$$MRS_{XY} = \frac{MU_X}{MU_Y} = \frac{Y+1}{X+2} = 4$$

위에 식에 $X=14$를 대입하면, $4 \times (14+2) = Y+1$

$\therefore Y = 63$

05 난도 ★　　　　　답 ④

┃정답해설┃

ㄱ. [O] $MRTS_{LK} = \dfrac{MP_L}{MP_K}$ 이므로 옳다.

ㄴ. [O] 무차별곡선과 등량곡선 모두 완전 대체가 가능하면 우하향의 직선이 된다($Q = aL + bK$).

ㄷ. [O] 등량곡선이 원점에 대해 볼록하다는 것은 한계기술대체율(등량곡선의 기울기)이 체감한다는 것이므로 옳다.

┃오답해설┃

ㄹ. [×] 콥-더글러스(Cobb-Douglas) 생산함수의 한계기술대체율은 오른쪽으로 이동함에 따라 체감하는 것이지, 0이 아니다.

06 난도 ★★★　　　　　답 ③

┃정답해설┃

- 각각의 비용곡선을 정리하면,

  $C(Q) = 2 + \dfrac{Q^2}{2}$ 에서, $MC = Q$

  완전경쟁시장에서 $P = MC$ 이므로, $P = Q$

  그리고 이러한 비용곡선을 가진 기업이 100개 존재하므로,

  $Q = 100P$

- 또 다른 비용곡선 $C(Q) = \dfrac{Q^2}{10}$ 에서, $MC = \dfrac{1}{5}Q$

  완전경쟁시장에서 $P = MC$ 이므로, $P = \dfrac{1}{5}Q$

  그리고 이러한 비용곡선을 가진 기업이 60개 존재하므로,

  $Q = 300P$

- 두 공급곡선을 합하면, 산업 A의 공급곡선은 $Q = 400P$

07 난도 ★　　　　　답 ④

┃정답해설┃

- 완전경쟁시장에서 이윤의 극대화는 $P = MC$ 인 지점이므로,
  $100 = 8Q + 4$, $Q = 12$

- 그리고 이 때의 이윤 $\pi = TR - TC$ 이므로,
  $100 \times 12 - (4 \cdot 12^2 + 4 \cdot 12 + 100) = 476$

$\therefore$ (ㄱ) 생산량 : 12, (ㄴ) 이윤 : 476

08 난도 ★★　　　　　답 ②

┃정답해설┃

② 규모에 대한 수익체감이 아닌, 규모에 대한 수익체증에서 규모의 경제가 발생하여 독점형성으로 이어지므로 시장실패의 요인이 된다.

┃오답해설┃

① 역선택은 정보가 비대칭적으로 분포된 상황에서 정보를 갖지 못한 측의 입장에서 볼 때 바람직하지 못한 상대방과 거래를 할 가능성이 높아지는 현상으로써, 시장실패의 사례이다.

③ 긍정적 외부성은 제3자가 혜택을 보면서도 그에 따른 대가를 지불하지 않기 때문에 시장실패의 사례이다.

④ 불완전한 정보는 역선택, 도덕적 해이와 관련되는 것으로써 시장실패를 발생시키는 요인이다.

⑤ 비경합성과 비배제성을 갖는 재화는 공공재이다. 공공재는 비경합성과 비배제성으로 인해 민간부문에서는 공급이 이루어지기 어렵고(시장실패), 보통 정부(국가)가 담당한다.

09 난도 ★★★　　　　　답 ①

┃정답해설┃

효용함수는 완전대체재인 직선의 효용함수이다. 효용함수의 기울기인 MRS_{XY}는 1이고 상대가격의 비율인 $\dfrac{P_X}{P_Y}$는 $\dfrac{5}{6}$에서 $\dfrac{8}{6}$로 변화한다. 따라서 처음에는 $MRS_{XY} > \dfrac{P_X}{P_Y}$로 X재화만 선택하지만 이후 X재의 가격이 상승하게 되면 $MRS_{XY} < \dfrac{P_X}{P_Y}$이므로 Y재화만 구매하게 된다. X재의 수요량 변화는 소득효과에 따른 변화는 없고, 대체효과에 기인한다.

10 난도 ★★ 답 ⑤

정답해설

⑤ 이중가격설정은, 낮은 가격은 한계비용곡선과 수요곡선이 교차하는 지점의 가격으로, 높은 가격은 한계비용과 한계수입이 일치하는 가격으로 판매하도록 하는 정책이다.

오답해설

① 러너의 독점력지수는 독점에 따른 후생손실을 측정하는 척도로써, 가격과 한계비용의 차이를 가격으로 나눈 것으로 정의한다.

즉 $dm = \dfrac{P-MC}{P}$ 에서 이윤극대화 수준의 $MC=MR$을

대입하면, $dm = \dfrac{P-MR}{P} = \dfrac{P-P(1-\dfrac{1}{\epsilon})}{P} = \dfrac{1}{\epsilon}$

따라서 러너의 독점력지수는 수요곡선 상의 이윤극대화 점에서 측정한 수요의 가격탄력성의 역수와 같은 값이 되고, 수요의 가격탄력성이 클수록 독점도는 작아진다.

② 한계비용가격설정($P=MC$)은 한계비용이 가격과 일치하므로 자원배분이 효율적으로 이루어지지만 $P<AC$이므로 자연독점 기업이 손실을 보게 된다.

③ 평균비용가격설정($P=AC$)은 적자가 발생하지는 않지만, 한계비용가격설정보다 자원배분이 비효율적으로 이루어진다.

11 난도 ★ 답 ③

정답해설

ㄱ. [○] 수요곡선이 수직선인 경우, 수요의 가격탄력성은 수요곡선 상의 모든 점에서 0이다.

ㄴ. [○] 수요곡선이 직각쌍곡선의 형태인 경우, 수요곡선 상의 모든 점에서 수요의 가격탄력성은 1이다.

ㄷ. [○] 공급곡선이 원점을 지나는 직선인 경우, 공급의 가격탄력성은 모든 점에서 1이다.

오답해설

ㄹ. [×] 수요곡선이 우하향하는 직선인 경우, 수요의 가격탄력성은 중점에서 1이고, 중점보다 가격이 높으면 탄력적, 중점보다 가격이 낮으면 비탄력적이다.

12 난도 ★ 답 ⑤

정답해설

⑤ 가격상한제와 가격하한제 모두 시장 균형에 인위적 조정을 가한 것이므로 자중손실이 발생한다.

오답해설

① 가격상한제는 시장균형보다 낮은 수준의 가격에 상한을 두므로, 초과수요가 발생하고 실제 거래량은 실시 이전보다 감소한다.

②·④ 가격하한제는 시장균형보다 높은 수준의 가격에 하한을 두므로, 초과공급이 발생하고 실제 거래량은 실시 이전보다 감소한다.

③ 최저임금제는 가격하한제에 해당하는 가격규제이다(최저임금 미만의 거래를 금지).

13 난도 ★ 답 ①

정답해설

ㄴ. [○] 규모에 대한 수익체증은, 생산요소의 투입량을 K배 늘렸을 때 산출량은 K배보다 더 크게 증가하는 것을 말한다. 따라서 이 경우 장기평균비용곡선은 우하향한다.

오답해설

ㄷ. [×] 기업의 한계비용곡선이 평균비용곡선의 최저점을 통과한다.

ㄹ. [×] 규모의 경제가 있으면 평균비용곡선은 우하향한다.

14 난도 ★ 답 ③

정답해설

• 주어진 생산함수를 통해 한계기술대체율을 구하면,

$$MRTS_{LK} = \frac{MP_L}{MP_K} = \frac{0.5L^{-0.5}K^{0.5}}{0.5L^{0.5}K^{-0.5}} = \frac{K}{L}$$

• 그리고 생산요소 가격 비율은

$$\frac{w}{r} = \frac{12}{24}$$

• 두 식을 연립하면(생산자 균형)

$$\frac{K}{L} = \frac{12}{24} \quad \therefore L = 2K$$

15 난도 ★ 답 ①

┃ 정답해설 ┃

① 평등주의 경향이 강할수록 사회무차별곡선은 원점에 대해 더 볼록한 모양을 갖는다.

┃ 오답해설 ┃

② 평등주의 사회후생함수는 저소득층에 대해서는 보다 높은 가중치를, 그리고 고소득층에 대해서는 보다 낮은 가중치를 부여한다. 예로 내쉬의 사회후생함수 $SW = U_A \times U_B$가 있고 사회적 무차별곡선은 원점에 대해서 볼록한 형태를 취하게 된다.

③ 공리주의자의 사회후생함수는 $SW = U_A + U_B$로 사회후생은 소득분배와는 관계없이 개인의 효용을 합한 크기로 결정된다고 본다.

④ · ⑤ 롤즈의 사회후생함수는 사회의 후생이 가장 가난한 사람의 효용수준에 의해서 결정된다. 즉 $SW = \min(U_A, U_B)$이 되고, 후생극대화를 위해서는 최소극대화 원칙이 적용되어야 함을 알 수 있다. 그리고 사회적 무차별 곡선은 45도 선상에서 L자 형을 이룬다.

16 난도 ★ 답 ⑤

┃ 정답해설 ┃

• 한계비용과 동일하게 가격을 설정한다고 하였으므로 $P = MC = 5$이고 생산량은 $5 = 140 - Q$, $Q = 135$이다.

• 이 때의 이윤 $\pi = TR - TC = 5 \times 135 - (750 + 5 \cdot 135) = -750$
따라서 손실이 750이다.

17 난도 ★★ 답 ⑤

┃ 정답해설 ┃

• 고정비용이 400, 가변생산요소 L의 가격이 400이므로, $TC = 400L + 400$

• 단기생산함수 $Q = 4L^{0.5}$를 L에 대하여 정리하면, $L = \frac{1}{16}Q^2$이다.

• L을 TC에 대입하면 $TC = 400 \times \frac{1}{16}Q^2 + 400 = 25Q^2 + 400$

18 난도 ★★★ 답 ①

┃ 정답해설 ┃

① 계약곡선은 생산뿐 아니라 교환(소비)의 측면도 설명할 수 있으나 생산만을 언급하였으므로 틀린 지문이다.

┃ 오답해설 ┃

② 효용가능곡선은 재화공간의 계약곡선을 효용공간으로 옮긴 것으로써 효용가능곡선상의 모든 점은 교환(소비)이 파레토효율적으로 이루어지는 점이다.

③ 효용가능경계란 경제 내의 모든 자원을 가장 효율적으로 배분하였을 때의 개인 A와 개인 B의 효용조합을 의미하는 것으로, 효용가능곡선의 포락선으로 도출된다. 옳은 지문이다.

④ 종합적 효율성(overall efficiency)이란 생산과 교환이 모두 파레토효율적으로 이루어지는 상태로 $MRS_{XY} = MRT_{XY}$로 나타낼 수 있다.

19 난도 ★★ 답 ②

┃ 정답해설 ┃

• 완전경쟁시장에서 이윤극대화를 추구하므로 $P = MC$이고 공급곡선에서 $P = 2Q$이므로, $MC = 2Q$

• $TC = TVC + TFC$에서
$MC = \frac{dTC}{dQ} = \frac{dTVC}{dQ} = 2Q$이므로 $TVC = Q^2$이 된다.
∴ 생산량이 5일 때, 가변비용은 25가 된다.

20 난도 ★★　　　　　답 ①

┃정답해설┃

- 총요소비용인

$$TFC_L = w \times L = (60+0.08L) \times L = 60L + 0.08L^2 \text{에서,}$$

　노동의 한계요소비용 $MFC_L = \dfrac{dTFC_L}{dL} = 60 + 0.16L$

- 기업 A가 1,000의 노동량을 고용할 경우,

　$w = 60 + 0.08 \times 1000 = 140$

- 그리고 이 때의 $MFC_L = 60 + 0.16 \times 1000 = 220$

　따라서, 노동의 한계요소비용은 임금률보다 80만큼 더 크다.

21 난도 ★★　　　　　답 ④

┃정답해설┃

- 실질 GDP증가율 $= \dfrac{(100 \times 10) + (100 \times 50)}{(100 \times 10) + (80 \times 50)} = 1.2$

　∴ 2023년의 전년대비 실질 GDP증가율은 20%이다.

- 소비자물가지수는 라스파이레스 물가지수로서 그 증가율은 다음과 같다.

　소비자물가상승률 $= \dfrac{(15 \times 2) + (40 \times 1)}{(10 \times 2) + (50 \times 1)} = 1$

　∴ 2023년의 전년대비 소비자물가상승률은 0%이다.

- (ㄱ) : 20%, (ㄴ) : 0%

22 난도 ★★　　　　　답 ③

┃정답해설┃

③ 2023년 베트남의 투자는 10억 달러로 이는 재고투자에 해당한다.

┃오답해설┃

① 2023년 한국의 GDP는 100억 달러이다(수출액).

② 2023년 베트남의 GDP는 부품 100달러를 수입해 소비재 완제품 200억 달러를 만든 것이므로, 부가가치 측면에서 100억 달러이다.

④ 2023년 베트남의 순수출은 수출액 190억 달러−수입액 100억 달러=90억 달러이다.

⑤ 2024년 베트남의 소비는 10억 달러지만, 재고투자가 감소하여 상쇄되기 때문에 GDP는 불변이다.

23 난도 ★★★　　　　　답 ④

┃정답해설┃

$Y = C + I + G + NX$는 다음의 계정으로 변경할 수 있다.

$Y - C - T + T - G - I = NX$

$(Y - C - T) + (T - G) - I = NX$

$(Y - C - T) + (50 - 40) - (50 + 60) = 0$

∴ $Y - C - T = S^p = 100$

24 난도 ★★　　　　　답 ③

┃정답해설┃

ㄱ. [○] 경제 주체들이 디스인플레이션 정책을 알고 있고 이것을 기대 인플레이션에 즉각 반영한다면, 그만큼 장기균형에 빨리 도달하고 실업률 상승을 동반하지 않게 된다.

ㄷ. [○] 단기에 필립스곡선이 우하향하므로 디스인플레이션 정책을 실행할 경우, 실업율이 증가하고 경기침체가 나타난다.

┃오답해설┃

ㄴ. [×] 디스인플레이션 정책이 시행되면, 명목이자율은 고정된 상태에서 인플레이션율이 낮아지므로 실질이자율은 피셔방정식에 의하여 증가한다.

25 난도 ★★　　　　　답 ②

┃정답해설┃

손실함수를 최소화하도록 한다는 것은 $\dfrac{dL}{d\pi_t} = 0$인 지점을 찾는 것이고 $\pi_t^e = 0$이므로,

$L(\pi_t) = -0.5(\pi_t - 0) + 0.5(\pi_t)^2 = -0.5\pi_t + 0.5(\pi_t)^2$

$\dfrac{dL}{d\pi_t} = -0.5 + \pi_t = 0 \quad \therefore \pi_t = 0.5$

26 난도 ★★　　답 ⑤

▌정답해설▌

⑤ 환율경로는 통화량의 변화가 환율의 변화를 가져와 그에 따른 순수출의 변화가 실물부문에 영향을 미치는 경로이다. 이자율이 상승하면 원화표시 자산의 수익률이 상대적으로 높아지기 때문에, 자본이 유입되고 환율은 낮아진다(자국통화가치 상승). 그 결과 수출은 감소하고, 수입이 증가하게 된다.

▌오답해설▌

① 공개시장 매입은 중앙은행이 국채 등을 매입하고 돈을 주는 것이므로, 본원통화가 증가하여 이자율을 하락시킨다.
③ 통화정책의 변화가 산출량과 고용 등 실물부분에 영향을 미치는 경로를 금융정책의 파급경로라고 하며, 이러한 금융정책의 파급경로로 크게 금리경로, 자산가격경로, 환율경로, 신용경로가 있다. 자산가격 경로는 통화량의 변화가 주식, 부동산 등 민간이 보유한 자산가격에 영향을 주어 실물부문에 영향을 미치는 경로로써 옳은 지문이다.
④ 신용경로 중 은행대출경로는 통화량의 변화로 인한 은행의 대출여력의 변화가 기업이나 가계의 대출에 영향을 주어 실물부분에 영향을 미치는 경로로써 옳은 지문이다.

27 난도 ★★　　답 ①

▌정답해설▌

• 고전학파 모형에서는 저축과 투자가 일치한다. 따라서 $G = 150$일 때, 실질이자율과 민간투자는

$0.05r(1000 - 200) + (200 - 150) = 200 - 10r$

$40r + 50 = 200 - 10r, \ 50r = 150$

$\therefore \ r = 3, \ I = S = 170$

• 그리고 $G = 200$일 때, 실질이자율과 민간투자는

$0.05r(1000 - 200) + (200 - 200) = 200 - 10r$

$40r = 200 - 10r, \ 50r = 200$

$\therefore \ r = 4, \ I = S = 160$

• 따라서 실질이자율은 1%포인트 상승하고, 민간투자는 10 감소한다.

28 난도 ★★　　답 ②

▌정답해설▌

② 생애주기가설에 따르면, 앞으로 T년을 더 생존할 것으로 예상되는 어떤 개인이 W의 자산을 보유하고 있으며, 현재부터 은퇴할 때까지 R년 동안 매년 Y원의 소득을 얻을 것으로 기대되는 경우, 이 개인의 소비함수 $C = \dfrac{W + RY}{T}$로 나타내진다. 따라서 은퇴연령의 변화 없이 기대수명이 증가하면, 매년 이루어지는 소비는 감소한다.

▌오답해설▌

① 케인즈의 소비이론은 절대소득가설로, 이자율이 아닌 현재의 처분가능소득이 소비의 주요 결정요인이다.
③ 리카도의 등가정리는 정부지출이 고정된 상태에서 조세를 감면하고 국채발행을 통해 지출재원을 조달하더라도 경제의 실질변수에는 아무런 영향을 미칠 수 없다는 내용이다. 조세가 감면되고 국채가 발행되면, 개별경제주체들이 미래의 조세증가를 예상하고 이에 대비하여 저축을 증가시키므로 민간소비가 증가하지 않는다는 것이다. 이는 미래전망적인 소비이론에 근거한 것으로써, 케인즈의 소비이론보다는 항상소득가설 또는 생애주기가설의 기초와 더 가까운 것이다.
④ 케인즈의 소비이론은 현재의 처분가능소득의 크기에 따라 소비가 달라지게 된다(소비 평탄화가 아님).
⑤ 임의보행가설은 항상소득가설에 합리적 기대를 도입하여 소비행태를 설명하는 이론이다. 유동성제약이 존재할 경우, 케인즈의 절대소득가설이 생애주기가설, 항상소득가설보다 소비자의 소비선택을 더 잘 설명한다.

29 난도 ★★　　답 ③

▌정답해설▌

정부지출승수는 $\dfrac{1}{1 - c(1 - t)}$ (c : 한계소비성향, t : 세율)이므로 주어진 식에서 도출하면, $\dfrac{dY}{dG} = \dfrac{1}{1 - 0.5(1 - 0.2)} = \dfrac{1}{0.6} = \dfrac{5}{3}$

따라서 정부지출을 1만큼 증가시키면 균형국민소득은 $\dfrac{5}{3}$ 만큼 증가한다.

30 난도 ★　　　　　　답 ②

┃정답해설┃

$Y = C + I + G$에서 주어진 식을 대입하면,

$20 = 2 + 0.8(20 - 10) + (2 - 10r) + 10$

$r = 0.2$

31 난도 ★　　　　　　답 ④

┃정답해설┃

생산함수를 변화율로 정리하면, $Y = AK^{0.5}L^{0.5}$ 에서

$\dfrac{\triangle Y}{Y} = \dfrac{\triangle A}{A} + 0.5\dfrac{\triangle K}{K} + 0.5\dfrac{\triangle L}{L}$

$5\% = \dfrac{\triangle A}{A} + 0.5 \times 4\% + 0.5 \times (-2\%)$

$\therefore \dfrac{\triangle A}{A} = 4\%$

32 난도 ★★　　　　　답 ③

┃정답해설┃

- 구매력평가설이 성립하므로 $\dfrac{\triangle e}{e} = \dfrac{\triangle P}{P} - \dfrac{\triangle P_f}{P_f}$ 에서, 한 국과 미국의 인플레이션율이 각각 3%와 5%이므로 환율은 2% 하락한다.

- 이자율평가설이 성립하므로 $i = i_f + \dfrac{\triangle e}{e}$ 에서, 미국의 명목 이자율이 5%, 환율이 2% 하락하므로 한국의 명목이자율은 3%이다.

33 난도 ★★★　　　　답 ⑤

┃정답해설┃

균제상태의 조건인 $sf(k) = (n + g + d)k$ 에 1인당 생산함수를 대입하면($n = 0, g = 0$),

$0.2 \times 0.5k^{0.2} = 0.1k$, $k^{0.2} = k$, $k = 1$이다.

ㄷ. [○] 균제상태로 수렴함에 따라 1인당 자본량이 더 이상 변화하지 않으므로 생산량의 변화율도 0으로 수렴한다.

ㄹ. [○] 황금률에서는 $MP_k = n + d$이므로, $0.1k^{-0.8} = 0.1$, $k = 1$ 이므로 균제상태의 1인당 자본량과 황금률 수준은 같다.

┃오답해설┃

ㄱ. [×] 1인당 자본량이 2라면 균제상태의 자본량보다 크기 때문에(자본 과다축적), 균제상태로 수렴하는 과정에서 1인당 투자는 감소하게 된다.

ㄴ. [×] 1인당 자본량이 2이면, 과다 자본 상태로 실제투자액보다 필요투자액이 더 크다. 따라서 1인당 자본의 감가상각이 1인당 저축보다 크다.

34 난도 ★★★　　　　답 ④

┃정답해설┃

ㄷ. [○] 불가능의 삼각정리(Impossible Trinity)로, 환율의 안정, 통화정책의 독립성, 자본이동의 자유화 이 세 가지 목표를 동시에 달성하는 것이 불가능하며, 따라서 이 세 가지 목표 중에서 적어도 어느 하나는 포기해야 하는 현상을 말한다.

ㄹ. [○] 국내통화의 평가절상은 환율의 하락을 기대하게 된다는 것이므로, 국내통화로 계산된 외국채권의 기대수익률이 하락한다.

┃오답해설┃

ㄱ. [×] 현재 시장균형환율보다 높은 수준이여서 자국통화가 약세이므로 투기세력 입장에서는 해당국의 통화가치가 상승하리라고 예상, 달러를 공급하여 해당국 통화로 교환하고자 한다. 투기적 공격으로 달러공급이 늘어나면 환율의 하락 우려가 발생하고, 이에 정부는 달러를 매입하게 되므로 국내 통화량은 증가한다.

ㄴ. [×] 투기적 공격으로 달러공급이 늘어나면 환율의 하락 우려가 발생하고, 이에 정부는 달러를 매입하게 되므로 외환보유고는 증가한다.

35 난도 ★★   답 ②

▌오답해설▌

① 유동성함정은 화폐수요곡선이 수평인 구간으로, 화폐수요의 이자율탄력성이 무한대(∞)이다.

③ IS곡선이 수평선인 경우, 통화정책은 LM곡선을 이동시키고 이로 인하여 국민소득 또한 증감하게 된다.

④ 물가 하락에 따른 자산의 실질가치 상승이 소비를 증가시키게 되는 효과를 피구효과 라고 한다.

⑤ IS곡선이 우하향할 때, IS곡선의 위쪽에 있는 점이 생산물시장의 초과공급 상태이며 아래쪽이 초과수요 상태이다.

36 난도 ★★★   답 ②

▌정답해설▌

- 화폐시장의 균형에서는 $\dfrac{M^s}{P} = \dfrac{M^d}{P}$ 가 성립하고 $M=40$, $P=1$이므로 LM곡선을 도출하면, $40 = 3Y - r$

- 위의 LM곡선과 IS곡선인 $r = 120 - 5Y$을 연립하면 균형소득과 균형이자율은,
  $40 = 3Y - (120 - 5Y)$, $Y = 20$, $r = 20$이 된다.

- 한편 균형이자율을 5만큼 높이므로 $r = 25$가 되고, 이를 IS곡선에 대입하면 $25 = 120 - 5Y$, $Y = 19$이다.

- 이를 LM곡선에 대입하면, $M^s = 3Y - r = 3 \times 19 - 25 = 32$
  ∴ 명목화폐공급량은 40에서 32로 8만큼 감소한다.

37 난도 ★   답 ③

▌정답해설▌

ㄱ. [O] 재화의 구매력을 기준으로 평가한 구매력평가환율에 따르면 5,000원=5달러이므로 환율은 1,000(원/달러)이다.

ㄴ. [O] '미국의 햄버거 가격과 환율이 변하지 않는다면'에서 현재 환율인 1,100(원/달러)을 유지하겠다는 의미임을 알 수 있으므로, 장기적으로 구매력평가설이 성립하기 위해서는 한국의 햄버거 가격이 5,500으로 상승해야 한다.

▌오답해설▌

ㄷ. [X] '장기적으로 구매력평가설이 성립하고 한국과 미국의 햄버거 가격이 변하지 않는다면'은 장기적으로 환율이 1,000(원/달러)에 도달한다는 것을 뜻하므로, 환율은 하락하게 된다.

38 난도 ★   답 ④

▌정답해설▌

④ 실물경기변동이론은 새고전학파의 이론으로 경기변동이 추세에서 벗어난 불균형적 현상이 아니라, 그 자체가 균형의 변동이라는 관점을 따른다. 따라서 경기변동국면에서 최적화가 달성된다.

▌오답해설▌

① 새케인즈학파는 단기 필립스곡선은 우하향한다고 본다.

② 가격 신축성에 근거하여 경기변동을 설명하는 것은 고전학파이다. 새케인즈학파는 가격변수의 경직성을 기본적 가정으로 둔다.

③ 화폐중립성은 고전학파의 견해다.

⑤ 메뉴비용이론이란 기업들이 가격을 변경하는데 발생하는 홍보비, 인쇄비 등의 비용을 말하는 것으로써 새케인즈학파의 재화가격의 경직성을 설명하는 이론이다.

정답해설

- 생산가능인구를 100으로 두면, 경제활동참가율은 50%, 실업률은 10%이므로 경제활동인구는 50, 실업자는 5가 된다. 이를 표로 나타내면 다음과 같다.

생산가능인구(100)		
비경제활동인구(50)	경제활동인구(50)	
	실업자(5)	취업자(45)

- 여기에서 t와 $t+1$ 시점 사이의 변화를 순서대로 기입하면 다음과 같다.

	생산가능인구(100)		
	비경제활동인구(50)	경제활동인구(50)	
		실업자(5)	취업자(45)
$\langle *1 \rangle$		-1	1
$\langle *2 \rangle$	0.5	-0.5	
$\langle *3 \rangle$		0.45	-0.45
$\langle *4 \rangle$	-0.5	0.5	

$\langle *1 \rangle$: $5 \times 0.2 = 1$

$\langle *2 \rangle$: $5 \times 0.1 = 0.5$

$\langle *3 \rangle$: $45 \times 0.01 = 0.45$

$\langle *4 \rangle$: $50 \times 0.01 = 0.5$

- 이러한 변화를 합하면 다음과 같다.

생산가능인구(100)		
비경제활동인구(50)	경제활동인구(50)	
	실업자(4.45)	취업자(45.55)

따라서, $t+1$시점의 실업률 $= \dfrac{\text{실업자}}{\text{경제활동인구}} = \dfrac{4.45}{50} =$ 8.9%

정답해설

$M2$ 통화지표이므로 요구불예금 외에 저축성예금까지 계산하면 된다. 통화승수의 기본식인

$$m = \frac{M}{H} = \frac{C+D}{C+Z} = \frac{k+1}{k+z} \text{에서}$$

z(지급준비율)$= \dfrac{1}{10}$, k(현금 $-$ 예금비율, $\dfrac{C}{D}$)$= \dfrac{1}{3}$ 이므로,

$$m = \frac{\dfrac{1}{3}+1}{\dfrac{1}{3}+\dfrac{1}{10}} = \frac{\dfrac{4}{3}}{\dfrac{13}{30}} = \frac{40}{13} \fallingdotseq 3.07, \text{반올림하면 3.1이다.}$$

PART 01

기출문제

01 2023년 제34회 기출문제

01 X재의 시장수요곡선과 시장공급곡선이 각각 $Q_D = 100 - 2P$, $Q_S = 20$이다. 정부가 X재 한 단위당 10의 세금을 공급자에게 부과한 이후 X재의 시장가격은? (단, Q_D는 수요량, Q_S는 공급량, P는 가격이다)

① 10   ② 20

③ 30   ④ 40

⑤ 50

02 수요 및 공급의 탄력성에 관한 설명으로 옳은 것은?

① 수요의 교차탄력성이 양(+)이면 두 재화는 보완관계이다.

② 수요의 소득탄력성이 0보다 큰 상품은 사치재이다.

③ 수요곡선이 수평이면 수요곡선의 모든 점에서 가격탄력성은 0이다.

④ 공급곡선의 가격축 절편이 양(+)의 값을 갖는 경우에는 공급의 가격탄력성이 언제나 1보다 작다.

⑤ 원점에서 출발하는 우상향 직선의 공급의 가격탄력성은 언제나 1의 값을 갖는다.

03 시장수요함수와 시장공급함수가 각각 $Q_D = 36 - 4P$, $Q_S = -4 + 4P$일 때, 시장균형에서 (ㄱ)생산자잉여와 (ㄴ)소비자잉여는? (단, Q_D는 수요량, Q_S는 공급량, P는 가격이다)

	ㄱ	ㄴ
①	32	32
②	25	25
③	25	32
④	32	25
⑤	0	64

04 두 재화 X, Y를 소비하는 갑의 효용함수가 $U = XY^2$이고, X재의 가격은 1, Y재의 가격은 2, 소득은 90이다. 효용함수와 소득이 각각 $U = \sqrt{XY}$, 100으로 변경되었을 경우, 갑의 효용이 극대화되는 X재와 Y재의 구매량의 변화로 옳은 것은?

	X재	Y재
①	10 증가	5 감소
②	10 증가	5 증가
③	20 증가	5 감소
④	20 증가	10 감소
⑤	20 증가	10 증가

05 소비자이론에 관한 설명으로 옳은 것을 모두 고른 것은?

> ㄱ. 무차별곡선은 효용을 구체적인 수치로 표현할 수 있다는 가정 하에 같은 만족을 주는 점들을 연결한 것이다.
> ㄴ. 상품의 특성에 따라 무차별곡선은 우상향 할 수도 있다.
> ㄷ. 열등재이면서 대체효과보다 소득효과의 절대적 크기가 매우 클 경우 그 재화는 기펜재(Giffen goods)이다.
> ㄹ. 유행효과(bandwagon effect)가 존재하면 독자적으로 결정한 개별수요의 수평적 합은 시장수요이다.

① ㄱ, ㄴ   ② ㄱ, ㄷ
③ ㄱ, ㄹ   ④ ㄴ, ㄷ
⑤ ㄴ, ㄹ

06 생산자이론에 관한 설명으로 옳지 <u>않은</u> 것은?
① 한계기술대체율은 등량곡선의 기울기를 의미한다.
② 등량곡선이 직선일 경우 대체탄력성은 무한대의 값을 가진다.
③ 0차 동차생산함수는 규모수익불변의 성격을 갖는다.
④ 등량곡선이 원점에 대해 볼록하다는 것은 한계기술대체율이 체감하는 것을 의미한다.
⑤ 규모수익의 개념은 장기에 적용되는 개념이다.

07 독점기업 A가 직면한 수요곡선이 $Q = 100 - 2P$이고, 총비용함수가 $TC = Q^2 + 20Q$일 때, 기업 A의 이윤을 극대화하는 (ㄱ)생산량과 (ㄴ)이윤은? (단, Q는 생산량, P는 가격이다)

	ㄱ	ㄴ
①	10	150
②	10	200 ·
③	20	250
④	20	300
⑤	30	350

08 독점 및 독점적 경쟁시장에 관한 설명으로 옳은 것은?

① 자연독점은 규모의 불경제가 존재할 때 발생한다.
② 순수독점은 경제적 순손실(deadweight loss)을 발생시키지 않는다.
③ 독점적 경쟁시장의 장기균형에서 각 기업은 0의 이윤을 얻고 있다.
④ 독점적 경쟁시장은 동질적 상품을 가정하고 있다.
⑤ 독점적 경쟁시장에서 기업들은 비가격경쟁이 아니라 가격경쟁을 한다.

09 꾸르노(Cournot) 복점모형에서 시장수요곡선이 $Q = 20 - P$이고, 두 기업 A와 B의 한계비용이 모두 10으로 동일할 때, 꾸르노 균형에서의 산업전체 산출량은? (단, Q는 시장전체의 생산량, P는 가격이다)

① 10/3   ② 20/3
③ 40/3   ④ 50/3
⑤ 60/3

10 게임이론에 관한 설명으로 옳은 것은?

① 내쉬균형은 상대방의 전략에 관계없이 자신에게 가장 유리한 전략을 선택하는 것을 말한다.

② 복점시장에서의 내쉬균형은 하나만 존재한다.

③ 어떤 게임에서 우월전략균형이 존재하지 않더라도 내쉬균형은 존재할 수 있다.

④ 순차게임에서는 내쉬조건만 충족하면 완전균형이 된다.

⑤ 승자의 불행(winner's curse) 현상을 방지하기 위해 최고가격 입찰제(first-price sealed-bid auction) 가 도입되었다.

11 복점시장에서 기업 1과 기업 2는 각각 a와 b의 전략을 갖고 있다. 성과 보수 행렬이 다음과 같을 때, 내쉬균형을 모두 고른 것은? (단, 보수 행렬 내 괄호 안 왼쪽은 기업 1의 보수, 오른쪽은 기업 2의 보수이다)

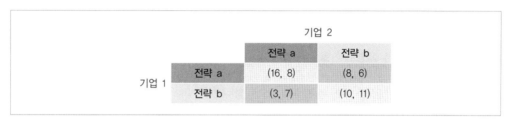

① (16, 8)
② (10, 11)
③ (8, 6), (10, 11)
④ (16, 8), (3, 7)
⑤ (16, 8), (10, 11)

12 완전경쟁시장의 장기균형의 특징에 관한 설명으로 옳은 것을 모두 고른 것은? (단, LMC는 장기한계비용, LAC는 장기평균비용, P는 가격이다)

ㄱ. $P = LMC$이다.
ㄴ. $P > LAC$이다.
ㄷ. 각 기업의 정상이윤이 0이다.
ㄹ. 시장의 수요량과 공급량이 같다.
ㅁ. 더 이상 기업의 진입과 이탈이 일어나지 않는 상태를 말한다.

① ㄱ, ㄴ, ㄷ
② ㄱ, ㄹ, ㅁ
③ ㄴ, ㄹ, ㅁ
④ ㄷ, ㄹ, ㅁ
⑤ ㄴ, ㄷ, ㄹ, ㅁ

13 생산요소시장에 관한 설명으로 옳은 것을 모두 고른 것은?

> ㄱ. 수요독점의 노동시장에서 수요독점자가 지불하는 임금률은 노동의 한계수입생산보다 낮다.
> ㄴ. 노동시장의 수요독점은 생산요소의 고용량과 가격을 완전경쟁시장에 비해 모두 더 낮은 수준으로 하락시킨다.
> ㄷ. 생산요소의 공급곡선이 수직선일 경우 경제적 지대(economic rent)는 발생하지 않는다.
> ㄹ. 전용수입(transfer earnings)은 고용된 노동을 현재 수준으로 유지하기 위해 생산요소의 공급자가 받아야 하겠다는 최소한의 금액이다.

① ㄷ, ㄹ   ② ㄱ, ㄴ, ㄷ
③ ㄱ, ㄴ, ㄹ   ④ ㄴ, ㄷ, ㄹ
⑤ ㄱ, ㄴ, ㄷ, ㄹ

14 소득분배에 관한 설명으로 옳은 것을 모두 고른 것은?

> ㄱ. 국민소득이 임금, 이자, 이윤, 지대 등으로 나누어지는 몫이 얼마인지 보는 것이 계층별 소득분배이다.
> ㄴ. 로렌츠곡선이 대각선에 가까울수록 보다 불평등한 분배 상태를 나타낸다.
> ㄷ. 두 로렌츠곡선이 교차하면 소득분배 상태를 비교하기가 불가능하다.
> ㄹ. 지니계수 값이 1에 가까울수록 보다 불평등한 분배 상태를 나타낸다.

① ㄱ, ㄴ   ② ㄱ, ㄷ
③ ㄴ, ㄷ   ④ ㄴ, ㄹ
⑤ ㄷ, ㄹ

15 후생경제이론에 관한 설명으로 옳지 <u>않은</u> 것은?

① 계약곡선 위의 모든 점은 파레토효율적 배분을 대표한다.
② 일정한 전제하에서 왈라스균형은 일반경쟁균형이 될 수 있다.
③ 차선의 이론에 따르면 점진적 접근방식에 의한 부분적 해결책이 최선은 아닐 수 있다.
④ 후생경제학의 제1정리에 따르면 일반경쟁균형의 배분은 파레토효율적이다.
⑤ 후생경제학의 제2정리는 재분배를 위한 목적으로 가격체계에 개입하는 것에 정당성을 부여한다.

16 외부성에 관한 설명으로 옳은 것은?

① 생산의 부정적 외부성이 있는 경우 사회적 최적생산량이 시장균형생산량보다 크다.

② 생산의 부정적 외부성이 있는 경우 사적 한계비용이 사회적 한계비용보다 작다.

③ 소비의 부정적 외부성이 있는 경우 사적 한계편익이 사회적 한계편익보다 작다.

④ 코즈(R. Coase)의 정리는 거래비용의 크기와 무관하게 민간경제주체들이 외부성을 스스로 해결할 수 있다는 정리를 말한다.

⑤ 공유자원의 비극(tragedy of the commons)은 긍정적 외부성에서 발생한다.

17 가격차별에 관한 설명으로 옳지 <u>않은</u> 것은?

① 극장에서의 조조할인 요금제는 가격차별의 한 예이다.

② 이부가격제(two-part pricing)는 가격차별 전략 중 하나이다.

③ 제3급 가격차별을 가능하게 하는 조건 중 하나는 전매가 불가능해야 한다는 것이다.

④ 제3급 가격차별의 경우 수요의 가격 탄력성이 상대적으로 작은 시장에서 더 낮은 가격이 설정된다.

⑤ 제1급 가격차별에서는 소비자잉여가 발생하지 않는다.

18 정보재(information goods)의 기본적인 특성에 관한 설명으로 옳은 것을 모두 고른 것은?

> ㄱ. 상품에 포함된 정보가 상품으로서의 특성을 결정하는 것을 정보재라 한다.
> ㄴ. 정보재는 초기 개발비용이 크고 한계비용이 0에 가깝기 때문에 규모의 불경제가 일어난다.
> ㄷ. 정보재에는 쏠림현상(tipping)과 같은 네트워크효과가 나타난다.
> ㄹ. 정보재의 경우 무료견본을 나눠 주는 것은 잠김효과(lock-in effect)를 노린 마케팅 전략이다.

① ㄱ, ㄹ   ② ㄴ, ㄷ

③ ㄱ, ㄴ, ㄷ   ④ ㄱ, ㄷ, ㄹ

⑤ ㄴ, ㄷ, ㄹ

19 정보의 비대칭성에 관한 설명으로 옳은 것은?

① 도덕적 해이(moral hazard)는 감춰진 속성(hidden characteristics)과 관련된다.

② 직업감독제도는 역선택(adverse selection)방지를 위한 효율적인 수단이다.

③ 자동차보험에서 기초공제(initial deduction)제도를 두는 이유는 역선택 방지를 위함이다.

④ 상품시장에서 역선택 방지를 위해 품질보증제도를 도입한다.

⑤ 노동시장에서 교육수준을 선별의 수단으로 삼는 이유는 도덕적 해이를 방지하기 위함이다.

20 기업 A의 사적한계비용 $MC = \frac{1}{2}Q + 300$, $P = 500$이고 기업 A가 발생시키는 환경오염 피해액은 단위당 100이다. 기업 A의 사회적 최적산출량은? (단, 완전경쟁시장을 가정하고, Q는 산출량, P는 가격이다)

① 200

② 400

③ 600

④ 800

⑤ 1,000

21 고전학파의 국민소득결정모형에 관한 설명으로 옳지 않은 것은?

① 세이의 법칙(Say's law)이 성립하여, 수요측면은 국민소득 결정에 영향을 미치지 못한다.

② 물가와 임금 등 모든 가격이 완전히 신축적이고, 노동시장은 균형을 달성한다.

③ 노동시장의 수요는 실질임금의 함수이다.

④ 노동의 한계생산이 노동시장의 수요를 결정하는 중요한 요인이다.

⑤ 통화공급이 증가하여 물가가 상승하면, 노동의 한계생산이 증가한다.

22 국내총생산에 관한 설명으로 옳지 <u>않은</u> 것은?

① 국내총생산은 시장에서 거래되는 최종생산물만 포함한다.
② 국내순생산은 국내총생산에서 고정자본소모를 제외한 부분이다.
③ 명목국내총생산은 재화와 서비스의 생산의 가치를 경상가격으로 계산한 것이다.
④ 3면 등가의 원칙으로 국내총생산은 국내총소득과 일치한다.
⑤ 국내총생산은 요소비용국내소득에 순간접세와 고정자본소모를 더한 것이다.

23 다음과 같은 균형국민소득 결정모형에서 정부지출이 220으로 증가할 경우 (ㄱ)새로운 균형소득과 (ㄴ) 소득의 증가분은? (단, 폐쇄경제를 가정한다)

- $C = 120 + 0.8(Y - T)$
- Y : 국내총생산
- C : 소비
- 투자(I)=100
- 정부지출(G)=200
- 조세(T)=200

	ㄱ	ㄴ
①	1,400	100
②	1,400	200
③	1,420	100
④	1,420	200
⑤	1,440	200

24 A국의 사과와 배에 대한 생산량과 가격이 다음과 같다. 파셰물가지수(Paasche price index)를 이용한 2010년 대비 2020년의 물가상승률은? (단, 2010년을 기준년도로 한다)

	2010년			2020년		
재화	수량	가격		재화	수량	가격
사과	100	2		사과	200	3
배	100	2		배	300	4

① 80%
② 150%
③ 250%
④ 350%
⑤ 450%

25 소비와 투자에 관한 설명으로 옳지 <u>않은</u> 것은?

① 소비수요는 사전적으로 계획된 소비를 말한다.

② 고전학파는 투자가 이자율이 아니라 소득에 의해 결정된다고 주장한다.

③ 케인즈(J. Keynes)에 의하면 소비수요를 결정하는 중요한 요인은 현재의 절대소득이다.

④ 독립투자수요는 내생변수와 관계없이 외생적으로 결정된다.

⑤ 평균소비성향은 소비를 소득으로 나누어 계산한다.

26 본원통화에 관한 설명으로 옳지 <u>않은</u> 것은?

① 본원통화는 현금통화와 은행의 지급준비금의 합과 같다.

② 본원통화는 중앙은행의 화폐발행액과 은행의 중앙은행 지급준비예치금의 합과 같다.

③ 중앙은행의 대차대조표상의 순대정부대출이 증가하면 본원통화는 증가한다.

④ 중앙은행의 대차대조표상의 순해외자산이 증가하면 본원통화는 증가한다.

⑤ 추가로 발행된 모든 화폐가 은행의 시재금(vault cash)으로 보관된다면 본원통화는 증가하지 않는다.

27 $IS-LM$곡선에 관한 설명으로 옳은 것을 모두 고른 것은? (단, 폐쇄경제를 가정한다)

> ㄱ. 투자가 이자율에 영향을 받지 않는다면 LM곡선은 수직선이 된다.
>
> ㄴ. 투자가 이자율에 영향을 받지 않는다면 IS곡선은 수직선이 된다.
>
> ㄷ. 통화수요가 이자율에 영향을 받지 않는다면 LM곡선은 수직선이 된다.
>
> ㄹ. 통화수요가 소득에 영향을 받는다면 LM곡선은 수직선이 된다.

① ㄱ, ㄴ
② ㄱ, ㄷ
③ ㄴ, ㄷ
④ ㄴ, ㄹ
⑤ ㄷ, ㄹ

28 폐쇄경제 $IS-LM$모형에서 투자의 이자율 탄력성이 무한대인 경우, 중앙은행이 긴축통화정책을 실행할 시 예상되는 효과로 옳은 것을 모두 고른 것은? (단, LM곡선은 우상향한다)

ㄱ. 국민소득 감소	ㄴ. 이자율 증가
ㄷ. 이자율 불변	ㄹ. 국민소득 증가
ㅁ. 이자율 감소	

① ㄱ, ㄴ   ② ㄱ, ㄷ

③ ㄱ, ㅁ   ④ ㄴ, ㄹ

⑤ ㄷ, ㄹ

29 다음 모형에 관한 설명으로 옳지 <u>않은</u> 것은? (단, Y^D, Y, C, I^D, r, G, T는 각각 총수요, 국민소득, 소비, 투자수요, 이자율, 정부지출, 조세이며, I_0, G_0, T_0, α, β, δ는 모두 상수이다)

- $Y^D = C + I^D + G$
- $C = \alpha + \beta(Y-T)$, $\alpha > 0$, $0 < \beta < 1$
- $I^D = I_0 - \delta r$, $I_0 > 0$, $\delta > 0$
- $G = G_0$, $T = T_0$
- $Y^D = Y$

① 모형에서 도출된 IS곡선은 우하향한다.

② I_0가 증가하면, IS곡선이 우측으로 이동한다.

③ G_0가 증가하면, IS곡선이 우측으로 이동한다.

④ β가 증가하면, IS곡선 기울기의 절댓값이 커진다.

⑤ δ가 증가하면, IS곡선 기울기의 절댓값이 작아진다.

30 다음과 같은 특징을 가진 화폐시장의 균형에 관한 설명으로 옳지 <u>않은</u> 것은? (단, 폐쇄경제를 가정한다)

- 실질화폐수요는 이자율의 감소함수이다.
- 실질화폐수요는 국민소득의 증가함수이다.
- 명목화폐공급은 중앙은행에 의해 외생적으로 결정된다.
- 물가수준은 단기적으로 고정되어 있으며, 장기적으로 신축적이다.
- 화폐공급이 증가하면 장기적으로 물가수준은 상승한다.

① LM곡선은 우상향한다.
② 명목화폐공급이 증가하면 단기적으로 LM곡선이 우측으로 이동한다.
③ 국민소득이 일정할 때, 명목화폐공급이 이자율에 미치는 영향은 단기보다 장기에서 더 작다.
④ 실질화폐공급이 증가하면 LM곡선은 우측으로 이동한다.
⑤ 장기적으로 실질화폐공급이 변화하지 않는다면, LM곡선은 수직이다.

31 A국 경제의 총수요곡선과 총공급곡선이 각각 $Y_d = -P + 8$, $Y_s = (P - P_e) + 4$이다. 기대물가(P_e)가 2에서 4로 증가할 때, (ㄱ)균형소득수준의 변화와 (ㄴ)균형물가수준의 변화는? (단, Y_d는 총수요, Y_s는 총공급, P는 물가, P_e는 기대물가이다)

	ㄱ	ㄴ
①	2	2
②	-2	2
③	-1	0
④	-1	1
⑤	0	0

32 폐쇄경제의 $IS-LM$모형에서 화폐시장 균형조건이 $\dfrac{M}{P} = L(r, Y - T)$일 때, 조세삭감이 미치는 효과로 옳은 것을 모두 고른 것은? (단, 초기는 균형상태, IS곡선은 우하향, LM곡선은 우상향하며, M은 통화량, P는 물가, r은 이자율, Y는 국민소득, T는 조세이다)

ㄱ. IS곡선 우측이동		ㄴ. LM곡선 우측이동	
ㄷ. 통화수요 감소		ㄹ. 이자율 상승	

① ㄱ, ㄴ   ② ㄱ, ㄷ
③ ㄱ, ㄹ   ④ ㄴ, ㄷ
⑤ ㄴ, ㄹ

33 인플레이션에 관한 설명으로 옳지 <u>않은</u> 것은?

① 메뉴비용은 인플레이션에 맞춰 가격을 변경하는 데에 발생하는 각종 비용을 말한다.

② 디스인플레이션(disinflation) 상황에서는 물가상승률이 감소하고 있지만 여전히 물가는 상승한다.

③ 초인플레이션은 극단적이고 장기적인 인플레이션으로 통제가 어려운 상황을 말한다.

④ 구두창비용은 인플레이션에 따라 발생하는 현금 관리 비용을 말한다.

⑤ 디플레이션은 인플레이션이 진행되는 상황에서 경제가 침체하는 상황을 말한다.

34 필립스곡선에 관한 설명으로 옳지 <u>않은</u> 것은?

① 필립스(A. W. Phillips)는 임금상승률과 실업률간 음(−)의 경험적 관계를 발견했다.

② 우상향하는 단기 총공급곡선과 오쿤의 법칙(Okun's Law)을 결합하면 필립스곡선의 이론적 근거를 찾을 수 있다.

③ 적응적 기대를 가정하면 장기에서도 필립스곡선은 우하향한다.

④ 단기 총공급곡선이 가파른 기울기를 가질수록 필립스곡선은 가파른 기울기를 가진다.

⑤ 새고전학파(New Classical)는 합리적 기대를 가정할 경우 국민소득의 감소 없이 인플레이션을 낮출 수 있다고 주장한다.

35 A국의 중앙은행은 필립스곡선, 성장률과 실업률의 관계, 이자율 준칙에 따라 이자율을 결정한다. 현재 목표물가상승률이 2%, 자연실업률이 3%이고, 국내총생산은 잠재국내총생산, 물가상승률은 목표물가상승률, 그리고 실업률은 자연실업률과 같다고 가정할 때, 이에 관한 설명으로 옳지 <u>않은</u> 것은? (단, r, π, π^e, π^T, u, u_n, u_{-1}, Y, Y^P는 각각 이자율, 물가상승률, 기대물가상승률, 목표물가상승률, 실업률, 자연실업률, 전기의 실업률, 국내총생산, 잠재국내총생산이다)

- 필립스곡선 : $\pi = \pi^e - 0.5(u - u_n)$
- 이자율 준칙 : $r = \pi + 2.0\% + 0.5(\pi - \pi^T) + 0.5G$
- 성장률과 실업률의 관계 : 국내총생산의 성장률 $= 3\% - 2(u - u_{-1})$
- $G = \dfrac{(Y - Y^P)}{Y^P} \times 100$

① 현재 이자율은 4%이다.

② 현재 기대물가상승률은 2%이다.

③ 실업률이 5%로 상승하고 기대물가상승률이 변화하지 않았다면, 물가상승률은 1%이다.

④ 기대물가상승률이 3%로 상승하면, 이자율은 5.5%이다.

⑤ 실업률이 1%로 하락하고, 기대물가상승률이 3%로 상승하면, 이자율은 7%이다.

36 총수요곡선 및 총공급곡선에 관한 설명으로 옳지 <u>않은</u> 것을 모두 고른 것은?

> ㄱ. 총수요곡선은 물가수준과 재화 및 용역의 수요량간의 관계를 보여준다.
> ㄴ. 통화수요 또는 투자가 이자율에 영향을 받지 않을 경우 총수요곡선은 수평이 된다.
> ㄷ. 단기적으로 가격이 고정되어 있을 경우 총공급곡선은 수평이 된다.
> ㄹ. 정부지출의 변화는 총수요곡선 상에서의 변화를 가져온다.

① ㄱ, ㄴ　　　　　　　　　　② ㄱ, ㄷ
③ ㄴ, ㄷ　　　　　　　　　　④ ㄴ, ㄹ
⑤ ㄷ, ㄹ

37 장기적으로 경제성장을 촉진시킬 수 있는 방법으로 옳은 것을 모두 고른 것은?

> ㄱ. 투자지출을 증가시켜 실물 자본을 증가시킨다.
> ㄴ. 저축률을 낮추어 소비를 증가시킨다.
> ㄷ. 교육 투자지출을 증가시켜 인적 자본을 증가시킨다.
> ㄹ. 연구개발에 투자하여 새로운 기술을 개발하고 실용화한다.

① ㄱ, ㄴ　　　　　　　　　　② ㄴ, ㄷ
③ ㄷ, ㄹ　　　　　　　　　　④ ㄱ, ㄷ, ㄹ
⑤ ㄱ, ㄴ, ㄷ, ㄹ

38 다음과 같은 생산함수에 따라 생산되는 단순경제를 가정할 때, 솔로우 모형의 균제상태(steady-state) 조건을 이용한 균제상태에서의 (ㄱ)1인당 소득과 (ㄴ)1인당 소비수준은? (단, 인구증가와 기술진보는 없다고 가정하며, K는 총자본, L은 총노동, δ는 감가상각률, s는 저축률이다)

> - $Y = F(K, L) = \sqrt{KL}$
> - $\delta = 20\%$
> - $s = 40\%$

	ㄱ	ㄴ
①	1	1
②	2	1.2
③	2	1.6
④	4	2.2
⑤	4	2.4

39 보호무역을 옹호하는 주장의 근거가 <u>아닌</u> 것은?

① 자유무역으로 분업이 강력하게 진행되면 국가 안전에 대한 우려가 발생할 수 있다.

② 관세를 부과하면 경제적 순손실(deadweight loss)이 발생한다.

③ 환경오염도피처가 된 거래상대국으로부터 유해한 물질이 자유무역으로 인해 수입될 가능성이 높다.

④ 정부가 신생 산업을 선진국으로부터 보호해서 육성해야 한다.

⑤ 자유무역은 국내 미숙련근로자의 임금에 부정적 영향을 줄 수 있다.

40 소규모 개방경제의 먼델-플레밍(Mundell-Fleming)모형에서 정부의 재정긴축이 미치는 영향으로 옳은 것은? (단, 초기의 균형상태, 완전한 자본이동과 고정환율제, 국가별 물가수준 고정을 가정한다)

① IS곡선 우측이동

② 국민소득 감소

③ LM곡선 우측이동

④ 통화공급 증가

⑤ 원화가치 하락

02 | 2022년 제33회 기출문제

01 재화 X의 시장수요곡선(D)과 시장공급곡선(S)이 아래 그림과 같을 때, 균형가격 (P^*)과 균형거래량 (Q^*)은? (단, 시장수요곡선과 시장공급곡선은 선형이며, 시장공급곡선은 수평이다)

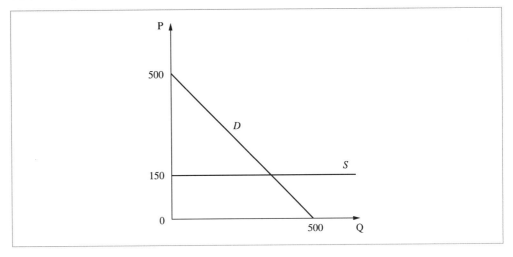

① $P^*=150$, $Q^*=150$

② $P^*=150$, $Q^*=350$

③ $P^*=150$, $Q^*=500$

④ $P^*=350$, $Q^*=150$

⑤ $P^*=500$, $Q^*=150$

02 기업 A의 생산함수는 $Q=\min\{L,\ 2K\}$ 이다. 노동가격은 3이고, 자본가격은 5일 때, 최소 비용으로 110을 생산하기 위한 생산요소 묶음은? (단, Q는 생산량, L은 노동, K는 자본이다)

① $L=55$, $K=55$

② $L=55$, $K=110$

③ $L=110$, $K=55$

④ $L=110$, $K=70$

⑤ $L=110$, $K=110$

03 ( )에 들어갈 내용으로 옳은 것은?

> - 소비의 긍정적 외부성이 존재할 때, (ㄱ)이 (ㄴ)보다 크다.
> - 생산의 부정적 외부성이 존재할 때, (ㄷ)이 (ㄹ)보다 작다.

	ㄱ	ㄴ	ㄷ	ㄹ
①	사회적 한계편익	사적 한계편익	사적 한계비용	사회적 한계비용
②	사적 한계편익	사회적 한계편익	사적 한계비용	사회적 한계비용
③	사회적 한계편익	사적 한계편익	사회적 한계비용	사적 한계비용
④	사적 한계편익	사회적 한계편익	사회적 한계비용	사적 한계비용
⑤	사회적 한계편익	사적 한계비용	사적 한계편익	사회적 한계비용

04 기업 A의 생산함수는 $Q = \sqrt{L}$ 이며, 생산물의 가격은 5, 임금률은 0.5이다. 이윤을 극대화하는 노동투입량(L^*)과 산출량(Q^*)은? (단, Q는 산출량, L은 노동투입량이며, 생산물시장과 노동시장은 완전경쟁시장이다)

① $L^* = 10$, $Q^* = \sqrt{10}$

② $L^* = 15$, $Q^* = \sqrt{15}$

③ $L^* = 20$, $Q^* = 2\sqrt{5}$

④ $L^* = 25$, $Q^* = 5$

⑤ $L^* = 30$, $Q^* = \sqrt{30}$

05 ( )에 들어갈 내용으로 옳지 <u>않은</u> 것은? (단, 수요곡선은 우하향, 공급곡선은 우상향한다)

> 정부는 X재에 대해 종량세를 부과하려고 한다. 동일한 세율로 판매자에게 부과하는 경우와 구매자에게 부과하는 경우를 비교할 때, ( )

① 구매자가 내는 가격은 동일하다.

② 판매자가 받는 가격은 동일하다.

③ 조세수입의 크기는 동일하다.

④ 균형 거래량이 모두 증가한다.

⑤ 총잉여는 모두 감소한다.

06 완전경쟁시장에서 이윤극대화를 추구하는 기업 A의 한계비용(MC), 평균총비용(AC), 평균가변비용(AVC)은 아래 그림과 같다. 시장가격이 P_1, P_2, P_3, P_4, P_5로 주어질 때, 이에 관한 설명으로 옳지 <u>않은</u> 것은?

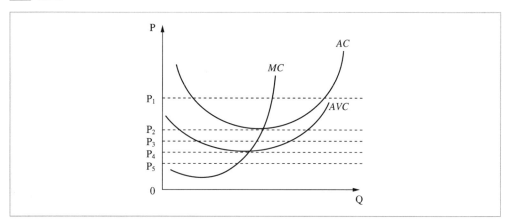

① P_1일 때 총수입이 총비용보다 크다.

② P_2일 때 손익분기점에 있다.

③ P_3일 때 총수입으로 가변비용을 모두 충당하고 있다.

④ P_4일 때 총수입으로 고정비용을 모두 충당하고 있다.

⑤ P_5일 때 조업중단을 한다.

07 기술혁신으로 노동의 한계생산이 증가한다면, (ㄱ)균형 노동량의 변화와 (ㄴ)균형 임금률의 변화는? (단, 생산물시장과 노동시장은 완전경쟁적이며, 노동공급곡선은 우상향, 노동수요곡선은 우하향하고 있다)

	ㄱ	ㄴ
①	감소	감소
②	감소	증가
③	감소	불변
④	증가	감소
⑤	증가	증가

08 시장 구조를 비교하여 요약·정리한 표이다. (ㄱ)~(ㅁ) 중 옳지 <u>않은</u> 것은? (단, MR은 한계수입, MC는 한계비용, P는 가격이다)

속성	완전경쟁시장	독점적 경쟁시장	독점시장
이윤극대화 조건	(ㄱ) $MR = MC$	$MR = MC$	(ㄴ) $MR = MC$
균형 가격	(ㄷ) $P = MC$	(ㄹ) $P = MC$	$P > MC$
상품 성격	동질적	(ㅁ) 이질적	동질적

① ㄱ   ② ㄴ

③ ㄷ   ④ ㄹ

⑤ ㅁ

09 ( )에 들어갈 내용으로 옳은 것은?

> 과점시장에서 보수를 극대화하는 두 기업 A와 B가 각각 전략 1과 전략 2를 통해 아래 표와 같은 보수(payoff)를 얻을 수 있다.
>
> | | | 기업 B | |
> |---|---|---|---|
> | | | 전략 1 | 전략 2 |
> | 기업 A | 전략 1 | (22, 10) | (33, 8) |
> | | 전략 2 | (32, 14) | (30, 12) |
>
> ※ ( ) 안의 앞의 숫자는 기업 A의 보수, 뒤의 숫자는 기업 B의 보수이다.
>
> • 기업 A와 기업 B가 동시에 전략을 선택할 때, 균형에서 기업 A의 보수는 (ㄱ)이다.
> • 기업 A가 먼저 전략을 선택하고 신뢰할 수 있는 방법으로 확약할 때, 균형에서 기업 B의 보수는 (ㄴ)이다.

	ㄱ	ㄴ
①	22	8
②	30	8
③	32	10
④	32	14
⑤	33	12

10 단일 가격을 부과하던 독점기업이 제1급(first-degree) 가격차별 또는 완전(perfect) 가격차별을 실행하는 경우에 나타나는 변화로 옳은 것을 모두 고른 것은?

> ㄱ. 생산량이 증가한다.
> ㄴ. 이윤이 증가한다.
> ㄷ. 소비자 잉여가 증가한다.
> ㄹ. 총잉여가 감소한다.

① ㄱ, ㄴ   ② ㄱ, ㄷ
③ ㄱ, ㄹ   ④ ㄴ, ㄷ
⑤ ㄷ, ㄹ

11 소비자 갑의 효용함수는 $U = 3X^2 + Y^2$이며 X재 가격은 6, Y재 가격은 2, 소득은 120이다. 효용을 극대화하는 갑의 최적소비조합(X, Y)은?

① $(0, 60)$ ② $(6, 42)$
③ $(10, 30)$ ④ $(15, 15)$
⑤ $(20, 0)$

12 ( )에 들어갈 내용으로 옳은 것은? (단, P는 가격, Q는 수요량이다)

> 독점기업의 수요곡선은 $P = 30 - 2Q$이고 현재 가격이 10이다. 이때 수요의 가격탄력성은 (ㄱ)이고, 총수입을 증대시키기 위해 가격을 (ㄴ)해야 한다.

	ㄱ	ㄴ
①	비탄력적	인하
②	비탄력적	인상
③	단위탄력적	유지
④	탄력적	인하
⑤	탄력적	인상

13 X재 가격이 하락할 때 아래의 설명 중 옳은 것을 모두 고른 것은? (단, X재와 Y재만 존재하며 주어진 소득을 두 재화에 모두 소비한다)

> ㄱ. X재가 정상재인 경우 보상수요곡선은 보통수요곡선보다 더 가파르게 우하향하는 기울기를 가진다.
> ㄴ. X재가 열등재인 경우 보상수요곡선은 우상향한다.
> ㄷ. X재가 기펜재인 경우 보통수요곡선은 우상향하고 보상수요곡선은 우하향한다.

① ㄱ
② ㄴ
③ ㄱ, ㄷ
④ ㄴ, ㄷ
⑤ ㄱ, ㄴ, ㄷ

14 두 재화 X, Y를 소비하는 갑의 효용함수가 $U(X, Y) = X^{0.3} Y^{0.7}$이다. 이에 관한 설명으로 옳지 <u>않은</u> 것은?

① 선호체계는 단조성을 만족한다.
② 무차별곡선은 원점에 대해 볼록하다.
③ 효용을 극대화할 때, 소득소비곡선은 원점을 지나는 직선이다.
④ 효용을 극대화할 때, 가격소비곡선은 X재 가격이 하락할 때 Y재의 축과 평행하다.
⑤ 효용을 극대화할 때, 소득이 2배 증가하면 X재의 소비는 2배 증가한다.

15 두 재화 X재와 Y재를 소비하는 갑은 가격이 $(P_X, P_Y) = (1, 4)$일 때 소비조합 $(X, Y) = (6, 3)$, 가격이 $(P_X, P_Y) = (2, 3)$으로 변화했을 때 소비조합 $(X, Y) = (7, 2)$, 그리고 가격이 $(P_X, P_Y) = (4, 2)$으로 변화했을 때 소비조합 $(X, Y) = (6, 4)$을 선택하였다. 이에 관한 설명으로 옳은 것을 모두 고른 것은?

> ㄱ. 소비조합 $(X, Y) = (6, 3)$이 소비조합 $(X, Y) = (7, 2)$보다 직접 현시선호되었다.
> ㄴ. 소비조합 $(X, Y) = (6, 4)$이 소비조합 $(X, Y) = (7, 2)$보다 직접 현시선호되었다.
> ㄷ. 소비조합 $(X, Y) = (6, 3)$이 소비조합 $(X, Y) = (6, 4)$보다 직접 현시선호되었다.
> ㄹ. 선호체계는 현시선호이론의 약공리를 위배한다.

① ㄱ, ㄴ
② ㄱ, ㄷ
③ ㄱ, ㄹ
④ ㄴ, ㄷ
⑤ ㄷ, ㄹ

16 두 재화 X와 Y만을 소비하는 두 명의 소비자 갑과 을이 존재하는 순수교환경제에서 갑의 효용함수는 $U_갑(X_갑,\ Y_갑)=\min\{X_갑,\ Y_갑\}$, 을의 효용함수는 $U_을(X_을,\ Y_을)=X_을 \times Y_을$이다. 갑과 을의 초기 부존자원$(X,\ Y)$이 각각 $(30, 60)$, $(60, 30)$이고 X재의 가격이 1이다. 일반균형 (general equilibrium)에서 Y재의 가격은?

① 1/3   ② 1/2

③ 1   ④ 2

⑤ 3

17 꾸르노(Cournot) 복점모형에서 시장수요곡선이 $Q=60-\dfrac{1}{2}P$이고 두 기업 A, B의 비용함수가 각각 $C_A=40Q_A+10$, $C_B=20Q_B+50$일 때, 꾸르노 균형에서 총생산량(Q^*)과 가격(P^*)은? (단, Q는 총생산량, P는 가격, Q_A는 기업 A의 생산량, Q_B는 기업 B의 생산량이다)

	Q^*	P^*
①	10	100
②	20	80
③	30	60
④	40	40
⑤	50	20

18 A국에서는 교역 이전 X재의 국내가격이 국제가격보다 더 높다. 교역 이후 국제가격으로 A국이 X재의 초과수요분을 수입한다면, 이로 인해 A국에 나타나는 효과로 옳은 것은? (단, 공급곡선은 우상향, 수요곡선은 우하향한다)

① 교역 전과 비교하여 교역 후 생산자 잉여가 감소한다.

② 교역 전과 비교하여 교역 후 소비자 잉여가 감소한다.

③ 생산자 잉여는 교역 여부와 무관하게 일정하다.

④ 교역 전과 비교하여 교역 후 총잉여가 감소한다.

⑤ 총잉여는 교역 여부와 무관하게 일정하다.

19 노동시장이 수요독점일 때 이에 관한 설명으로 옳은 것을 모두 고른 것은? (단, 생산물 시장은 완전경쟁 시장이며, 노동수요곡선은 우하향, 노동공급곡선은 우상향한다)

> ㄱ. 노동의 한계생산가치(value of marginal product of labor)곡선이 노동수요 곡선이다.
> ㄴ. 한계요소비용(marginal factor cost)곡선은 노동공급곡선의 아래쪽에 위치한다.
> ㄷ. 균형 고용량은 노동의 한계생산가치곡선과 한계요소비용곡선이 만나는 점에서 결정된다.
> ㄹ. 노동시장이 완전경쟁인 경우보다 균형 임금률이 낮고 균형 고용량이 많다.

① ㄱ, ㄴ
② ㄱ, ㄷ
③ ㄱ, ㄹ
④ ㄴ, ㄷ
⑤ ㄷ, ㄹ

20 독점기업이 공급하는 X재의 시장수요곡선은 $Q = 200 - P$이고, 기업의 사적 비용함수는 $C = Q^2 + 20Q + 10$이고, 환경오염에 의한 추가적 비용을 포함한 사회적 비용함수는 $SC = 2Q^2 + 20Q + 20$이다. 이 경우 사회적으로 바람직한 최적생산량은? (단, Q는 생산량, P는 시장가격이다)

① 24
② 36
③ 60
④ 140
⑤ 164

21 개방경제하에서 국민소득의 구성 항목이 아래와 같을 때 경상수지는? (단, C는 소비, I는 투자, G는 정부지출, T는 조세, S^P는 민간저축이다)

- $C = 200$
- $I = 50$
- $G = 70$
- $T = 50$
- $S^P = 150$

① 50
② 60
③ 70
④ 80
⑤ 90

22 물가지수에 관한 설명으로 옳은 것을 모두 고른 것은?

> ㄱ. GDP 디플레이터를 산정할 때에는 국내에서 생산되는 모든 최종 재화와 서비스를 대상으로 한다.
> ㄴ. 소비자물가지수의 산정에 포함되는 재화와 서비스의 종류와 수량은 일정 기간 고정되어 있다.
> ㄷ. 생산자물가지수를 산정할 때에는 기업이 생산 목적으로 구매하는 수입품은 제외한다.

① ㄱ   ② ㄴ

③ ㄱ, ㄴ   ④ ㄱ, ㄷ

⑤ ㄴ, ㄷ

23 A국의 생산가능인구는 100만 명, 경제활동인구는 60만 명, 실업자는 6만 명이다. 실망실업자(구직단념자)에 속했던 10만 명이 구직활동을 재개하여, 그 중 9만 명이 일자리를 구했다. 그 결과 실업률과 고용률은 각각 얼마인가?

① 6%, 54%   ② 10%, 54%

③ 10%, 63%   ④ 10%, 90%

⑤ 15%, 90%

24 A국의 단기 필립스 곡선이 아래와 같을 때 이에 관한 설명으로 옳지 <u>않은</u> 것은? (단, π, π^e, u, u_n은 각각 인플레이션율, 기대 인플레이션율, 실업률, 자연 실업률이다)

$$\pi - \pi^e = -0.5(u - u_n)$$

① 총공급곡선이 수직선인 경우에 나타날 수 있는 관계이다.

② 총수요 충격이 발생하는 경우에 나타날 수 있는 관계이다.

③ 인플레이션율과 실업률 사이에 단기적으로 상충관계가 있음을 나타낸다.

④ 고용이 완전고용수준보다 높은 경우에 인플레이션율은 기대 인플레이션율보다 높다.

⑤ 인플레이션율을 1%p 낮추려면 실업률은 2%p 증가되어야 한다.

25 A국 중앙은행은 아래의 테일러 규칙(Taylor rule)에 따라 명목정책금리를 조정한다. 이에 관한 설명으로 옳지 <u>않은</u> 것은?(단, 총생산 갭=(실질GDP−완전고용 실질GDP)/완전고용 실질GDP이다)

> 명목정책금리=인플레이션율+0.02+0.5×(인플레이션율−0.03)+0.5×(총생산 갭)

① A국 중앙은행의 인플레이션율 목표치는 3%이다.

② 인플레이션율 목표치를 2%로 낮추려면 명목정책금리를 0.5%p 인하해야 한다.

③ 인플레이션율이 목표치와 동일하고 총생산 갭이 1%인 경우 실질 이자율은 2.5%이다.

④ 완전고용 상태에서 인플레이션율이 2%인 경우에 명목정책금리는 3.5%로 설정해야한다.

⑤ 인플레이션율이 목표치보다 1%p 더 높은 경우에 명목정책금리를 0.5%p 인상한다.

26 아래의 개방경제 균형국민소득 결정모형에서 수출이 100만큼 늘어나는 경우 (ㄱ)균형소득의 변화분과 (ㄴ)경상수지의 변화분은? (단, C는 소비, Y는 국민소득, T는 세금, I는 투자, G는 정부지출, X는 수출, M은 수입이며, 수출 증가 이전의 경제상태는 균형이다)

> - $C=200+0.7(Y-T)$
> - $I=200$
> - $G=100$
> - $T=100$
> - $X=300$
> - $M=0.2(Y-T)$

	ㄱ	ㄴ
①	1000	100
②	1000/3	100/3
③	1000/3	100
④	200	60
⑤	200	100

27 폐쇄경제 $IS-LM$과 $AD-AS$의 동시균형 모형에서 투자를 증가시키되 물가는 원래 수준으로 유지시킬 가능성이 있는 것은? (단, IS곡선은 우하향, LM곡선은 우상향, AD곡선은 우하향, AS곡선은 우상향한다)

① 긴축 재정정책
② 팽창 통화정책
③ 긴축 재정정책과 팽창 통화정책의 조합
④ 팽창 재정정책과 긴축 통화정책의 조합
⑤ 팽창 재정정책과 팽창 통화정책의 조합

28 투자가 실질 이자율에 의해 결정되는 폐쇄경제 $IS-LM$모형에서 기대 인플레이션이 상승할 때 나타나는 결과로 옳은 것은? (단, IS곡선은 우하향, LM곡선은 우상향한다)

① 명목 이자율과 실질 이자율이 모두 상승한다.
② 명목 이자율과 실질 이자율이 모두 하락한다.
③ 명목 이자율은 하락하고, 실질 이자율은 상승한다.
④ 실질 이자율은 상승하고, 생산량은 감소한다.
⑤ 실질 이자율은 하락하고, 생산량은 증가한다.

29 폐쇄경제 $IS-LM$모형에서 재정정책과 통화정책이 생산량에 미치는 효과의 크기에 관한 설명으로 옳은 것을 모두 고른 것은? (단, IS는 우하향, LM은 우상향하는 직선이다)

> ㄱ. 투자가 이자율에 민감할수록 통화정책의 효과가 작다.
> ㄴ. 화폐수요가 이자율에 민감할수록 재정정책의 효과가 크다.
> ㄷ. 한계소비성향이 클수록 통화정책의 효과가 크다.

① ㄱ
② ㄷ
③ ㄱ, ㄴ
④ ㄱ, ㄷ
⑤ ㄴ, ㄷ

30 자본이동이 완전한 소규모 개방경제의 먼델-플레밍(Mundell-Fleming)모형에서 변동환율제도인 경우, 긴축 통화정책을 시행할 때 나타나는 경제적 효과를 모두 고른 것은? (단, 물가수준은 고정이다)

ㄱ. 소득 감소
ㄴ. 경상수지 개선
ㄷ. 자국 통화가치 절하
ㄹ. 해외자본 유입

---

① ㄱ, ㄴ
② ㄱ, ㄷ
③ ㄱ, ㄹ
④ ㄴ, ㄷ
⑤ ㄷ, ㄹ

31 인구 증가와 기술진보가 없는 솔로우(Solow) 경제성장모형에서 1인당 생산함수는 $y = 5k^{0.4}$, 자본의 감가상각률은 0.2일 때, 황금률(Golden rule)을 달성하게 하는 저축률은? (단, y는 1인당 생산량, k는 1인당 자본량이다)

① 0.1
② 0.2
③ 0.25
④ 0.4
⑤ 0.8

32 경기변동이론에 관한 설명으로 옳은 것은?

① 신케인즈 학파(new Keynesian)는 완전경쟁적 시장구조를 가정한다.
② 신케인즈 학파는 총수요 외부효과(aggregate-demand externality)를 통해 가격경직성을 설명한다.
③ 신케인즈 학파는 총공급 충격이 경기변동의 근본 원인이라고 주장한다.
④ 실물경기변동이론은 실질임금의 경직성을 가정한다.
⑤ 실물경기변동이론에 따르면 불경기에는 비용 최소화가 달성되지 않는다.

33 경제성장모형인 $Y = AK$ 모형에서 A는 0.5이고 저축률은 s, 감가상각률은 δ일 때 이에 관한 설명으로 옳은 것은? (단, Y는 생산량, K는 자본량, $0 < s < 1$, $0 < \delta < 1$이다)

① 자본의 한계생산은 체감한다.
② $\delta = 0.1$이고 $s = 0.4$이면 경제는 지속적으로 성장한다.
③ 감가상각률이 자본의 한계생산과 동일하면 경제는 지속적으로 성장한다.
④ $\delta = s$이면 경제는 균제상태(steady-tate)이다.
⑤ 자본의 한계생산이 자본의 평균생산보다 크다.

34 소비이론에 관한 설명으로 옳은 것은?

① 항상소득가설(permanent income hypothesis)에 따르면, 현재소득이 일시적으로 항상소득보다 작게 되면 평균소비성향은 일시적으로 증가한다.
② 생애주기가설(life-cycle hypothesis)은 소비자가 저축은 할 수 있으나 차입에는 제약(borrowing constraints)이 있다고 가정한다.
③ 케인즈 소비함수는 이자율에 대한 소비의 기간별 대체효과를 반영하고 있다.
④ 소비에 대한 임의보행(random walk)가설은 소비자가 근시안적(myopic)으로 소비를 결정한다고 가정한다.
⑤ 항상소득가설은 소비자가 차입제약에 직면한다고 가정한다.

35 토빈 q(Tobin's q)에 관한 설명으로 옳지 않은 것은?

① 법인세가 감소되면 토빈 q는 증가한다.
② $q < l$이면, 자본 스톡(capital stock)이 증가한다.
③ 자본의 한계생산물이 증가하면 토빈 q는 증가한다.
④ 자본재의 실질가격이 하락하면 토빈 q는 증가한다.
⑤ 설치된 자본의 시장가치가 하락하면 토빈 q는 감소한다.

36 아래의 폐쇄경제 $IS-LM$모형에서 도출된 총수요곡선으로 옳은 것은? (단, r은 이자율, Y는 국민소득, M^d는 명목화폐수요량, P는 물가수준, M^s는 명목화폐공급량이고, $Y>20$이다)

- IS곡선 : $r=10-0.4\,Y$
- 실질화폐수요함수 : $\dfrac{M^d}{P}=0.1\,Y-r$
- 명목화폐공급함수 : $M^s=4$

① $P=\dfrac{1}{2(Y-20)}$ ② $P=\dfrac{1}{(Y-20)}$

③ $P=\dfrac{2}{(Y-20)}$ ④ $P=\dfrac{4}{(Y-20)}$

⑤ $P=\dfrac{8}{(Y-20)}$

37 경제활동인구가 6,000만 명으로 불변인 A국에서 매기 취업자 중 직업을 잃는 비율인 실직률이 0.05이고, 매기 실업자 중 새로이 직업을 얻는 비율인 구직률이 0.2이다. 균제상태(steady-state)에서의 실업자의 수는?

① 500만 명 ② 800만 명

③ 900만 명 ④ 1,000만 명

⑤ 1,200만 명

38 ( )에 들어갈 내용으로 옳은 것은? (단, 전염병이 발생하기 전의 경제는 균형상태이고, 총공급곡선은 우상향하고 총수요곡선은 우하향한다)

폐쇄경제 $AD-AS$모형에서 전염병의 발생으로 인하여 총수요와 총공급이 모두 감소할 때, 균형국민소득은 (ㄱ)하고 균형물가수준은 (ㄴ)하(한)다.

	ㄱ	ㄴ
①	감소	감소
②	불확실	불변
③	감소	증가
④	불변	불변
⑤	감소	불확실

39 갑국의 생산함수는 $Y = AL^{0.6}K^{0.4}$이다. 총요소생산성 증가율은 5%이고, 노동량과 자본량 증가율은 각각 −2%와 5%일 경우, 성장회계에 따른 노동량 1단위당 생산량 증가율은? (단, Y는 총생산량, A는 총요소생산성, L은 노동량, K는 자본량이다)

① 5%

② 5.5%

③ 6.2%

④ 7.2%

⑤ 7.8%

40 아래의 $IS - LM$모형에서 균형민간저축(private saving)은? (단, C는 소비, Y는 국민소득, T는 조세, I는 투자, r은 이자율, G는 정부지출, M^s는 명목화폐공급량, P는 물가수준, M^d는 명목화폐수요량이다)

- $C = 8 + 0.8(Y - T)$
- $I = 14 - 2r$
- $G = 2$
- $T = 5$
- $M^s = 10$
- $P = 1$
- $M^d = Y - 10r$

① 2

② 4

③ 5

④ 8

⑤ 10

03 2021년 제32회 기출문제

01 무차별곡선에 관한 설명으로 옳지 **않은** 것은?

① 무차별곡선은 동일한 효용 수준을 제공하는 상품묶음들의 궤적이다.
② 무차별곡선의 기울기는 한계대체율이며 두 재화의 교환비율이다.
③ 무차별곡선이 원점에 대해 오목하면 한계대체율은 체감한다.
④ 완전대체재 관계인 두 재화에 대한 무차별곡선은 직선의 형태이다.
⑤ 모서리해를 제외하면 무차별곡선과 예산선이 접하는 점이 소비자의 최적점이다.

02 사회후생에 관한 설명으로 옳지 **않은** 것은?

① 차선의 이론은 부분적 해결책이 최적은 아닐 수 있음을 보여준다.
② 롤즈(J. Rawls)적 가치판단을 반영한 사회무차별곡선은 L자 모양이다.
③ 파레토 효율성 조건은 완전경쟁의 상황에서 충족된다.
④ 공리주의적 사회후생함수는 최대다수의 최대행복을 나타낸다.
⑤ 애로우(K. Arrow)의 불가능성 정리에서 파레토원칙은 과반수제를 의미한다.

03 수요곡선에 관한 설명으로 옳지 **않은** 것은?

① 우하향하는 수요곡선의 경우, 수요의 법칙이 성립한다.
② 기펜재(Giffen goods)의 수요곡선은 대체효과보다 소득효과가 크기 때문에 우하향한다.
③ 사적재화의 시장수요는 개별수요의 수평 합이다.
④ 우하향하는 수요곡선의 높이는 한계편익이다.
⑤ 소비자의 소득이 변하면 수요곡선이 이동한다.

04 수요와 공급의 탄력성에 관한 설명으로 옳은 것은?

① 수요곡선이 수직이면 가격탄력성이 무한대이다.

② 우하향하는 직선의 수요곡선 상 모든 점에서 가격탄력성은 같다.

③ 가격탄력성이 1보다 크면 비탄력적이다.

④ 우상향 직선의 공급곡선 Y축 절편이 0보다 크면 가격탄력성은 무조건 1보다 크다.

⑤ 수요의 교차탄력성이 1보다 크면 두 상품은 보완재 관계이다.

05 수요곡선은 $P = 10$, 공급곡선은 $Q_s = P$이다. 정부가 한 단위당 2원의 물품세를 소비자에게 부과한 결과로 옳은 것은? (단, Q_s는 공급량, P는 가격이다)

① 소비자 대신 생산자에게 물품세를 부과하면 결과는 달라진다.

② 소비자잉여는 감소하였다.

③ 생산자잉여의 감소분은 24원이다.

④ 자중손실(deadweight loss)은 2원이다.

⑤ 조세수입은 20원 증가하였다.

06 원점에 대해 오목한 생산가능곡선에 관한 설명으로 옳지 <u>않은</u> 것은?

① X축 상품생산이 늘어나면 기울기가 더 가팔라진다.

② 생산기술이 향상되면 생산가능곡선이 원점에서 더 멀어진다.

③ 기회비용 체증의 법칙이 성립한다.

④ 생산가능곡선 기울기의 절댓값이 한계변환율이다.

⑤ 생산가능곡선 상의 점에서 파레토 개선이 가능하다.

07 시장 수요이론에 관한 설명으로 옳지 <u>않은</u> 것을 모두 고른 것은?

> ㄱ. 네트워크효과가 있는 경우 시장수요곡선은 개별 수요곡선의 수평 합이다.
> ㄴ. 상품 소비자의 수가 증가함에 따라 그 상품 수요가 증가하는 효과를 속물 효과(snob effect)라고 한다.
> ㄷ. 열등재라도 대체효과의 절대적 크기가 소득효과의 절대적 크기보다 크면 수요곡선은 우하향한다.
> ㄹ. 소득이 증가할 때 소비가 증가하는 재화는 정상재이다.

① ㄱ, ㄴ   ② ㄱ, ㄷ
③ ㄱ, ㄹ   ④ ㄴ, ㄷ
⑤ ㄴ, ㄹ

08 기업생산이론에 관한 설명으로 옳은 것을 모두 고른 것은?

> ㄱ. 장기(long-run)에는 모든 생산요소가 가변적이다.
> ㄴ. 다른 생산요소가 고정인 상태에서 생산요소 투입 증가에 따라 한계생산이 줄어드는 현상이 한계생산 체감의 법칙이다.
> ㄷ. 등량곡선이 원점에 대해 볼록하면 한계기술대체율 체감의 법칙이 성립한다.
> ㄹ. 비용극소화는 이윤극대화의 필요충분조건이다.

① ㄱ, ㄴ   ② ㄷ, ㄹ
③ ㄱ, ㄴ, ㄷ   ④ ㄴ, ㄷ, ㄹ
⑤ ㄱ, ㄴ, ㄷ, ㄹ

09 후생경제이론에 관한 설명으로 옳은 것은?

① 파레토(Pareto) 효율적인 상태는 파레토 개선이 가능한 상태를 뜻한다.
② 제2정리는 모든 사람의 선호가 오목성을 가지면 파레토 효율적인 배분은 일반경쟁균형이 된다는 것이다.
③ 제1정리는 모든 소비자의 선호체계가 약 단조성을 갖고 외부성이 존재하면 일반경쟁균형의 배분은 파레토 효율적이라는 것이다.
④ 제1정리는 완전경쟁시장 하에서 사익과 공익은 서로 상충된다는 것이다.
⑤ 제1정리는 아담 스미스(A. Smith)의 '보이지 않는 손'의 역할을 이론적으로 뒷받침해주는 것이다.

10 노동(L)과 자본(K)만 이용하여 재화를 생산하는 기업의 생산함수가 $Q = \min(\frac{L}{2},\ K)$이다. 노동가격은 2원이고 자본가격은 3원일 때 기업이 재화 200개를 생산하고자 할 경우 평균비용(원)은? (단, 고정비용은 없다)

① 6   ② 7

③ 8   ④ 9

⑤ 10

11 표는 기업 甲과 乙의 초기 보수행렬이다. 제도 변화 후, 오염을 배출하는 乙은 배출 1톤에서 2톤으로 증가하는데 甲에게 보상금 5를 지불하게 되어 보수행렬이 변화했다. 보수행렬 변화 전, 후에 관한 설명으로 옳은 것은? (단, 1회성 게임이며, 보수행렬 (　) 안 왼쪽은 甲, 오른쪽은 乙의 것이다)

		乙	
		1톤 배출	2톤 배출
甲	조업중단	(0, 4)	(0, 8)
	조업가동	(10, 4)	(3, 8)

① 초기 상태의 내쉬균형은 (조업중단, 2톤 배출)이다.

② 초기 상태의 甲과 乙의 우월전략은 없다.

③ 제도 변화 후 甲의 우월전략은 있으나 乙의 우월전략은 없다.

④ 제도 변화 후 甲과 乙의 전체 보수는 감소했다.

⑤ 제도 변화 후 오염물질의 총배출량은 감소했다.

12 굴절수요곡선 모형에서 가격 안정성에 관한 설명으로 옳은 것은?

① 기업이 선택하는 가격에 대한 예상된 변화가 대칭적이기 때문이다.

② 기업은 서로 담합하여 가격의 안정성을 확보한다.

③ 일정 구간에서 비용의 변화에도 불구하고 상품가격은 안정적이다.

④ 경쟁기업의 가격 인상에만 반응한다고 가정한다.

⑤ 비가격경쟁이 증가하는 현상을 설명한다.

13 기업 甲과 乙만 있는 상품시장에서 두 기업이 꾸르노(Cournot) 모형에 따라 행동하는 경우에 관한 설명으로 옳은 것을 모두 고른 것은? (단, 생산기술은 동일하다)

> ㄱ. 甲은 乙이 생산량을 결정하면 그대로 유지될 것이라고 추측한다.
> ㄴ. 甲과 乙은 생산량 결정에서 서로 협력한다.
> ㄷ. 甲, 乙 두 기업이 완전한 담합을 이루는 경우와 꾸르노 균형의 결과는 동일하다.
> ㄹ. 추가로 기업이 시장에 진입하는 경우 균형가격은 한계비용에 접근한다.

① ㄱ, ㄷ   ② ㄱ, ㄹ
③ ㄴ, ㄷ   ④ ㄴ, ㄹ
⑤ ㄷ, ㄹ

14 역선택에 관한 설명으로 옳은 것은?

① 동일한 조건과 보험료로 구성된 치아보험에 치아건강상태가 좋은 계층이 더 가입하려는 경향이 있다.
② 역선택은 정보가 대칭적인 중고차시장에서 자주 발생한다.
③ 역선택 방지를 위해 통신사는 소비자별로 다른 요금을 부과한다.
④ 의료보험의 기초공제제도는 대표적인 역선택 방지 수단이다.
⑤ 품질표시제도는 역선택을 방지하기 위한 수단이다.

15 순수 공공재에 관한 설명으로 옳지 <u>않은</u> 것은?

① 소비자가 많을수록 개별 소비자가 이용하는 편익은 감소한다.
② 시장수요는 개별 소비자 수요의 수직합으로 도출된다.
③ 개별 소비자의 한계편익 합계와 공급에 따른 한계비용이 일치하는 수준에서 사회적 최적량이 결정된다.
④ 시장에서 공급량이 결정되면 사회적 최적량에 비해 과소 공급된다.
⑤ 공급량이 사회적 최적 수준에서 결정되려면 사회 전체의 정확한 선호를 파악해야 한다.

16 독점기업의 가격차별 전략 중 이부가격제(two-part pricing)에 관한 설명으로 옳은 것을 모두 고른 것은?

> ㄱ. 서비스 요금 설정에서 기본요금(가입비)과 초과사용량 요금(사용료)을 분리하여 부과하는 경우가 해당된다.
> ㄴ. 적은 수량을 소비하는 소비자의 평균지불가격이 낮아진다.
> ㄷ. 소비자잉여는 독점기업이 부과할 수 있는 가입비의 한도액이다.
> ㄹ. 자연독점 하의 기업이 평균비용 가격설정으로 인한 손실을 보전하기 위해 선택한다.

① ㄱ, ㄴ   ② ㄱ, ㄷ

③ ㄴ, ㄷ   ④ ㄱ, ㄴ, ㄷ

⑤ ㄴ, ㄷ, ㄹ

17 오염물질을 배출하는 기업 甲과 乙의 오염저감비용은 각각 $TAC_1 = 200 + 4X_1^2$, $TAC_2 = 200 + X_2^2$이다. 정부가 두 기업의 총오염배출량을 80톤 감축하기로 결정할 경우, 두 기업의 오염저감비용의 합계를 최소화하는 甲과 乙의 오염감축량은? (단, X_1, X_2는 각각 甲과 乙의 오염감축량이다)

① $X_1 = 8$, $X_2 = 52$

② $X_1 = 16$, $X_2 = 64$

③ $X_1 = 24$, $X_2 = 46$

④ $X_1 = 32$, $X_2 = 48$

⑤ $X_1 = 64$, $X_2 = 16$

18 우하향하는 장기평균비용에 관한 설명으로 옳은 것은? (단, 생산기술은 동일하다)

① 생산량이 서로 다른 기업의 평균비용은 동일하다.

② 진입 장벽이 없는 경우 기업의 참여가 증가한다.

③ 소규모 기업의 평균비용은 더 낮다.

④ 장기적으로 시장에는 한 기업만이 존재하게 된다.

⑤ 소규모 다품종을 생산하면 평균비용이 낮아진다.

19 상품의 시장수요곡선은 $P=100-2Q$이고, 한계비용은 20이며, 제품 한 단위당 20의 환경피해를 발생시킨다. 완전경쟁시장 하에서 (ㄱ)사회적 최적 수준의 생산량과 (ㄴ)사회후생의 순손실은? (단, P는 가격, Q는 생산량이다)

	ㄱ	ㄴ
①	20	50
②	20	100
③	30	30
④	30	100
⑤	40	200

20 기업 甲의 생산함수는 $Q=2L^{0.5}$이며, Q의 가격은 4, L의 가격은 0.25이다. 이윤을 극대화하는 甲의 (ㄱ)노동투입량과 (ㄴ)균형산출량은? (단, L은 노동, Q는 산출물이며, 산출물시장과 노동시장은 완전경쟁적이다)

	ㄱ	ㄴ
①	2	2
②	2	4
③	4	4
④	4	8
⑤	8	16

21 표의 $IS-LM$모형에서 균형재정승수는? (단, Y, M, r, T, G, P는 각각 국민소득, 통화량, 이자율, 조세, 정부지출, 물가이다)

> - IS : $Y=100+0.5(Y-T)-0.5r+G$
> - LM : $\dfrac{M}{P}=-r+Y$

① 0　　　　　　　　　　　② 0.5

③ 1　　　　　　　　　　　④ 1.5

⑤ 2

22 한국은행의 통화정책 수단과 제도에 관한 설명으로 옳지 <u>않은</u> 것은?

① 국채 매입·매각을 통한 통화량 관리

② 금융통화위원회는 한국은행 통화정책에 관한 사항을 심의·의결

③ 재할인율 조정을 통한 통화량 관리

④ 법정지급준비율 변화를 통한 통화량 관리

⑤ 고용증진 목표 달성을 위한 물가안정목표제 시행

23 화폐에 관한 설명으로 옳은 것은?

① 상품화폐의 내재적 가치는 변동하지 않는다.

② M2는 준화폐(near money)를 포함하지 않는다.

③ 명령화폐(flat money)는 내재적 가치를 갖는 화폐이다.

④ 가치 저장수단의 역할로 소득과 지출의 발생 시점을 분리시켜 준다.

⑤ 다른 용도로 사용될 수 있는 재화는 교환의 매개 수단으로 활용될 수 없다.

24 폐쇄경제에서 국내총생산이 소비, 투자, 그리고 정부지출의 합으로 정의된 항등식이 성립할 때, 국내총생산과 대부자금시장에 관한 설명으로 옳지 <u>않은</u> 것은?

① 총저축은 투자와 같다.

② 민간저축이 증가하면 투자가 증가한다.

③ 총저축은 민간저축과 정부저축의 합이다.

④ 민간저축이 증가하면 이자율이 하락하여 정부저축이 증가한다.

⑤ 정부저축이 감소하면 대부시장에서 이자율은 상승한다.

25 화폐의 중립성이 성립하면 발생하는 현상으로 옳은 것은?

① 장기적으로는 고전적 이분법을 적용할 수 없다.

② 통화정책은 장기적으로 실업률에 영향을 줄 수 없다.

③ 통화정책은 장기적으로 실질 경제성장률을 제고할 수 있다.

④ 통화정책으로는 물가지수를 관리할 수 없다.

⑤ 중앙은행은 국채 매입을 통해 실질 이자율을 낮출 수 있다.

26 화폐수요에 관한 설명으로 옳은 것은?

① 이자율이 상승하면 현금통화 수요량이 감소한다.

② 물가가 상승하면 거래적 동기의 현금통화 수요는 감소한다.

③ 요구불예금 수요가 증가하면 M1 수요는 감소한다.

④ 실질 국내총생산이 증가하면 M1 수요는 감소한다.

⑤ 신용카드 보급기술이 발전하면 현금통화 수요가 증가한다.

27 소비자물가지수에 관한 설명으로 옳지 <u>않은</u> 것은?

① 기준연도에서 항상 100이다.

② 대체효과를 고려하지 못해 생계비 측정을 왜곡할 수 있다.

③ 가격 변화 없이 품질이 개선될 경우, 생계비 측정을 왜곡할 수 있다.

④ *GDP* 디플레이터보다 소비자들의 생계비를 더 왜곡한다.

⑤ 소비자가 구매하는 대표적인 재화와 서비스에 대한 생계비용을 나타내는 지표이다.

28 실업률과 인플레이션율의 관계는 $u = u_n - 2(\pi - \pi_e)$ 이고 자연실업률이 3%이다. 〈보기〉를 고려하여 중앙은행이 0%의 인플레이션율을 유지하는 준칙적 통화정책을 사용했을 때의 (ㄱ)실업률과, 최적 인플레이션율로 통제했을 때의 (ㄴ)실업률은? (단, u, u_n, π, π_e 는 각각 실업률, 자연실업률, 인플레이션율, 기대 인플레이션율이다)

- 중앙은행은 물가를 완전하게 통제할 수 있다.
- 민간은 합리적인 기대를 하며 중앙은행이 결정한 인플레이션율로 기대 인플레이션율을 결정한다.
- 주어진 기대 인플레이션에서 중앙은행의 최적 인플레이션율은 1%이다.

	ㄱ	ㄴ
①	0%	0%
②	1%	0%
③	1%	1%
④	2%	1%
⑤	3%	3%

29 표의 기존 가정에 따라 독립투자승수를 계산했다. 계산된 승수를 하락시키는 가정의 변화를 모두 고른 것은?

기존 가정	가정의 변화
ㄱ. 생산자들은 고정된 가격에 추가적인 생산물을 공급한다.	→ 총공급 곡선이 수직이다.
ㄴ. 이자율은 고정이다.	→ 이자율 상승에 따라 투자가 감소한다.
ㄷ. 정부지출과 세금은 없다.	→ 정부지출과 세금이 모두 외생적으로 증가한다.
ㄹ. 수출과 수입은 모두 영(0)이다.	→ 수출과 수입이 모두 외생적으로 증가한다.

① ㄱ, ㄴ   ② ㄱ, ㄷ

③ ㄴ, ㄷ   ④ ㄴ, ㄹ

⑤ ㄷ, ㄹ

30 표는 기업 甲과 乙로만 구성된 A국의 연간 국내 생산과 분배를 나타낸다. 이에 관한 설명으로 옳지 <u>않은</u> 것은?

항목	甲	乙
매출액	400	900
중간투입액	0	400
임금	250	300
이자	0	50
임대료	100	100
이윤	( )	( )
요소소득에 대한 총지출	( )	( )
부가가치	( )	( )

① 기업 甲의 요소소득에 대한 총지출은 400이다.
② 기업 甲의 부가가치는 400이다.
③ 기업 甲의 이윤은 기업 乙의 이윤과 같다.
④ A국의 임금, 이자, 임대료, 이윤에 대한 총지출은 900이다.
⑤ A국의 국내총생산은 기업 甲과 기업 乙의 매출액 합계에서 요소소득에 대한 총지출을 뺀 것과 같다.

31 단기 필립스곡선은 우하향하고 장기 필립스곡선은 수직일 때, 인플레이션율을 낮출 경우 발생하는 현상으로 옳은 것은?

① 단기적으로 실업률이 증가한다.
② 장기적으로 실업률이 감소한다.
③ 장기적으로 인플레이션 저감비용은 증가한다.
④ 장기적으로 실업률은 자연실업률보다 높다.
⑤ 단기적으로 합리적 기대가설과 동일한 결과가 나타난다.

32 A국의 생산가능인구는 3,000만 명, 그 중에서 취업자는 1,400만 명, 실업자는 100만 명일 때 생산가능인구에 대한 비경제활동인구의 비율(%)은?

① 30　　　　　　　　　　　② 40
③ 50　　　　　　　　　　　④ 60
⑤ 70

33 현재 인플레이션율 8%에서 4%로 낮출 경우, 보기를 참고하여 계산된 희생률은? (단, Π_t, Π_{t-1}, U_t는 각각 t기의 인플레이션율, $(t-1)$기의 인플레이션율, t기의 실업률이다)

- $\Pi_t - \Pi_{t-1} = -0.8(U_t - 0.05)$
- 현재실업률 : 5%
- 실업률 1%p 증가할 때 GDP 2% 감소로 가정
- 희생률 : 인플레이션율을 1%p 낮출 경우 감소되는 GDP 변화율(%)

① 1.5   ② 2

③ 2.5   ④ 3

⑤ 3.5

34 변동환율제를 채택한 A국이 긴축재정을 실시하였다. 먼델-플레밍 모형을 이용한 정책 효과에 관한 설명으로 옳은 것을 모두 고른 것은? (단, 완전한 자본이동, 소국개방경제, 국가별 물가수준 고정을 가정한다)

ㄱ. 원화가치는 하락한다.
ㄴ. 투자지출을 증가시킨다.
ㄷ. 소득수준은 변하지 않는다.
ㄹ. 순수출이 감소한다.

① ㄱ, ㄴ   ② ㄱ, ㄷ

③ ㄱ, ㄹ   ④ ㄴ, ㄷ

⑤ ㄴ, ㄹ

35 솔로우(R. Solow)의 경제성장모형에서 1인당 생산함수는 $y = 2k^{0.5}$, 저축률은 30%, 자본의 감가상각률은 25%, 인구증가율은 5%라고 가정한다. 균제상태(steady state)에서의 1인당 생산량 및 자본량은? (단, y는 1인당 생산량, k는 1인당 자본량이다)

① $y = 1$, $k = 1$ ② $y = 2$, $k = 2$

③ $y = 3$, $k = 3$ ④ $y = 4$, $k = 4$

⑤ $y = 5$, $k = 5$

36 폐쇄경제 하에서 정부가 지출을 늘렸다. 이에 대응하여 중앙은행이 기존 이자율을 유지하려고 할 때 나타나는 현상으로 옳은 것을 모두 고른 것은? (단, IS곡선은 우하향하고 LM곡선은 우상향한다)

> ㄱ. 통화량이 증가한다.
> ㄴ. 소득수준이 감소한다.
> ㄷ. 소득수준은 불변이다.
> ㄹ. LM곡선이 오른쪽으로 이동한다.

① ㄱ, ㄴ   ② ㄱ, ㄷ
③ ㄱ, ㄹ   ④ ㄴ, ㄹ
⑤ ㄷ, ㄹ

37 폐쇄경제 $IS-LM$ 및 $AD-AS$모형에서 정부지출 증가에 따른 균형의 변화에 관한 설명으로 옳은 것을 모두 고른 것은? (단, 초기경제는 균형상태, IS곡선 우하향, LM곡선 우상향, AD곡선 우하향, AS곡선은 수평선을 가정한다)

> ㄱ. 소득수준은 증가한다.
> ㄴ. 이자율은 감소한다.
> ㄷ. 명목 통화량이 증가한다.
> ㄹ. 투자지출은 감소한다.

① ㄱ, ㄴ   ② ㄱ, ㄷ
③ ㄱ, ㄹ   ④ ㄴ, ㄷ
⑤ ㄴ, ㄹ

38 A국 경제의 총수요곡선과 총공급곡선이 각각 $P=-Y_d+4$, $P=P_e+(Y_s-2)$이다. P_e가 3에서 5로 증가할 때, (ㄱ)균형소득수준과 (ㄴ)균형물가수준의 변화는? (단, P는 물가수준, Y_d는 총수요, Y_s는 총공급, P_e는 기대물가수준이다)

	ㄱ	ㄴ
①	상승	상승
②	하락	상승
③	상승	하락
④	하락	하락
⑤	불변	불변

39 예상보다 높은 인플레이션이 발생할 경우 나타나는 효과에 관한 설명으로 옳지 <u>않은</u> 것은?

① 누진세 체계 하에서 정부의 조세수입은 감소한다.

② 채무자는 이익을 보지만 채권자는 손해를 보게 된다.

③ 고정된 화폐소득을 얻는 봉급생활자는 불리해진다.

④ 명목 국민소득이 증가한다.

⑤ 화폐의 구매력이 감소한다.

40 표의 경제모형에서 한계수입성향이 0.1로 감소하면 (ㄱ)균형국민소득과 (ㄴ)순수출 각각의 변화로 옳은 것은? (단, Y는 국민소득, C는 소비, I는 투자, X는 수출, M은 수입이다)

- $Y = C + I + X - M$
- $C = 100 + 0.6Y$
- $I = 100$
- $X = 100$
- $M = 0.4Y$

	ㄱ	ㄴ
①	증가	증가
②	감소	증가
③	증가	감소
④	감소	감소
⑤	불변	증가

04 2020년 제31회 기출문제

01 X재의 수요곡선이 $Q = 10 - 2P$일 때 수요의 가격탄력성이 1이 되는 가격은? (단, Q는 수요량, P는 가격)

① 1
② 1.5
③ 2
④ 2.5
⑤ 5

02 A기업의 총비용곡선이 $TC = 100 + Q^2$일 때, 옳은 것은? (단, Q는 생산량)

① 평균가변비용곡선은 U자 모양을 갖는다.
② 평균고정비용곡선은 수직선이다.
③ 한계비용곡선은 수평선이다.
④ 생산량이 10일 때 평균비용과 한계비용이 같다.
⑤ 평균비용의 최솟값은 10이다.

03 여가(L) 및 복합재(Y)에 대한 甲의 효용은 $U(L, Y) = \sqrt[3]{L} + \sqrt{Y}$이고, 복합재의 가격은 1이다. 시간당 임금이 w일 때, 때, 甲의 여가 시간이 L이면, 소득은 $w(24 - L)$이 된다. 시간당 임금 w가 3에서 5로 상승할 때, 효용을 극대화하는 甲의 여가시간 변화는?

① 1만큼 증가한다.
② 2만큼 증가한다.
③ 변화가 없다.
④ 2만큼 감소한다.
⑤ 1만큼 감소한다.

04 X재 산업의 역공급함수는 $P = 440 + Q$이고, 역수요함수는 $P = 1200 - Q$이다. X재의 생산으로 외부편익이 발생하는데, 외부한계편익함수는 $EMB = 60 - 0.05Q$이다. 정부가 X재를 사회적 최적수준으로 생산하도록 보조금 정책을 도입할 때, 생산량 1단위당 보조금은? (단, P는 가격, Q는 수량)

① 20

② 30

③ 40

④ 50

⑤ 60

05 A기업의 생산함수가 $Q = 4L + 8K$이다. 노동가격은 3이고 자본가격은 5일 때, 재화 120을 생산하기 위해 비용을 최소화하는 생산요소 묶음은? (단, Q는 생산량, L은 노동, K는 자본)

① $L = 0$, $K = 15$

② $L = 0$, $K = 25$

③ $L = 10$, $K = 10$

④ $L = 25$, $K = 0$

⑤ $L = 30$, $K = 0$

06 독점기업 A의 한계비용은 10이고 고정비용은 없다. A기업 제품에 대한 소비자의 역수요함수는 $P = 90 - 2Q$이다. A기업은 내부적으로 아래와 같이 2차에 걸친 판매 전략을 채택하였다.

- 1차 : 모든 소비자를 대상으로 이윤을 극대화하는 가격을 설정하여 판매
- 2차 : 1차에서 제품을 구매하지 않은 소비자를 대상으로 이윤을 극대화하는 가격을 설정하여 판매

A기업이 설정한 (ㄱ)1차 판매 가격과 (ㄴ)2차 판매 가격은? (단, 소비자는 제품을 한 번만 구매하고, 소비자 간 재판매할 수 없다)

	ㄱ	ㄴ
①	30	20
②	40	20
③	40	30
④	50	30
⑤	60	30

07 효용을 극대화하는 甲의 효용함수는 $U(x,\ y)=xy$이고, 甲의 소득은 96이다. X재 가격이 12, Y재 가격이 1이다. X재 가격만 3으로 하락할 때, (ㄱ)X재의 소비 변화와 (ㄴ)Y재의 소비 변화는? (단, x는 X재 소비량, y는 Y재 소비량)

	ㄱ	ㄴ
①	증가	증가
②	증가	불변
③	증가	감소
④	감소	불변
⑤	감소	증가

08 X재 시장의 수요곡선은 $Q_D=500-4P$이고, 공급곡선은 $Q_S=-100+2P$이다. 시장 균형에서 정부가 $P=80$의 가격 상한을 설정할 때, (ㄱ)소비자잉여의 변화와 (ㄴ)생산자잉여의 변화는? (단, Q_D는 수요량, Q_S는 공급량, P는 가격)

	ㄱ	ㄴ
①	증가	증가
②	증가	감소
③	불변	불변
④	감소	증가
⑤	감소	감소

09 완전경쟁시장에서 A기업의 단기총비용함수는 $STC=100+\dfrac{wq^2}{200}$이다. 임금이 4이고, 시장 가격이 1일 때 단기공급량은? (단, w는 임금, q는 생산량)

① 10 ② 25
③ 50 ④ 100
⑤ 200

10 효용을 극대화하는 甲의 효용함수는 $U(x,\ y)=\min[x,\ y]$이다. 소득이 $1,800$, X재와 Y재의 가격은 각각 10이다. X재 가격만 8로 하락할 때, 옳은 것을 모두 고른 것은? (단, x는 X재 소비량, y는 Y재 소비량)

> ㄱ. X재 소비량의 변화 중 대체효과는 0이다.
> ㄴ. X재 소비량의 변화 중 소득효과는 10이다.
> ㄷ. 한계대체율은 하락한다.
> ㄹ. X재 소비는 증가하고 Y재 소비는 감소한다.

① ㄱ, ㄴ   ② ㄱ, ㄷ
③ ㄴ, ㄷ   ④ ㄴ, ㄹ
⑤ ㄷ, ㄹ

11 그림과 같이 완전경쟁시장이 독점시장으로 전환되었다. 소비자로부터 독점기업에게 이전되는 소비자잉여는? (단, MR은 한계수입, MC는 한계비용, D는 시장수요곡선으로 불변이다. 독점기업은 이윤극대화를 추구한다)

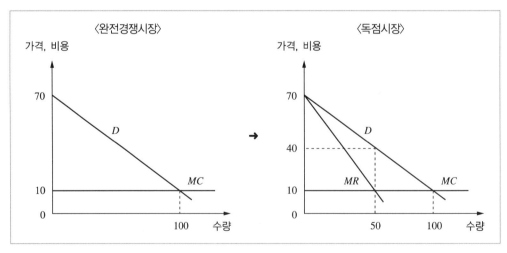

① 0   ② 750
③ 1,500   ④ 2,250
⑤ 3,000

12 보수 행렬이 아래와 같은 전략형 게임(strategic form game)에서 보수 a값의 변화에 따른 설명으로 옳은 것은? (단, 보수 행렬의 괄호 안 첫 번째 값은 甲의 보수, 두 번째 값은 乙의 보수이다)

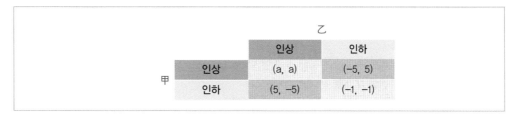

① a>5 이면, (인상, 인상)이 유일한 내쉬균형이다.

② -1<a<5 이면, 인상은 甲의 우월전략이다.

③ a<-5 이면, 내쉬균형이 두 개 존재한다.

④ a<5 이면, (인하, 인하)가 유일한 내쉬균형이다.

⑤ a=5인 경우와 a<5인 경우의 내쉬균형은 동일하다.

13 공공재에 대한 甲과 乙의 수요함수가 각각 $P_甲 = 80 - Q$, $P_乙 = 140 - Q$이다. 이에 관한 설명으로 옳은 것을 모두 고른 것은? (단, P는 가격, Q는 수량)

ㄱ. $0 \leqq Q \leqq 80$일 때, 공공재의 사회적 한계편익곡선은 $P = 220 - 2Q$이다.

ㄴ. $80 < Q$일 때, 공공재의 사회적 한계편익곡선은 $P = 80 - Q$이다.

ㄷ. 공공재 생산의 한계비용이 50일 때, 사회적 최적 생산량은 90이다.

ㄹ. 공공재 생산의 한계비용이 70일 때, 사회적 최적 생산량은 70이다.

① ㄱ, ㄴ

② ㄱ, ㄷ

③ ㄴ, ㄷ

④ ㄴ, ㄹ

⑤ ㄷ, ㄹ

14 甲의 소득은 24이고, X재와 Y재만 소비한다. 甲은 두 재화의 가격이 $P_X=4$, $P_Y=2$일 때 A ($x=5$, $y=1$)를 선택했고, 두 재화의 가격이 $P_X=3$, $P_Y=3$으로 변화함에 따라 B($x=2$, $y=6$)를 선택했다. 甲의 선택에 관한 설명으로 옳은 것을 모두 고른 것은? (단, x는 X재 소비량, y는 Y재 소비량)

> ㄱ. 甲은 가격 변화 전 B를 선택할 수 있었음에도 불구하고 A를 선택했다.
> ㄴ. 甲은 가격 변화 후 A를 선택할 수 없었다.
> ㄷ. 甲의 선택은 현시선호 약공리를 만족하시 못한다.
> ㄹ. 甲은 주어진 예산제약 하에서 효용을 극대화하는 소비를 하고 있다.

① ㄱ, ㄴ 　　　　　② ㄱ, ㄷ
③ ㄴ, ㄷ 　　　　　④ ㄴ, ㄹ
⑤ ㄷ, ㄹ

15 맥주 시장의 수요함수가 $Q_D=100-4P-P_C+0.2I$ 일 때, 옳은 것을 모두 고른 것은? (단, Q_D는 맥주 수요량, P는 맥주 가격, P_C는 치킨 가격, I는 소득)

> ㄱ. 맥주는 열등재이다.
> ㄴ. 맥주는 치킨의 보완재이다.
> ㄷ. 치킨 가격이 인상되면 맥주 수요는 감소한다.

① ㄱ 　　　　　② ㄷ
③ ㄱ, ㄴ 　　　　　④ ㄴ, ㄷ
⑤ ㄱ, ㄴ, ㄷ

16 완전경쟁시장에서 기업이 모두 동일한 장기평균비용함수 $LAC(q)=40-6q+\dfrac{1}{3}q^2$과 장기한계비용함수 $LMC(q)=40-12q+q^2$을 갖는다. 시장수요곡선은 $D(P)=2,200-100P$일 때, 장기균형에서 시장에 존재하는 기업의 수는? (단, q는 개별기업의 생산량, P는 가격)

① 12 　　　　　② 24
③ 50 　　　　　④ 100
⑤ 200

17 A기업의 생산함수는 $Q = 5L^{0.5}K^{0.5}$이다. 장기에 생산량이 증가할 때, 이 기업의 (ㄱ)평균비용의 변화와 (ㄴ)한계비용의 변화는? (단, L은 노동, K는 자본, Q는 생산량)

	ㄱ	ㄴ
①	증가	증가
②	증가	감소
③	일정	일정
④	감소	증가
⑤	감소	일정

18 두 재화 X와 Y를 소비하는 소비자 甲과 乙이 존재하는 순수교환경제를 가정한다. 두 소비자의 효용함수는 $U(x, y) = xy$로 동일하고, 甲의 초기부존은 $(x = 10,\ y = 5)$, 乙의 초기부존은 $(x = 5,\ y = 10)$일 때, 옳은 것을 모두 고른 것은? (단, x는 X재 소비량, y는 Y재 소비량)

ㄱ. 초기부존에서 甲의 한계대체율은 0.5, 乙의 한계대체율은 2이다.
ㄴ. 초기부존에서 甲의 X재 1단위와 乙의 Y재 2단위가 교환될 때 파레토 개선이 이루어진다.
ㄷ. 일반균형은 X재 가격이 1일 때, Y재 가격은 1이다.
ㄹ. 일반균형에서 甲은 X재보다 Y재를 더 많이 소비한다.

① ㄱ, ㄴ
② ㄱ, ㄷ
③ ㄴ, ㄷ
④ ㄴ, ㄹ
⑤ ㄷ, ㄹ

19 완전경쟁시장에서 공급곡선은 완전 비탄력적이고 수요곡선은 우하향한다. 현재 시장균형가격이 20일 때, 정부가 판매되는 제품 1단위당 4만큼 세금을 부과할 경우 (ㄱ)판매자가 받는 가격과 (ㄴ)구입자가 내는 가격은?

	ㄱ	ㄴ
①	16	16
②	16	20
③	18	22
④	20	20
⑤	20	24

20 현재 A기업에서 자본의 한계생산은 노동의 한계생산보다 2배 크고, 노동가격이 8, 자본가격이 4이다. 이 기업이 동일한 양의 최종생산물을 산출하면서도 비용을 줄이는 방법은? (단, A기업은 노동과 자본만을 사용하고, 한계생산은 체감한다)

① 자본투입을 늘리고 노동투입을 줄인다.
② 노동투입을 늘리고 자본투입을 줄인다.
③ 비용을 더 이상 줄일 수 없다.
④ 자본투입과 노동투입을 모두 늘린다.
⑤ 자본투입과 노동투입을 모두 줄인다.

21 단기 완전경쟁시장에서 이윤극대화하는 A기업의 현재 생산량에서 한계비용은 50, 평균가변비용은 45, 평균비용은 55이다. 시장가격이 50일 때, 옳은 것을 모두 고른 것은?

> ㄱ. 손실이 발생하고 있다.
> ㄴ. 조업중단(shut-down)을 해야 한다.
> ㄷ. 총수입으로 가변비용을 모두 충당하고 있다.
> ㄹ. 총수입으로 고정비용을 모두 충당하고 있다.

① ㄱ, ㄴ   ② ㄱ, ㄷ
③ ㄴ, ㄷ   ④ ㄴ, ㄹ
⑤ ㄷ, ㄹ

22 효율임금이론에 관한 설명으로 옳지 <u>않은</u> 것은?

① 높은 임금을 지급할수록 노동자 생산성이 높아진다.
② 높은 임금은 이직률을 낮출 수 있다.
③ 높은 임금은 노동자의 도덕적 해이 가능성을 낮출 수 있다.
④ 효율임금은 시장균형임금보다 높다.
⑤ 기업이 임금을 낮출 경우 생산성이 낮은 노동자보다 높은 노동자가 기업에 남을 확률이 높다.

23 경제성장모형에서 甲국의 총생산함수가 $Q = AL^{0.75}K^{0.25}$일 때, 옳지 <u>않은</u> 것은? (단, Q는 생산량, L은 노동량, K는 자본량, 시장은 완전경쟁시장이다)

① 자본탄력성은 0.25이다.

② 노동분배율은 자본분배율보다 크다.

③ A는 총요소생산성이다.

④ 노동량, 자본량 및 총요소생산성이 각각 10% 씩 증가하면 생산량은 10% 증가한다.

⑤ 총생산함수는 규모에 대한 수익 불변이다.

24 소비이론에 관한 설명으로 옳지 <u>않은</u> 것은?

① 생애주기가설에 따르면 장기적으로 평균소비성향이 일정하다.

② 항상소득가설에 따르면 단기적으로 소득 증가는 평균소비성향을 감소시킨다.

③ 케인즈(M. Keynes)의 소비가설에서 이자율은 소비에 영향을 주지 않는다.

④ 피셔(I. Fisher)의 기간 간 소비선택이론에 따르면 이자율은 소비에 영향을 준다.

⑤ 임의보행(random walk)가설에 따르면 소비의 변화는 예측할 수 있다.

25 A국에서 인플레이션 갭과 산출량 갭이 모두 확대될 때, 테일러 준칙(Taylor's rule)에 따른 중앙은행의 정책은?

① 정책금리를 인상한다.

② 정책금리를 인하한다.

③ 정책금리를 조정하지 않는다.

④ 지급준비율을 인하한다.

⑤ 지급준비율을 변경하지 않는다.

26 인구 증가와 기술진보가 없는 솔로우 성장모형에서 황금률 균제상태가 달성되는 조건은?

① 자본의 한계생산이 최대일 때
② 노동자 1인당 자본량이 최대일 때
③ 자본의 한계생산이 감가상각률과 같을 때
④ 노동의 한계생산이 저축률과 같을 때
⑤ 자본의 한계생산이 한계소비성향과 같을 때

27 유동성함정(liquidity trap)에 관한 설명으로 옳은 것을 모두 고른 것은?

> ㄱ. *IS*곡선이 수직선이다.
> ㄴ. *LM*곡선이 수평선이다.
> ㄷ. 재정정책이 국민소득에 영향을 주지 않는다.
> ㄹ. 화폐수요의 이자율 탄력성이 무한대일 때 나타난다.

① ㄱ, ㄷ   ② ㄴ, ㄹ
③ ㄷ, ㄹ   ④ ㄱ, ㄴ, ㄷ
⑤ ㄴ, ㄷ, ㄹ

28 2015년과 2020년 빅맥 가격이 아래와 같다. 일물일가의 법칙이 성립할 때, 옳지 <u>않은</u> 것은? (단, 환율은 빅맥 가격을 기준으로 표시한다)

2015년		2020년	
원화 가격	달러 가격	원화 가격	달러 가격
5,000원	5달러	5,400원	6달러

① 빅맥의 원화 가격은 두 기간 사이에 8% 상승했다.
② 빅맥의 1달러 당 원화 가격은 두 기간 사이에 10% 하락했다.
③ 달러 대비 원화의 가치는 두 기간 사이에 10% 상승했다.
④ 달러 대비 원화의 실질환율은 두 기간 사이에 변하지 않았다.
⑤ 2020년 원화의 명목환율은 구매력평가 환율보다 낮다.

29 한국과 미국의 명목이자율은 각각 3%, 2% 이다. 미국의 물가상승률이 2%로 예상되며 현재 원/달러 환율은 1,000원일 때, 옳은 것을 모두 고른 것은? (단, 구매력평가설과 이자율평가설이 성립한다)

> ㄱ. 한국과 미국의 실질이자율은 같다.
> ㄴ. 한국의 물가상승률은 3%로 예상된다.
> ㄷ. 원/달러 환율은 1,010원이 될 것으로 예상된다.

① ㄱ
② ㄴ
③ ㄱ, ㄴ
④ ㄴ, ㄷ
⑤ ㄱ, ㄴ, ㄷ

30 총수요 충격 및 총공급 충격에 관한 설명으로 옳지 <u>않은</u> 것은? (단, 총수요곡선은 우하향, 총공급곡선은 우상향)

① 총수요 충격으로 인한 경기변동에서 물가는 경기순행적이다.
② 총공급 충격으로 인한 경기변동에서 물가는 경기역행적이다.
③ 총공급 충격에 의한 스태그플레이션은 합리적 기대 가설이 주장하는 정책무력성의 근거가 될 수 있다.
④ 명목임금이 하방 경직적일 경우 음(−)의 총공급 충격이 발생하면 거시경제의 불균형이 지속될 수 있다.
⑤ 기술진보로 인한 양(+)의 총공급 충격은 자연실업률 수준을 하락시킬 수 있다.

31 현재와 미래 두 기간에 걸쳐 소비하는 甲의 현재소득 1,000, 미래소득 300, 현재 부(wealth) 200이다. 이자율이 2%로 일정할 때, 甲의 현재소비가 800이라면 최대 가능 미래소비는?

① 504
② 700
③ 704
④ 708
⑤ 916

32 A국 국민소득계정의 구성 항목이 아래와 같다. A국의 (ㄱ)GDP와 (ㄴ)재정수지는?

- 소비＝300
- 투자＝200
- 민간저축＝250
- 수출＝150
- 수입＝150
- 정부지출＝100

	ㄱ	ㄴ
①	500	−50
②	500	100
③	600	−50
④	600	100
⑤	750	100

33 자본 이동이 완전한 먼델-플레밍(Mundell-Fleming)모형에서 A국의 정부지출 확대 정책의 효과에 관한 설명으로 옳은 것은? (단, A국은 소규모 개방경제이며, A국 및 해외 물가 수준은 불변, IS곡선은 우하향, LM곡선은 우상향)

① 환율제도와 무관하게 A국의 이자율이 하락한다.
② 고정환율제도에서는 A국의 국민소득이 증가한다.
③ 변동환율제도에서는 A국의 국민소득이 감소한다.
④ 고정환율제도에서는 A국의 경상수지가 개선된다.
⑤ 변동환율제도에서는 A국의 통화가치가 하락한다.

34 민간은 화폐를 현금과 요구불예금으로 각각 1/2씩 보유하고, 은행은 예금의 1/3을 지급준비금으로 보유한다. 통화공급을 150만큼 늘리기 위한 중앙은행의 본원통화 증가분은? (단, 통화량은 현금과 요구불예금의 합계이다)

① 50   ② 100
③ 150   ④ 200
⑤ 250

35 소규모 개방경제의 재화시장 균형에서 국내총생산(Y)이 100으로 고정되어 있고, 소비 $C=0.6Y$, 투자 $I=40-r$, 순수출 $NX=12-2\varepsilon$이다. 세계 이자율이 10일 때, 실질환율은? (단, r은 국내 이자율, ε은 실질환율, 정부지출은 없으며, 국가 간 자본이동은 완전하다)

① 0.8
② 1
③ 1.2
④ 1.4
⑤ 1.5

36 아래 개방경제모형에서 정부지출과 세금을 똑같이 100만큼 늘리면 (ㄱ)균형국민소득의 변화와 (ㄴ)경상수지의 변화는? (단, Y는 국민소득, T는 조세이다)

> • 소비 : $C=400+0.75(Y-T)$
> • 투자 : $I=200$
> • 수출 : $X=500$
> • 수입 : $M=200+0.25(Y-T)$

	ㄱ	ㄴ
①	0	25
②	100	0
③	200	−25
④	300	−50
⑤	400	−75

37 케인즈의 국민소득결정모형에서 소비 $C=0.7Y$이고, 투자 $I=80$이다. 정부지출이 10에서 20으로 증가할 때, 균형국민소득의 증가분은? (단, C는 소비, Y는 국민소득, I는 투자)

① 10/3
② 5
③ 100/7
④ 100/3
⑤ 50

38 경기변동이론에 관한 설명으로 옳은 것은?

① 실물경기변동(real business cycle)이론에서 가계는 기간별로 최적의 소비 선택을 한다.

② 실물경기변동이론은 가격의 경직성을 전제한다.

③ 실물경기변동이론은 화폐의 중립성을 가정하지 않는다.

④ 가격의 비동조성(staggering pricing)이론은 새고전학파(New Classical) 경기변동이론에 속한다.

⑤ 새케인즈학파(New Keynesian)는 공급충격이 경기변동의 원인이라고 주장한다.

39 폐쇄경제 $IS-LM$모형에서 물가 수준이 하락할 경우 새로운 균형에 관한 설명으로 옳은 것을 모두 고른 것은? (단, 초기 경제는 균형 상태이며, IS곡선은 우하향, LM곡선은 우상향)

> ㄱ. 명목 이자율이 하락한다.
> ㄴ. 투자가 감소한다.
> ㄷ. 명목 통화량이 증가한다.

① ㄱ   ② ㄴ

③ ㄱ, ㄴ   ④ ㄴ, ㄷ

⑤ ㄱ, ㄴ, ㄷ

40 리카디언 등가(Ricardian equivalence) 정리에 관한 설명으로 옳지 <u>않은</u> 것은?

① 민간 경제주체는 합리적 기대를 한다.

② 소비자가 차입 제약에 직면하면 이 정리는 성립되지 않는다.

③ 소비자가 근시안적 견해를 가지면 이 정리는 성립되지 않는다.

④ 현재의 감세가 현재의 민간소비를 증가시킨다는 주장과는 상반된 것이다.

⑤ 정부가 미래의 정부지출을 축소한다는 조건에서 현재 조세를 줄이는 경우에 현재의 민간소비는 변하지 않는다.

05 2019년 제30회 기출문제

01 수요와 공급의 가격탄력성에 관한 설명으로 옳은 것을 모두 고른 것은?

> ㄱ. 대체재를 쉽게 찾을 수 있을수록 수요의 가격탄력성은 작아진다.
> ㄴ. 동일한 수요곡선 상에서 가격이 높을수록 수요의 가격탄력성은 항상 커진다.
> ㄷ. 상품의 저장에 드는 비용이 클수록 공급의 가격탄력성은 작아진다.
> ㄹ. 공급곡선이 원점을 지나고 우상향하는 직선형태일 경우, 공급의 가격탄력성은 항상 1이다.

① ㄱ, ㄴ   ② ㄱ, ㄷ

③ ㄴ, ㄷ   ④ ㄴ, ㄹ

⑤ ㄷ, ㄹ

02 소비자 甲의 효용함수가 $U = \min\{X + 2Y, 2X + Y\}$ 이다. 甲의 소득은 150, X재의 가격은 30, Y재의 가격은 10일 때, 효용을 극대화하는 甲의 Y재 소비량은? (단, 甲은 X재와 Y재만 소비한다)

① 0   ② 2.5

③ 5   ④ 7.5

⑤ 15

03 소비자 甲은 X재와 Y재만 소비하여 효용을 극대화한다. 제1기의 X재 가격은 3이고, Y재 가격은 6이었을 때, 소비조합 $(X = 3, Y = 5)$를 선택하였다. 제2기에는 동일한 소득에서 X재와 Y재의 변동된 가격 P_X, P_Y에서 소비조합 $(X = 6, Y = 3)$을 선택하였다. 甲의 선택이 현시선호 약공리(weak axiom)를 만족하기 위한 조건은?

① $2P_X < 3P_Y$ ② $2P_X > 3P_Y$

③ $3P_X < 2P_Y$ ④ $3P_X > 2P_Y$

⑤ $P_X < P_Y$

04 기업 A의 생산함수가 $Q = \min\{L, 3K\}$ 이다. 생산요소 조합 $(L=10, K=5)$에서 노동과 자본의 한계생산은 각각 얼마인가? (단, Q는 생산량, L은 노동량, K는 자본량이다)

① 0, 1

② 1, 0

③ 1, 3

④ 3, 1

⑤ 10, 5

05 기업의 생산기술이 진보하는 경우에 관한 설명으로 옳은 것을 모두 고른 것은?

> ㄱ. 자본절약적 기술진보가 일어나면 평균비용곡선이 하방 이동한다.
> ㄴ. 자본절약적 기술진보가 일어나면 등량곡선이 원점에서 멀어진다.
> ㄷ. 노동절약적 기술진보가 일어나면 한계비용곡선이 하방 이동한다.
> ㄹ. 중립적 기술진보가 일어나면 노동의 한계생산 대비 자본의 한계생산은 작아진다.

① ㄱ, ㄴ

② ㄱ, ㄷ

③ ㄴ, ㄷ

④ ㄴ, ㄹ

⑤ ㄷ, ㄹ

06 독점시장에서 기업 A의 수요함수는 $P = 500 - 2Q$이고, 한계비용은 생산량에 관계없이 100으로 일정하다. 기업 A는 기술진보로 인해 한계비용이 하락하여 이윤극대화 생산량이 20단위 증가하였다. 기술진보 이후에도 한계비용은 생산량에 관계없이 일정하다. 한계비용은 얼마나 하락하였는가? (단, P는 가격, Q는 생산량이다)

① 20

② 40

③ 50

④ 60

⑤ 80

07 기업 A와 B가 생산량 경쟁을 하는 시장수요곡선은 $P = \alpha - q_A - q_B$로 주어졌다. 기업 A와 B는 동일한 재화를 생산하며, 평균비용은 c로 일정하다. 기업 A의 목적은 이윤극대화이고, 기업 B의 목적은 손실을 보지 않는 범위 내에서 시장점유율을 극대화하는 것이다. 다음 설명 중 옳지 <u>않은</u> 것은? (단, P는 시장가격, q_A는 기업 A의 생산량, q_B는 기업 B의 생산량이며, $c < \alpha$이다)

① 균형에서 시장가격은 c이다.
② 균형에서 기업 A의 이윤은 0보다 크다.
③ 균형에서 기업 B의 이윤은 0이다.
④ 균형에서 기업 B의 생산량이 기업 A보다 크다.
⑤ 균형은 하나만 존재한다.

08 단기 비용곡선에 관한 설명으로 옳은 것을 모두 고른 것은? (단, 양(+)의 고정비용과 가변비용이 소요된다)

ㄱ. 평균비용은 총비용곡선 위의 각 점에서의 기울기다.
ㄴ. 한계비용곡선은 고정비용 수준에 영향을 받지 않는다.
ㄷ. 생산량이 증가함에 따라 평균비용과 평균가변비용 곡선간의 차이는 커진다.
ㄹ. 생산량이 증가함에 따라 평균비용이 증가할 때 평균가변비용도 증가한다.

① ㄱ, ㄴ
② ㄱ, ㄹ
③ ㄴ, ㄷ
④ ㄴ, ㄹ
⑤ ㄷ, ㄹ

09 보상수요(compensated demand)에 관한 설명으로 옳지 <u>않은</u> 것은?

① 가격변화에서 대체효과만 고려한 수요개념이다.
② 기펜재의 보상수요곡선은 우하향하지 않는다.
③ 소비자잉여를 측정하는 데 적절한 수요개념이다.
④ 수직선형태 보상수요곡선의 대체효과는 항상 0이다.
⑤ 소득효과가 0이면 통상적 수요(ordinary demand)와 일치한다.

10 경제적 지대(economic rent)에 관한 설명으로 옳은 것을 모두 고른 것은?

> ㄱ. 공급이 제한된 생산요소에 발생하는 추가적 보수를 말한다.
> ㄴ. 유명 연예인이나 운동선수의 높은 소득과 관련이 있다.
> ㄷ. 생산요소의 공급자가 받고자 하는 최소한의 금액을 말한다.
> ㄹ. 비용불변산업의 경제적 지대는 양(+)이다.

① ㄱ, ㄴ   ② ㄱ, ㄷ
③ ㄱ, ㄹ   ④ ㄴ, ㄷ
⑤ ㄴ, ㄹ

11 설문을 어떻게 구성하느냐에 따라 <u>다른</u> 응답이 나오는 효과는?

① 틀짜기효과(framing effect)
② 닻내림효과(anchoring effect)
③ 현상유지편향(status quo bias)
④ 기정편향(default bias)
⑤ 부존효과(endowment effect)

12 기업 A의 생산함수는 $Q = L + 3K$이다. 생산량이 일정할 때, 기업 A의 한계기술대체율에 관한 설명으로 옳은 것은? (단, Q는 생산량, L은 노동량, K는 자본량, $Q > 0$, $L > 0$, $K > 0$이다)

① 노동과 자본의 투입량과 관계없이 일정하다.
② 노동 투입량이 증가하면 한계기술대체율은 증가한다.
③ 노동 투입량이 증가하면 한계기술대체율은 감소한다.
④ 자본 투입량이 증가하면 한계기술대체율은 증가한다.
⑤ 자본 투입량이 증가하면 한계기술대체율은 감소한다.

13 완전경쟁시장에서 개별기업은 U자형 평균비용곡선과 평균가변비용곡선을 가진다. 시장가격이 350일 때, 생산량 50 수준에서 한계비용은 350, 평균비용은 400, 평균가변비용은 200이다. 다음 중 옳은 것을 모두 고른 것은?

> ㄱ. 평균비용곡선이 우상향하는 구간에 생산량 50이 존재한다.
> ㄴ. 평균가변비용곡선이 우상향하는 구간에 생산량 50이 존재한다.
> ㄷ. 생산량 50에서 음(−)의 이윤을 얻고 있다.
> ㄹ. 개별기업은 단기에 조업을 중단해야 한다.

① ㄱ, ㄴ
② ㄱ, ㄷ
③ ㄱ, ㄹ
④ ㄴ, ㄷ
⑤ ㄴ, ㄹ

14 임금의 보상격차(compensating differential)에 관한 설명으로 옳지 <u>않은</u> 것은?

① 근무조건이 좋지 않은 곳으로 전출되면 임금이 상승한다.
② 성별 임금 격차도 일종의 보상격차이다.
③ 비금전적 측면에서 매력적인 일자리는 임금이 상대적으로 낮다.
④ 물가가 높은 곳에서 근무하면 임금이 상승한다.
⑤ 더 높은 비용이 소요되는 훈련을 요구하는 직종의 임금이 상대적으로 높다.

15 두 공장 1, 2를 운영하고 있는 기업 A의 비용함수는 각각 $C_1(q_1) = q_1^2$, $C_2(q_2) = 2q_2$이다. 총비용을 최소화하여 5단위를 생산하는 경우, 공장 1, 2에서의 생산량은? (단, q_1은 공장 1의 생산량, q_2는 공장 2의 생산량이다)

① $q_1 = 5$, $q_2 = 0$
② $q_1 = 4$, $q_2 = 1$
③ $q_1 = 3$, $q_2 = 2$
④ $q_1 = 2$, $q_2 = 3$
⑤ $q_1 = 1$, $q_2 = 4$

16 다음의 전략형 게임(strategic form game)에서 α에 따라 甲과 乙의 전략 및 균형이 달라진다. 이에 관한 설명으로 옳지 <u>않은</u> 것은? (단, 보수 행렬의 괄호 안 첫 번째 보수는 甲, 두 번째 보수는 乙의 것이다)

		乙	
		Left	Right
甲	Up	$(5-\alpha,\ 1)$	$(2,\ 2)$
	Down	$(3,\ 3)$	$(1,\ \alpha-1)$

① $\alpha < 2$이면, 전략 Up은 甲의 우월전략이다.

② $\alpha > 4$이면, 전략 Right는 乙의 우월전략이다.

③ $2 < \alpha < 4$이면, (Down, Left)는 유일한 내쉬균형이다.

④ $\alpha < 2$이면, (Up, Right)는 유일한 내쉬균형이다.

⑤ $\alpha > 4$이면, (Up, Right)는 유일한 내쉬균형이다.

17 정상재 A, B의 가격이 각각 2% 상승할 때 A재의 소비지출액은 변화가 없었지만, B재의 소비지출액은 1% 감소하였다. 이 때 두 재화에 대한 수요의 가격탄력성 ϵ_A, ϵ_B에 관한 설명으로 옳은 것은? (단, ϵ_A와 ϵ_B는 절댓값으로 표시한다)

① $\epsilon_A > 1$, $\epsilon_B > 1$

② $\epsilon_A = 1$, $\epsilon_B > 1$

③ $\epsilon_A = 0$, $\epsilon_B < 1$

④ $\epsilon_A = 1$, $\epsilon_B < 1$

⑤ $\epsilon_A < 1$, $\epsilon_B < 1$

18 독점기업의 가격차별에 관한 설명으로 옳은 것은?

① 1급 가격차별 시 소비자잉여는 0보다 크다.

② 1급 가격차별 시 사중손실(deadweight loss)은 0보다 크다.

③ 2급 가격차별의 대표적인 예로 영화관의 조조할인이 있다.

④ 3급 가격차별 시 한 시장에서의 한계수입은 다른 시장에서의 한계수입보다 크다.

⑤ 3급 가격차별 시 수요의 가격탄력성이 상대적으로 작은 시장에서 더 높은 가격이 설정된다.

19 A대학교 근처에는 편의점이 하나밖에 없으며, 편의점 사장에게 아르바이트 학생의 한계생산가치는 $VMP_L = 60 - 3L$이다. 아르바이트 학생의 노동공급이 $L = w - 40$이라고 하면, 균형고용량과 균형임금은 각각 얼마인가? (단, L은 노동량, w는 임금이다)

① 2, 42
② 4, 44
③ 4, 48
④ 6, 42
⑤ 6, 46

20 하루 24시간을 노동을 하는 시간과 여가를 즐기는 시간으로 양분할 때, 후방굴절형 노동공급곡선이 발생하는 이유는?

① 임금이 인상될 경우 여가의 가격이 노동의 가격보다 커지기 때문이다.
② 임금이 인상될 경우 노동 한 시간 공급으로 할 수 있는 것이 많아지기 때문이다.
③ 여가가 정상재이고, 소득효과가 대체효과보다 크기 때문이다.
④ 여가가 정상재이고, 소득효과가 대체효과와 같기 때문이다.
⑤ 노동이 열등재이고, 소득효과가 대체효과와 같기 때문이다.

21 현재 우리나라 채권의 연간 명목수익률이 5%이고 동일 위험을 갖는 미국 채권의 연간 명목수익률이 2.5%일 때, 현물환율이 달러당 1,200원인 경우 연간 선물환율은? (단, 이자율평가설이 성립한다고 가정한다)

① 1,200원/달러
② 1,210원/달러
③ 1,220원/달러
④ 1,230원/달러
⑤ 1,240원/달러

22 총수요 증가 요인으로 옳은 것을 모두 고른 것은?

ㄱ. 정부지출 감소
ㄴ. 국내 이자율 하락
ㄷ. 무역 상대국의 소득 증가
ㄹ. 국내 소득세 인상

① ㄱ, ㄴ   ② ㄱ, ㄷ
③ ㄴ, ㄷ   ④ ㄴ, ㄹ
⑤ ㄷ, ㄹ

23 한국과 미국의 연간 물가상승률은 각각 4%와 6%이고 환율은 달러당 1,200원에서 1,260원으로 변하였다고 가정할 때, 원화의 실질환율의 변화는?

① 3% 평가절하
② 3% 평가절상
③ 7% 평가절하
④ 7% 평가절상
⑤ 변화 없다.

24 개방경제인 甲국의 국민소득 결정모형이 다음과 같을 때, 甲국의 국내총소득, 국민총소득, 처분가능소득은? (단, 제시된 항목 외 다른 것은 고려하지 않는다)

• 국내총생산 : 1,000
• 대외 순수취 요소소득 : 20
• 교역조건 변화에 따른 실질무역 손익 : 50
• 감가상각 : 10
• 사내유보이윤 : 10
• 각종세금 : 3
• 이전지출 : 3

① 1,000, 980, 960
② 1,000, 1,020, 1,000
③ 1,050, 1,050, 1,050
④ 1,050, 1,070, 1,050
⑤ 1,070, 1,050, 1,030

25 개방경제 甲국의 국민소득 결정모형이 다음과 같다. 특정 정부지출 수준에서 경제가 균형을 이루고 있으며 정부도 균형예산을 달성하고 있을 때, 균형에서 민간저축은? (단, Y는 국민소득, C는 소비, I는 투자, G는 정부지출, T는 조세, X는 수출, M은 수입이다)

- $Y = C + I + G + (X - M)$
- $C = 150 + 0.5(Y - T)$
- $I = 200$
- $T = 0.2Y$
- $X = 100$
- $M = 50$

① 150
② 200
③ 225
④ 250
⑤ 450

26 피셔(I. Fisher)의 기간 간 선택(intertemporal choice)모형에서 최적소비선택에 관한 설명으로 옳은 것을 모두 고른 것은? (단, 기간은 현재와 미래이며, 현재소비와 미래소비는 모두 정상재이다. 무차별곡선은 우하향하며 원점에 대하여 볼록한 곡선이다)

ㄱ. 실질이자율이 상승하면, 현재 대부자인 소비자는 미래소비를 증가시킨다.
ㄴ. 실질이자율이 하락하면, 현재 대부자인 소비자는 현재저축을 감소시킨다.
ㄷ. 실질이자율이 상승하면, 현재 차입자인 소비자는 현재소비를 감소시킨다.
ㄹ. 미래소득이 증가하여도 현재 차입제약에 구속된(binding) 소비자의 현재소비는 변하지 않는다.

① ㄱ, ㄴ
② ㄴ, ㄷ
③ ㄷ, ㄹ
④ ㄱ, ㄷ, ㄹ
⑤ ㄴ, ㄷ, ㄹ

27 甲국의 총생산함수가 $Y = AK^{0.4}L^{0.6}$이다. 甲국 경제에 관한 설명으로 옳은 것을 모두 고른 것은? (단, Y는 생산량, A는 총요소생산성, K는 자본량, L은 노동량으로 인구와 같다)

> ㄱ. 생산량의 변화율을 노동량의 변화율로 나눈 값은 0.6으로 일정하다.
> ㄴ. A가 3% 증가하면, 노동의 한계생산도 3% 증가한다.
> ㄷ. 1인당 자본량이 2% 증가하면, 노동의 한계생산은 1.2% 증가한다.
> ㄹ. A는 2% 증가하고 인구가 2% 감소하면, 1인당 생산량은 2.8% 증가한다.

① ㄱ, ㄹ   ② ㄴ, ㄷ
③ ㄷ, ㄹ   ④ ㄱ, ㄴ, ㄹ
⑤ ㄱ, ㄷ, ㄹ

28 감정평가사 A의 2000년 연봉 1,000만 원을 2018년 기준으로 환산한 금액은? (단, 2000년 물가지수는 40, 2018년 물가지수는 120이다)

① 1,000만 원
② 2,000만 원
③ 3,000만 원
④ 4,000만 원
⑤ 5,000만 원

29 甲국과 乙국의 실질이자율과 인플레이션율은 다음 표와 같다. 명목이자소득에 대해 각각 25%의 세금이 부과될 경우, 甲국과 乙국의 세후 실질이자율은 각각 얼마인가? (단, 피셔효과가 성립한다)

구분	甲국	乙국
실질이자율	4%	4%
인플레이션율	0%	8%

① 3%, 1%
② 3%, 3%
③ 3%, 9%
④ 4%, 4%
⑤ 4%, 12%

30 리카도 대등정리(Ricardian equivalence theorem)는 정부지출의 재원조달 방식에 나타나는 변화가 민간부문의 경제활동에 아무런 영향을 주지 못한다는 것이다. 이 정리가 성립하기 위한 가정으로 옳은 것을 모두 고른 것은?

> ㄱ. 유동성 제약
> ㄴ. 경제활동인구 증가율 양(+)의 값
> ㄷ. 일정한 정부지출수준과 균형재정
> ㄹ. '합리적 기대'에 따라 합리적으로 행동하는 경제주체

① ㄱ, ㄴ   ② ㄴ, ㄷ

③ ㄷ, ㄹ   ④ ㄱ, ㄷ, ㄹ

⑤ ㄴ, ㄷ, ㄹ

31 만 15세 이상 인구(생산가능인구) 1,250만 명, 비경제활동인구 250만 명, 취업자 900만 명인 甲국의 경제활동참가율, 실업률, 고용률은?

① 80%, 10%, 72%

② 80%, 20%, 72%

③ 80%, 30%, 90%

④ 90%, 20%, 72%

⑤ 90%, 20%, 90%

32 다음 거시경제모형에서 생산물시장과 화폐시장이 동시에 균형을 이루는 소득과 이자율은? (단, C는 소비, Y는 국민소득, I는 투자, G는 정부지출, T는 조세, r은 이자율, MD는 화폐수요, MS는 화폐공급이다. 물가는 고정되어 있고, 해외부문은 고려하지 않는다)

- $C = 20 + 0.8(Y - T) - 0.5r$
- $I = 50 - 9.5r$
- $G = 50$
- $T = 50$
- $MD = 50 + Y - 50r$
- $MS = 250$

① 200, 1
② 200, 2
③ 250, 1
④ 300, 1
⑤ 300, 2

33 실질 GDP가 증가하는 경우는?
① 기존 아파트 매매가격 상승
② 주식시장의 주가 상승
③ 이자율 상승
④ 사과 가격의 상승
⑤ 배 생산의 증가

34 어느 경제에서 1년 동안 쌀만 100kg 생산되어 거래되었다고 하자. 쌀 가격은 1kg당 2만원이고 공급된 화폐량은 50만원이다. 이 경우 화폐의 유통속도는 얼마인가? (단, 화폐수량설이 성립한다)
① 1
② 2
③ 3
④ 4
⑤ 5

35 정부가 지출을 10만큼 늘렸을 때 총수요가 10보다 적게 늘어났다. 그 이유로 옳은 것은?

① 소득변화에 따른 소비증가

② 소득변화에 따른 소비감소

③ 이자율변화에 따른 투자증가

④ 이자율변화에 따른 투자감소

⑤ 그런 경우가 일어날 수 없다.

36 명목 GDP 증가율, 물가상승률, 인구증가율은 각각 연간 5%, 3%, 1%이다. 1인당 실질 GDP의 증가율은?

① 1%   ② 2%

③ 4%   ④ 9%

⑤ 10%

37 통화공급 과정에 관한 설명으로 옳은 것을 모두 고른 것은?

> ㄱ. 100% 지급준비제도가 실행될 경우, 민간이 현금통화비율을 높이면 통화승수는 감소한다.
>
> ㄴ. 민간이 현금은 보유하지 않고 예금만 보유할 경우, 예금은행의 지급준비율이 높아지면 통화승수는 감소한다.
>
> ㄷ. 중앙은행이 민간이 보유한 국채를 매입하면 통화승수는 증가한다.

① ㄱ   ② ㄴ

③ ㄱ, ㄴ   ④ ㄱ, ㄷ

⑤ ㄴ, ㄷ

38 甲국은 경제활동인구가 1,000만 명으로 고정되어 있으며 실업률은 변하지 않는다. 매 기간 동안, 실업자 중 새로운 일자리를 얻는 사람의 수가 47만 명이고, 취업자 중 일자리를 잃는 사람의 비율(실직률)이 5%로 일정하다. 甲국의 실업률은?

① 3%   ② 4%

③ 4.7%   ④ 5%

⑤ 6%

39 실질화폐수요가 이자율과는 음(−)의 관계이고 실질국민소득과는 양(+)의 관계이다. 화폐시장이 균형일 때, 새로운 균형을 이루기 위한 변수들의 변화에 관한 설명으로 옳지 <u>않은</u> 것은? (단, 화폐시장만 고려하며, 화폐수량설이 성립한다. 명목통화량과 물가수준은 외생변수이다)

① 물가수준이 하락하는 경우, 이자율이 변하지 않는다면 화폐유통속도도 변하지 않는다.

② 물가수준이 하락하는 경우, 이자율이 변하지 않는다면 실질국민소득은 증가한다.

③ 실질국민소득이 증가하면, 화폐유통속도는 증가한다.

④ 명목통화량이 감소하는 경우, 실질국민소득이 변하지 않는다면 화폐유통속도는 증가한다.

⑤ 명목통화량이 증가하는 경우, 실질국민소득이 변하지 않는다면 이자율은 하락한다.

40 모든 시장이 완전경쟁적인 甲국에서 대표적인 기업 A의 생산함수가 $Y = 4L^{0.5}K^{0.5}$이다. 단기적으로 A의 자본량은 1로 고정되어 있다. 생산물 가격이 2이고 명목임금이 4일 경우, 이윤을 극대화하는 A의 단기 생산량은? (단, Y는 생산량, L은 노동량, K는 자본량이며, 모든 생산물은 동일한 상품이다)

① 1   ② 2

③ 4   ④ 8

⑤ 16

06 2018년 제29회 기출문제

01 재화 X에 대한 시장수요함수, 시장공급함수가 각각 $Q_D = -4P + 1600$, $Q_S = 8P - 800$일 때, 균형가격 (P^*)과 균형거래량(Q^*)은? (단, Q_D는 수요량, Q_S는 공급량, P는 가격이다)

① $P^* = 190$, $Q^* = 840$

② $P^* = 195$, $Q^* = 820$

③ $P^* = 200$, $Q^* = 800$

④ $P^* = 205$, $Q^* = 780$

⑤ $P^* = 210$, $Q^* = 760$

02 밑줄 친 변화에 따라 각국의 노동시장에서 예상되는 현상으로 옳은 것은? (단, 노동수요곡선은 우하향, 노동공급곡선은 우상향하고, 다른 조건은 일정하다)

- 甲국에서는 (A)인구 감소로 노동시장에 참여하고자 하는 사람들이 감소하였다.
- 乙국의 정부는 (B)규제가 없는 노동시장에 균형임금보다 높은 수준에서 최저임금제를 도입하려고 한다.

	(A)	(B)
①	노동수요 감소	초과수요 발생
②	노동수요 증가	초과공급 발생
③	노동공급 감소	초과수요 발생
④	노동공급 증가	초과공급 발생
⑤	노동공급 감소	초과공급 발생

03 밑줄 친 변화에 따라 2018년 Y재 시장에서 예상되는 현상으로 옳지 <u>않은</u> 것은? (단, 수요곡선은 우하향, 공급곡선은 우상향하며, 다른 조건은 일정하다)

- 2017년 Y재 시장의 균형가격은 70만 원이며, 균형거래량은 500만이다.
- 2018년에 <u>Y재 생산에 필요한 부품 가격이 상승</u>하였다.

① 공급곡선은 왼쪽으로 이동한다.
② 균형가격은 낮아진다.
③ 균형거래량은 줄어든다.
④ 소비자잉여는 감소한다.
⑤ 사회적 후생은 감소한다.

04 주유소에서 휘발유를 구입하는 모든 소비자들은 항상 "5만 원어치 넣어주세요"라고 하는 반면, 경유를 구입하는 모든 소비자들은 항상 "40리터 넣어주세요"라고 한다. 현재의 균형상태에서 휘발유의 공급은 감소하고, 경유의 공급이 증가한다면, 휘발유 시장과 경유 시장에 나타나는 균형가격의 변화는? (단, 휘발유 시장과 경유 시장은 완전경쟁시장이며, 각 시장의 공급곡선은 우상향하고, 다른 조건은 일정하다)

	휘발유 시장	경유 시장
①	상승	상승
②	상승	하락
③	하락	불변
④	하락	하락
⑤	불변	불변

05 기업 A의 총비용곡선에 관한 설명으로 옳지 <u>않은</u> 것은? (단, 생산요소는 한 종류이며, 요소가격은 변하지 않는다)

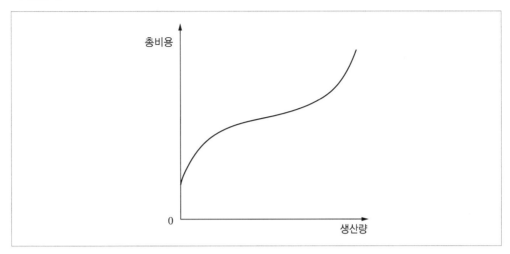

① 총평균비용곡선은 U자 모양을 가진다.
② 총평균비용이 하락할 때 한계비용이 총평균비용보다 크다.
③ 평균고정비용곡선은 직각 쌍곡선의 모양을 가진다.
④ 생산량이 증가함에 따라 한계비용곡선은 평균가변비용곡선의 최저점을 아래에서 위로 통과한다.
⑤ 생산량이 증가함에 따라 총비용곡선의 기울기가 급해지는 것은 한계생산이 체감하기 때문이다.

06 甲의 효용함수는 $U = \sqrt{LF}$이며 하루 24시간을 여가(L)와 노동($24-L$)에 배분한다. 甲은 노동을 통해서만 소득을 얻으며, 소득은 모두 식품(F)을 구매하는 데 사용한다. 시간당 임금은 10,000원, 식품의 가격은 2,500원이다. 甲이 예산제약 하에서 효용을 극대화할 때, 여가시간과 구매하는 식품의 양은?

① $L = 8$, $F = 64$
② $L = 10$, $F = 56$
③ $L = 12$, $F = 48$
④ $L = 14$, $F = 40$
⑤ $L = 16$, $F = 32$

07 가격차별의 사례가 <u>아닌</u> 것은?

① 영화관 일반 요금은 1만 원, 심야 요금은 8천 원이다.

② 놀이공원 입장료는 성인 5만 원, 청소년 3만 원이다.

③ 동일한 롱패딩 가격은 겨울에 30만 원, 여름에 20만 원이다.

④ 동일한 승용차 가격은 서울에서 2,000만 원, 제주에서 1,500만 원이다.

⑤ 주간 근무자 수당은 1만 원, 야간 근무자의 수당은 1만5천 원이다.

08 甲국 정부는 독점기업 A로 하여금 이윤극대화보다는 완전경쟁시장에서와 같이 사회적으로 효율적인 수준에서 생산하도록 규제하려고 한다. 사회적으로 효율적인 생산량이 달성되는 조건은? (단, 수요곡선은 우하향, 기업의 한계비용곡선은 우상향한다)

① 평균수입=한계비용

② 평균수입=한계수입

③ 평균수입=평균생산

④ 한계수입=한계비용

⑤ 한계수입=평균생산

09 완전경쟁시장의 시장수요함수는 $Q = 1700 - 10P$이고, 이윤극대화를 추구하는 개별기업의 장기평균비용함수는 $LAC(q) = (q-20)^2 + 30$으로 모두 동일하다. 장기균형에서 기업의 수는? (단, Q는 시장 거래량, q는 개별 기업의 생산량, P는 가격이다)

① 100   ② 90

③ 80   ④ 70

⑤ 60

10 완전경쟁시장의 장기균형에 관한 설명으로 옳은 것은?

① 균형가격은 개별기업의 한계수입보다 크다.

② 개별기업의 한계수입은 평균총비용보다 크다.

③ 개별기업의 한계비용은 평균총비용보다 작다.

④ 개별기업은 장기평균비용의 최저점에서 생산한다.

⑤ 개별기업은 0보다 큰 초과이윤을 얻는다.

11 복점(duopoly)시장에서 기업 A와 B는 각각 1, 2의 전략을 갖고 있다. 성과보수 행렬(payoff matrix)이 다음과 같을 때, 내쉬균형의 보수쌍은? (단, 보수 행렬 내 괄호 안 왼쪽은 A, 오른쪽은 B의 보수이다)

기업 A		기업 B	
		전략 1	전략 2
	전략 1	(15, 7)	(8, 6)
	전략 2	(3, 11)	(10, 7)

① (15, 7)

② (8, 6)

③ (10, 7)

④ (3, 11)과 (8, 6)

⑤ (15, 7)과 (10, 7)

12 소비자 甲이 두 재화 X, Y를 소비하고 효용함수는 $U(x, y) = xy$이다. X, Y의 가격이 각각 5원, 10원이다. 소비자 甲의 소득이 1,000원일 때, 효용극대화 소비량은? (단, x는 X의 소비량, y는 Y의 소비량이다)

① $x = 90$, $y = 55$

② $x = 100$, $y = 50$

③ $x = 110$, $y = 45$

④ $x = 120$, $y = 40$

⑤ $x = 130$, $y = 35$

13 소비자 甲이 두 재화 X, Y를 소비하고 효용함수는 $U(x, y) = \min\{x+2y, 2x+y\}$ 이다. 소비점 (3, 3)을 지나는 무차별곡선의 형태는? (단, x는 X의 소비량, y는 Y의 소비량이다)

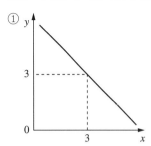

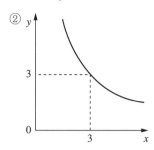

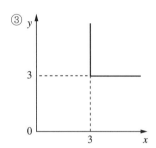

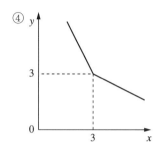

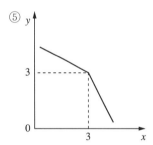

14 기업 A의 생산함수는 $Q = \min\{L, K\}$ 이다. 이에 관한 설명으로 옳은 것을 모두 고른 것은? (단, Q는 산출량, w는 노동 L의 가격, r은 자본 K의 가격이다)

> ㄱ. 생산요소 L과 K의 대체탄력성은 0이다.
> ㄴ. 생산함수는 1차 동차함수이다.
> ㄷ. 비용함수는 $C(w, r, Q) = Q^{w+r}$로 표시된다.

① ㄱ
② ㄴ
③ ㄱ, ㄴ
④ ㄴ, ㄷ
⑤ ㄱ, ㄴ, ㄷ

15 효용을 극대화하는 甲은 1기의 소비(c_1)와 2기의 소비(c_2)로 구성된 효용함수 $U(c_1,\ c_2) = c_1 c_2^2$을 가지고 있다. 甲은 시점 간 선택(intertemporal choice) 모형에서 1기에 3,000만 원, 2기에 3,300만 원의 소득을 얻고, 이자율 10%로 저축하거나 빌릴 수 있다. 1기의 최적 선택에 관한 설명으로 옳은 것은? (단, 인플레이션은 고려하지 않는다)

① 1,000만 원을 저축할 것이다.
② 1,000만 원을 빌릴 것이다.
③ 저축하지도 빌리지도 않을 것이다.
④ 1,400만 원을 저축할 것이다.
⑤ 1,400만 원을 빌릴 것이다.

16 독점기업 A가 직면한 수요함수는 $Q = -0.5P + 15$, 총비용함수는 $TC = Q^2 + 6Q + 3$이다. 이윤을 극대화할 때, 생산량과 이윤은? (단, P는 가격, Q는 생산량, TC는 총비용이다)

① 생산량=3, 이윤=45
② 생산량=3, 이윤=48
③ 생산량=4, 이윤=45
④ 생산량=4, 이윤=48
⑤ 생산량=7, 이윤=21

17 두 생산요소 x_1, x_2로 구성된 기업 A의 생산함수가 $Q = \max\{2x_1,\ x_2\}$이다. 생산요소의 가격이 각각 w_1과 w_2일 때, 비용함수는?

① $(2w_1 + w_2)Q$

② $(2w_1 + w_2)/Q$

③ $(w_1 + 2w_2)Q$

④ $\min\left\{\dfrac{w_1}{2}, w_2\right\}Q$

⑤ $\max\left\{\dfrac{w_1}{2}, w_2\right\}Q$

18 두 재화 맥주(B)와 커피(C)를 소비하는 두 명의 소비자 1과 2가 존재하는 순수교환경제를 가정한다. 소비자 1의 효용함수는 $U_1(B_1,\ C_1)=\min\{B_1,\ C_1\}$, 소비자 2의 효용함수는 $U_2(B_2,\ C_2)=B_2+C_2$ 이다. 소비자 1의 초기 부존자원은 (10, 20), 소비자 2의 초기 부존자원은 (20, 10)이고, 커피의 가격은 1이다. 일반균형(general equilibrium)에서 맥주의 가격은? (단, 초기 부존자원에서 앞의 숫자는 맥주의 보유량, 뒤의 숫자는 커피의 보유량이다)

① 1/3

② 1/2

③ 1

④ 2

⑤ 3

19 두 생산요소 노동(L)과 자본(K)을 투입하는 생산함수 $Q=2L^2+2K^2$에서 규모 수익 특성과 노동의 한계생산으로 각각 옳은 것은?

① 규모 수익 체증, $4L$

② 규모 수익 체증, $4K$

③ 규모 수익 체감, $4L$

④ 규모 수익 체감, $4K$

⑤ 규모 수익 불변, $4L$

20 ( )에 들어갈 내용으로 옳은 것은?

> • 생산의 긍정적 외부효과가 있을 때, (ㄱ)이 (ㄴ)보다 작다.
> • 소비의 부정적 외부효과가 있을 때, (ㄷ)이 (ㄹ)보다 크다.

	ㄱ	ㄴ	ㄷ	ㄹ
①	사회적 한계비용	사적 한계비용	사회적 한계편익	사적 한계편익
②	사회적 한계비용	사적 한계비용	사적 한계편익	사회적 한계편익
③	사적 한계비용	사회적 한계비용	사회적 한계편익	사적 한계편익
④	사적 한계비용	사회적 한계비용	사적 한계편익	사회적 한계편익
⑤	사회적 한계편익	사적 한계편익	사적 한계비용	사회적 한계비용

21 *GDP* 증가요인을 모두 고른 것은?

| ㄱ. 주택 신축 |
| ㄴ. 정부의 이전지출 |
| ㄷ. 외국산 자동차 수입 |

① ㄱ   ② ㄴ

③ ㄱ, ㄷ   ④ ㄴ, ㄷ

⑤ ㄱ, ㄴ, ㄷ

22 물가지수에 관한 설명으로 옳은 것은?

① *GDP* 디플레이터에는 국내산 최종 소비재만이 포함된다.

② *GDP* 디플레이터 작성 시 재화와 서비스의 가격에 적용되는 가중치가 매년 달라진다.

③ 소비자물가지수 산정에는 국내에서 생산되는 재화만 포함된다.

④ 소비자물가지수에는 국민이 구매한 모든 재화와 서비스가 포함된다.

⑤ 생산자물가지수에는 기업이 구매하는 품목 중 원자재를 제외한 품목이 포함된다.

23 甲국의 실업률은 5%, 경제활동참가율은 70%, 비경제활동인구는 600만 명이다. 이 나라의 실업자 수는?

① 30만 명   ② 50만 명

③ 70만 명   ④ 100만 명

⑤ 120만 명

24 실업에 관한 설명으로 옳지 <u>않은</u> 것은?

① 균형임금을 초과한 법정 최저임금의 인상은 비자발적 실업을 증가시킨다.

② 실업급여 인상과 기간 연장은 자발적 실업 기간을 증가시킨다.

③ 정부의 확장적 재정정책은 경기적 실업을 감소시킨다.

④ 인공지능 로봇의 도입은 경기적 실업을 증가시킨다.

⑤ 구직자와 구인자의 연결을 촉진하는 정책은 마찰적 실업을 감소시킨다.

25 소비이론에 관한 설명으로 옳은 것을 모두 고른 것은?

> ㄱ. 케인즈 소비함수에 의하면 평균소비성향이 한계소비성향보다 크다.
> ㄴ. 상대소득가설에 의하면 장기소비함수는 원점을 통과하는 직선으로 나타난다.
> ㄷ. 항상소득가설에 의하면 항상소비는 평생 부(wealth)와 관계없이 결정된다.
> ㄹ. 생애주기가설에 의하면 중년층 인구비중이 상승하면 국민저축률이 하락한다.

① ㄱ, ㄴ   ② ㄱ, ㄷ
③ ㄴ, ㄷ   ④ ㄴ, ㄹ
⑤ ㄷ, ㄹ

26 토빈(J. Tobin)의 q에 관한 설명으로 옳은 것은?

① 자본 1단위 구입비용이다.
② 자본의 한계생산에서 자본 1단위 구입비용을 뺀 값이다.
③ 기존 자본을 대체하는 데 드는 비용이다.
④ 시장에서 평가된 기존 자본의 가치이다.
⑤ q 값이 1보다 큰 경우 투자를 증가시켜야 한다.

27 경제정책에 관한 설명으로 옳은 것을 모두 고른 것은?

> ㄱ. 외부시차는 경제에 충격이 발생한 시점과 이에 대한 정책 시행 시점 사이의 기간이다.
> ㄴ. 자동안정화장치는 내부시차를 줄여준다.
> ㄷ. 루카스(R. Lucas)는 정책이 변하면 경제주체의 기대도 바뀌게 되는 것을 고려해야 한다고 주장하였다.
> ㄹ. 시간적 불일치성 문제가 있는 경우 자유재량적 정책이 바람직하다.

① ㄱ, ㄴ   ② ㄱ, ㄷ
③ ㄱ, ㄹ   ④ ㄴ, ㄷ
⑤ ㄴ, ㄹ

28 개방경제의 국민소득 결정모형이 아래와 같다. 정부지출(G)과 조세(T)를 똑같이 200에서 300으로 늘리면 균형국민소득은 얼마나 늘어나는가? (단, Y는 국민소득이다)

- 소비함수 : $C = 300 + 0.6(Y - T)$
- 투자함수 : $I = 200$
- 정부지출 : $G = 200$
- 조세 : $T = 200$
- 수출 : $EX = 400$
- 수입 : $IM = 100 + 0.1(Y - T)$

① 0

② 50

③ 100

④ 200

⑤ 250

29 수량방정식($MV = PY$)과 피셔효과가 성립하는 폐쇄경제에서 화폐유통속도(V)가 일정하고, 인플레이션율이 2%, 통화증가율이 5%, 명목이자율이 6%라고 할 때, 다음 중 옳은 것을 모두 고른 것은? (단, M은 통화량, P는 물가, Y는 실질소득이다)

ㄱ. 실질이자율은 4%이다.
ㄴ. 실질경제성장률은 4%이다.
ㄷ. 명목경제성장률은 5%이다.

① ㄱ

② ㄴ

③ ㄱ, ㄷ

④ ㄴ, ㄷ

⑤ ㄱ, ㄴ, ㄷ

30 경제성장이론에 관한 설명으로 옳은 것은?

① 내생적 성장이론(endogenous growth theory)에 따르면 저소득 국가는 고소득국가보다 빨리 성장하여 수렴현상이 발생한다.
② 내생적 성장이론에 따르면 균제상태의 경제성장률은 외생적 기술진보 증가율이다.
③ 솔로우 경제성장 모형에서 황금률은 경제성장률을 극대화하는 조건이다.
④ 솔로우 경제성장 모형에서 인구 증가율이 감소하면, 균제상태에서의 1인당 소득은 감소한다.
⑤ 솔로우 경제성장 모형에서 균제상태에 있으면, 총자본스톡 증가율과 인구 증가율이 같다.

31 甲국의 국민소득(Y)은 소비(C), 민간투자(I), 정부지출(G), 순수출(NX)의 합과 같다. 2016년과 같이 2017년에도 조세(T)와 정부지출의 차이($T-G$)는 음($-$)이었고 절대크기는 감소하였으며, 순수출은 양($+$)이었지만 절대크기는 감소하였다. 이로부터 유추할 수 있는 2017년의 상황으로 옳은 것을 모두 고른 것은?

> ㄱ. 국가채무는 2016년 말에 비해 감소하였다.
> ㄴ. 순대외채권은 2016년 말에 비해 감소하였다.
> ㄷ. 민간저축은 민간투자보다 더 많았다.
> ㄹ. 민간저축과 민간투자의 차이는 2016년보다 그 절대크기가 감소하였다.

① ㄱ, ㄴ   ② ㄱ, ㄷ
③ ㄴ, ㄷ   ④ ㄴ, ㄹ
⑤ ㄷ, ㄹ

32 甲국 통화당국의 손실함수와 필립스곡선이 다음과 같다. 인플레이션율에 대한 민간의 기대가 형성되었다. 이후, 통화당국이 손실을 최소화하기 위한 목표 인플레이션율은? (단, π, π^e, u, u_n은 각각 인플레이션율, 민간의 기대인플레이션율, 실업률, 자연실업률이고, 단위는 %이다)

> - 통화당국의 손실함수 : $L(\pi, u) = u + \dfrac{1}{2}\pi^2$
> - 필립스곡선 : $\pi = \pi^e - \dfrac{1}{2}(u - u_n)$

① 0%   ② 1%
③ 2%   ④ 3%
⑤ 4%

33 투자자 甲은 100으로 기업 A, B의 주식에만 (기업 A에 x, 기업 B에 $100-x$) 투자한다. 표는 기업 A의 신약 임상실험 성공여부에 따른 기업 A, B의 주식투자 수익률이다. 임상실험의 결과와 관계없이 동일한 수익을 얻을 수 있도록 하는 x는?

주식투자 수익률 기업 A의 임상실험 성공 여부	성공	실패
기업 A	30%	0%
기업 B	−10%	10%

① 20

② 25

③ 30

④ 40

⑤ 50

34 甲국은 자본이동이 완전히 자유로운 소규모 개방경제이다. 변동환율제도 하에서 甲국의 거시경제모형이 다음과 같을 때, 정책효과에 관한 설명으로 옳지 <u>않은</u> 것은? (단, Y, M, r, e, p, r^*, p^*는 각각 국민소득, 통화량, 이자율, 명목환율, 물가, 외국이자율, 외국물가이다)

- 소비함수 : $C = 1000 + 0.5(Y-T)$
- 투자함수 : $I = 1200 - 10000r$
- 순수출 : $NX = 1000 - 1000\epsilon$
- 조세 : $T = 1000$
- 정부지출 : $G = 2000$
- 실질환율 : $\epsilon = e\dfrac{p}{p^*}$
- 실질화폐수요 : $L^D = 40 - 1000r + 0.01Y$
- 실질화폐공급 : $L^S = \dfrac{M}{p}$
- $M = 5000$, $p = 100$, $p^* = 100$, $r^* = 0.02$

① 정부지출을 증가시켜도 균형소득은 변하지 않는다.

② 조세를 감면해도 균형소득은 변하지 않는다.

③ 통화공급을 증가시키면 균형소득은 증가한다.

④ 확장적 재정정책을 실시하면 e가 상승한다.

⑤ 확장적 통화정책을 실시하면 r이 하락한다.

35 모든 시장이 완전경쟁 상태인 경제에서 총생산함수는 $Y = AL^{2/3}K^{1/3}$이다. 매년 L, K, A가 각각 3%씩 증가하는 경제에 관한 설명으로 옳은 것을 모두 고른 것은? (단, Y는 국내총생산, L은 노동량, K는 자본량, A는 상수이다)

> ㄱ. 총생산함수는 규모 수익 불변이다.
> ㄴ. 노동소득분배율은 2/3이다.
> ㄷ. 경제성장률은 6%이다.

① ㄱ
② ㄴ
③ ㄱ, ㄴ
④ ㄴ, ㄷ
⑤ ㄱ, ㄴ, ㄷ

36 ( )에 들어갈 내용으로 옳은 것은?

> 위험자산에 대한 투자자의 무차별곡선을 그리고자 한다. 위험자산의 수익률 평균은 수직축, 수익률 표준편차는 수평축에 나타낼 때, 투자자의 무차별곡선 형태는 위험 기피적인 경우 (ㄱ)하고, 위험 애호적인 경우 (ㄴ)하며, 위험 중립적인 경우에는 (ㄷ)이다.

	ㄱ	ㄴ	ㄷ
①	우상향	우상향	수평
②	우상향	우하향	수평
③	우상향	우하향	수직
④	우하향	우상향	수평
⑤	우하향	우상향	수직

37 국제수지표의 금융계정(financial account)에 포함되는 거래가 <u>아닌</u> 것은?

① 한국 기업이 외국인 투자자에게 배당금을 지불한다.
② 한국 기업이 베트남 기업에 대해 50% 이상의 주식지분을 매입한다.
③ 외국 금융기관이 한국 국채를 매입한다.
④ 한국 금융기관이 외화자금을 차입한다.
⑤ 한국은행이 미국 재무성 채권을 매입한다.

38 총수요곡선이 오른쪽으로 이동하는 이유로 옳은 것을 모두 고른 것은?

ㄱ. 자율주행 자동차 개발지원 정책으로 투자지출이 증가한다.
ㄴ. 환율이 하락하여 국내 제품의 순수출이 감소한다.
ㄷ. 주식가격이 상승하여 실질자산가치와 소비지출이 증가한다.
ㄹ. 물가 하락하여 실질통화량이 늘어나 투자지출이 증가한다.

① ㄱ, ㄴ
② ㄱ, ㄷ
③ ㄴ, ㄷ
④ ㄴ, ㄹ
⑤ ㄷ, ㄹ

39 총수요-총공급 모형에서 일시적인 음(-)의 총공급 충격이 발생한 경우를 분석한 설명으로 옳지 <u>않은</u> 것은? (단, 총수요곡선은 우하향, 총공급곡선은 우상향한다)

① 확장적 통화정책은 국민소득을 감소시킨다.
② 스태그플레이션을 발생시킨다.
③ 단기 총공급곡선을 왼쪽으로 이동시킨다.
④ 통화정책으로 물가 하락과 국민소득 증가를 동시에 달성할 수 없다.
⑤ 재정정책으로 물가 하락과 국민소득 증가를 동시에 달성할 수 없다.

40 경기안정화 정책에 관한 설명으로 옳은 것은?

① 재정지출 증가로 이자율이 상승하지 않으면 구축효과는 크게 나타난다.
② 투자가 이자율에 비탄력적일수록 구축효과는 크게 나타난다.
③ 한계소비성향이 클수록 정부지출의 국민소득 증대효과는 작게 나타난다.
④ 소득이 증가할 때 수입재 수요가 크게 증가할수록 정부지출의 국민소득 증대효과는 크게 나타난다.
⑤ 소득세가 비례세보다는 정액세일 경우에 정부지출의 국민소득 증대효과는 크게 나타난다.

01 소득이 600인 소비자 甲은 X재와 Y재만을 소비하며 효용함수는 $U = x + y$이다. $P_X = 20$, $P_Y = 15$이던 두 재화의 가격이 $P_X = 20$, $P_Y = 25$로 변할 때 최적 소비에 관한 설명으로 옳은 것은? (단, x는 X재 소비량, y는 Y재 소비량이다)

① X재 소비를 30단위 증가시킨다.

② X재 소비를 40단위 증가시킨다.

③ Y재 소비를 30단위 증가시킨다.

④ Y재 소비를 40단위 증가시킨다.

⑤ Y재 소비를 30단위 감소시킨다.

02 비용에 관한 설명으로 옳은 것을 모두 고른 것은?

> ㄱ. 기회비용은 어떤 선택을 함에 따라 포기해야 하는 여러 대안들 중에 가치가 가장 큰 것이다.
> ㄴ. 생산이 증가할수록 기회비용이 체감하는 경우에는 두 재화의 생산가능곡선이 원점에 대해 볼록한 형태이다.
> ㄷ. 모든 고정비용은 매몰비용이다.
> ㄹ. 동일한 수입이 기대되는 경우, 기회비용이 가장 작은 대안을 선택하는 것이 합리적이다.

① ㄱ, ㄴ

② ㄱ, ㄹ

③ ㄴ, ㄷ

④ ㄱ, ㄴ, ㄹ

⑤ ㄴ, ㄷ, ㄹ

03 다음 중 옳은 것을 모두 고른 것은?

> ㄱ. 기펜재의 경우 수요법칙이 성립하지 않는다.
> ㄴ. 초과이윤이 0이면 정상이윤도 0이라는 것을 의미한다.
> ㄷ. 완전경쟁시장에서 기업의 단기공급곡선은 한계비용곡선에서 도출된다.
> ㄹ. 독점기업의 단기공급곡선은 평균비용곡선에서 도출된다.

① ㄱ, ㄴ   ② ㄱ, ㄷ

③ ㄱ, ㄹ   ④ ㄴ, ㄷ

⑤ ㄴ, ㄹ

04 완전경쟁시장에서 이윤극대화를 추구하는 기업들의 장기비용함수는 $C = 0.5q^2 + 8$로 모두 동일하다. 시장수요함수가 $Q_D = 1,000 - 10P$일 때, 장기균형에서 시장 참여기업의 수는? (단, C는 개별기업 총비용, q는 개별기업 생산량, Q_D는 시장 수요량, P는 가격을 나타낸다)

① 150   ② 210

③ 240   ④ 270

⑤ 300

05 동일한 콥–더글러스(Cobb–Douglas) 효용함수를 갖는 甲과 乙이 X재와 Y재를 소비한다. 다음 조건에 부합하는 설명으로 옳지 **않은** 것은?

> • 초기에 甲은 X재 10단위와 Y재 10단위를 가지고 있으며, 乙은 X재 10단위와 Y재 20단위를 가지고 있다.
> • 두 사람이 파레토(Pareto) 효율성이 달성되는 자원배분상태에 도달하는 교환을 한다.

① 교환 후 甲은 X재보다 Y재를 더 많이 소비하게 된다.

② 교환 후 甲은 X재와 Y재를 3 : 5의 비율로 소비하게 된다.

③ 교환 후 乙은 X재를 10단위 이상 소비하게 된다.

④ 교환 후 두 소비자가 각각 Y재를 15 단위씩 소비하는 경우는 발생하지 않는다.

⑤ 계약곡선(contract curve)은 직선의 형태를 갖는다.

06 사과수요의 가격탄력성은 1.4, 사과수요의 감귤 가격에 대한 교차탄력성은 0.9, 사과수요의 배 가격에 대한 교차탄력성은 −1.5, 사과수요의 소득탄력성은 1.2이다. 다음 설명 중 옳은 것을 모두 고른 것은? (단, 수요의 가격탄력성은 절대값으로 표시한다)

> ㄱ. 사과는 정상재이다.
> ㄴ. 사과는 배와 대체재이다.
> ㄷ. 사과는 감귤과 보완재이다.
> ㄹ. 다른 조건이 불변일 때 사과 가격이 상승하면 사과 판매자의 총수입은 감소한다.

① ㄱ, ㄴ   ② ㄱ, ㄷ

③ ㄱ, ㄹ   ④ ㄴ, ㄹ

⑤ ㄷ, ㄹ

07 주어진 소득으로 X재, Y재 두 재화만을 소비하는 甲의 효용함수가 $U = x^{1/3}y^{2/3}$일 때, 설명으로 옳지 <u>않은</u> 것은? (단, x는 X재 소비량, y는 Y재 소비량이며, 소득과 두 재화의 가격은 0보다 크다)

① X재는 정상재이다.

② Y재는 정상재이다.

③ 甲의 무차별곡선은 원점에 대해 볼록하다.

④ 두 재화의 가격비율에 따라 어느 한 재화만 소비하는 결정이 甲에게 최적이다.

⑤ 두 재화의 가격이 동일하다면 Y재를 X재보다 많이 소비하는 것이 항상 甲에게 최적이다.

08 영화관 A의 티켓에 대한 수요함수가 $Q = 160 - 2P$일 때, A의 판매수입이 극대화되는 티켓 가격은? (단, P는 가격, Q는 수량이다)

① 0   ② 10

③ 20   ④ 40

⑤ 80

09 가격경쟁(price competition)을 하는 두 기업의 한계비용은 각각 0이다. 각 기업의 수요함수가 다음과 같을 때, 베르뜨랑(Bertrand) 균형가격 P_1, P_2는? (단, Q_1은 기업 1의 생산량, Q_2는 기업 2의 생산량, P_1은 기업 1의 상품가격, P_2는 기업 2의 상품가격이고, 기업 1과 기업 2는 차별화된 상품을 생산한다)

- $Q_1 = 30 - P_1 + P_2$
- $Q_2 = 30 - P_2 + P_1$

① 20, 20 ② 20, 30
③ 30, 20 ④ 30, 30
⑤ 40, 40

10 어느 마을에 주민들이 염소를 방목할 수 있는 공동의 목초지가 있다. 염소를 방목하여 기를 때 얻는 총수입은 $R = 10(20X - X^2)$이고, 염소 한 마리에 소요되는 비용은 20이다. 만약 개별 주민들이 아무런 제한 없이 각자 염소를 목초지에 방목하면 마을 주민들은 총 X_1마리를, 마을 주민들이 마을 전체의 이윤을 극대화하고자 한다면 총 X_2마리를 방목할 것이다. X_1과 X_2는? (단, X는 염소의 마리수이다)

① 12, 9 ② 12, 16
③ 16, 12 ④ 18, 9
⑤ 18, 12

11 노동의 시장수요함수와 시장공급함수가 다음과 같을 때 균형에서 경제적 지대(economic rent)와 전용수입(transfer earnings)은? (단, L은 노동량, w는 임금이다)

- (시장수요함수) $L_D = 24 - 2w$
- (시장공급함수) $L_S = -4 + 2w$

① 0, 70 ② 25, 45
③ 35, 35 ④ 45, 25
⑤ 70, 0

12 다음 (   )안에 들어갈 내용으로 알맞은 것은?

> 관상용 나무재배는 공기를 정화하는 긍정적 외부효과(externality)를 발생시킨다. 나무재배 시 사회적 효용은 사적 효용보다(과) (ㄱ), 사회적 최적재배량은 사적 균형 재배량보다(과) (ㄴ).

	ㄱ	ㄴ
①	크며	많다
②	크며	적다
③	작으며	많다
④	작으며	적다
⑤	동일하고	동일하다

13 복점(duopoly)시장에서 기업 A와 B는 각각 1, 2, 3의 생산량 결정 전략을 갖고 있다. 성과보수행렬(payoff matrix)이 다음과 같을 때 내쉬균형은? (단, 게임은 일회성이며, 보수행렬 내 괄호 안 왼쪽은 A, 오른쪽은 B의 보수이다)

		기업 B		
		전략 1	전략 2	전략 3
기업 A	전략 1	(7, 7)	(5, 8)	(4, 9)
	전략 2	(8, 5)	(6, 6)	(3, 4)
	전략 3	(9, 4)	(4, 3)	(0, 0)

① (7, 7), (6, 6), (0, 0)

② (7, 7), (5, 8), (9, 4)

③ (8, 5), (6, 6), (3, 4)

④ (9, 4), (5, 8), (0, 0)

⑤ (9, 4), (6, 6), (4, 9)

14 독점기업의 이윤극대화에 관한 설명으로 옳지 <u>않은</u> 것은? (단, 수요곡선은 우하향하고 생산량은 양(+) 이고, 가격차별은 없다)

① 이윤극대화 가격은 한계비용보다 높다.

② 양(+)의 경제적 이윤을 획득할 수 없는 경우도 있다.

③ 현재 생산량에서 한계수입이 한계비용보다 높은 상태라면 이윤극대화를 위하여 가격을 인상하여야 한다.

④ 이윤극대화 가격은 독점 균형거래량에서의 평균수입과 같다.

⑤ 이윤극대화는 한계비용과 한계수입이 일치하는 생산수준에서 이루어진다.

15 온실가스 배출량(Q)을 저감하기 위한 한계저감비용은 $40 - 2Q$이고, 온실가스배출로 유발되는 한계피해 비용은 $3Q$이다. 최적의 온실가스 배출량과 한계저감비용은?

① 8, 24

② 9, 27

③ 10, 30

④ 11, 33

⑤ 12, 36

16 사적재화 X재의 개별수요함수가 $P = 7 - q$인 소비자가 10명이 있고, 개별공급함수가 $P = 2 + q$인 공급자가 15명 있다. X재 생산의 기술진보 이후 모든 공급자의 단위당 생산비가 1만큼 하락하는 경우, 새로운 시장균형가격 및 시장균형거래량은? (단, P는 가격, q는 수량이다)

① 3.4, 36

② 3.8, 38

③ 4.0, 40

④ 4.5, 42

⑤ 5.0, 45

17 X재에 부과되던 물품세가 단위당 t에서 $2t$로 증가하였다. X재에 대한 수요곡선은 우하향하는 직선이며, 공급곡선은 수평일 때 설명으로 옳은 것은?

① 조세수입이 2배 증가한다.

② 조세수입이 2배보다 더 증가한다.

③ 자중손실(deadweight loss)의 크기가 2배 증가한다.

④ 자중손실의 크기가 2배보다 더 증가한다.

⑤ 새로운 균형에서 수요의 가격탄력성은 작아진다.

18 정보의 비대칭성에 관한 설명으로 옳지 <u>않은</u> 것은?

① 사고가 발생할 가능성이 높은 사람일수록 보험에 가입할 가능성이 크다는 것은 역선택(adverse selection)에 해당한다.

② 화재보험 가입자가 화재예방 노력을 게을리 할 가능성이 크다는 것은 도덕적 해이(moral hazard)에 해당한다.

③ 통합균형(pooling equilibrium)에서는 서로 다른 선호체계를 갖고 있는 경제주체들이 동일한 전략을 선택한다.

④ 선별(screening)은 정보를 보유하지 못한 측이 역선택 문제를 해결하기 위해 사용할 수 있는 방법이다.

⑤ 항공사가 서로 다른 유형의 소비자에게 각각 다른 요금을 부과하는 행위는 신호발송(signaling)에 해당한다.

19 완전경쟁시장에서 개별 기업의 단기 총비용곡선이 $STC = a + \dfrac{q^2}{100}$ 일 때 단기공급곡선 q_s는? (단, a는 고정자본비용, q는 수량, p는 가격이다)

① $q_s = 50p$

② $q_s = 60p$

③ $q_s = 200p$

④ $q_s = 300p$

⑤ $q_s = 400p$

20 X재와 Y재 소비에 대한 乙의 효용함수는 $U = 12x + 10y$이고, 소득은 1,500이다. X재의 가격이 15일 때 乙은 효용극대화를 위해 X재만 소비한다. 만약 乙이 Y재를 공동구매하는 클럽에 가입하면 Y재를 단위당 10에 구매할 수 있다. 乙이 클럽에 가입하기 위해 지불할 용의가 있는 최대금액은? (단, x는 X재 소비량, y는 Y재 소비량이다)

① 120

② 200

③ 300

④ 400

⑤ 600

21 실업에 관한 설명으로 옳지 <u>않은</u> 것은?

① 일자리를 가지고 있지 않으나 취업할 의사가 없는 사람은 경제활동인구에 포함되지 않는다.

② 실업이란 사람들이 일할 능력과 의사를 가지고 일자리를 찾고 있으나 일자리를 얻지 못한 상태를 말한다.

③ 자연실업률은 구조적 실업만이 존재하는 실업률이다.

④ 실업자가 구직을 단념하여 비경제활동인구로 전환되면 실업률이 감소한다.

⑤ 경기변동 때문에 발생하는 실업은 경기적(cyclical) 실업이다.

22 경기변동이론에 관한 설명으로 옳은 것은?

① 실물경기변동이론(real business cycle theory)은 통화량 변동 정책이 장기적으로 실질 국민소득에 영향을 준다고 주장한다.

② 실물경기변동이론은 단기에는 임금이 경직적이라고 전제한다.

③ 가격의 비동조성(staggered pricing)이론은 새고전학파(New Classical) 경기변동이론에 포함된다.

④ 새케인즈학파(New Keynesian) 경기변동이론은 기술충격과 같은 공급충격이 경기변동의 근본 원인이라고 주장한다.

⑤ 실물경기변동이론에 따르면 불경기에도 가계는 기간별 소비선택의 최적조건에 따라 소비를 결정한다.

23 고정환율제인 먼델-플레밍 모형에서 해외이자율이 상승할 경우, 자국에 나타나는 경제변화에 관한 설명으로 옳은 것은? (단, 자국은 자본이동이 완전히 자유로운 소규모 개방경제국이다)

① 환율은 불변이고, 생산량은 감소한다.
② 환율은 불변이고, 무역수지는 증가한다.
③ 환율은 불변이고, 국내투자수요가 증가한다.
④ 환율에 대한 하락압력으로 통화량이 증가한다.
⑤ 국내이지율이 하락함에 따라 국내투자수요가 증가한다.

24 기술진보가 없는 솔로우(Solow)의 경제성장모형에서 1인당 생산함수는 $y = k^{0.2}$, 저축률은 0.4, 자본의 감가상각률은 0.15, 인구증가율은 0.05이다. 현재 경제가 균제상태(steady state)일 때 다음 중 옳은 것을 모두 고른 것은? (단, y는 1인당 생산량, k는 1인당 자본량이다)

> ㄱ. 현재 균제상태의 1인당 자본량은 황금률 수준(golden rule level)의 1인당 자본량보다 작다.
> ㄴ. 황금률을 달성시키는 저축률은 0.2이다.
> ㄷ. 인구증가율이 증가하면 황금률 수준의 1인당 자본량도 증가한다.
> ㄹ. 감가상각률이 증가하면 황금률 수준의 1인당 자본량은 감소한다.

① ㄱ, ㄴ   ② ㄱ, ㄷ
③ ㄴ, ㄹ   ④ ㄱ, ㄴ, ㄹ
⑤ ㄴ, ㄷ, ㄹ

25 모든 시장이 완전경쟁적인 甲국의 총생산함수는 $Y = AL^\alpha K^{1-\alpha}$이다. 甲국 경제에 관한 설명으로 옳은 것은? (단, Y는 총생산량, L은 노동투입량, K는 자본투입량, A는 총요소생산성이고, $A > 0$, $0 < \alpha < 1$, 생산물 가격은 1이다)

① 총생산량이 100이고 $\alpha = 0.7$일 때, 자본에 귀속되는 자본소득은 70이다.
② A가 불변이고 $\alpha = 0.7$일 때, 노동투입량이 3% 증가하고 자본투입량이 5% 증가하면 총생산량은 3% 증가한다.
③ $A = 3$일 때 노동과 자본의 투입량이 2%로 동일하게 증가하면 총생산량은 2%로 증가한다.
④ 노동의 투입량이 5% 증가할 때 자본의 투입량도 5% 증가된다면, 노동의 한계생산물은 변한다.
⑤ A가 1% 증가하고 노동과 자본의 투입량이 모두 동일하게 2% 증가할 때, α가 0.5보다 크다면 총생산량의 증가율은 5%이다.

26 통화량 변동에 관한 설명으로 옳지 <u>않은</u> 것은?

① 법정지급준비율의 변동은 본원통화량을 변화시키지 않는다.

② 중앙은행이 통화안정증권을 발행하여 시장에 매각하면 통화량이 감소한다.

③ 중앙은행이 시중은행으로부터 채권을 매입하면 통화량이 감소한다.

④ 은행의 법정지급준비율을 100%로 규제한다면 본원통화량과 통화량은 동일하다.

⑤ 정부의 중앙은행차입이 증가하면 통화량은 증가한다.

27 효율성 임금(efficiency wage) 이론에 따르면 기업은 노동자에게 균형임금보다 높은 수준의 임금을 지급한다. 옳은 것을 모두 고른 것은?

> ㄱ. 노동자의 생산성을 높일 수 있다.
> ㄴ. 노동자의 근무태만이 늘어난다.
> ㄷ. 노동자의 이직률을 낮출 수 있다.

① ㄷ   ② ㄱ, ㄴ

③ ㄱ, ㄷ   ④ ㄴ, ㄷ

⑤ ㄱ, ㄴ, ㄷ

28 신고전학파(Neoclassical) 투자이론에 관한 설명으로 옳지 <u>않은</u> 것은? (단, 모든 단위는 실질 단위이며 자본비용은 자본 한 단위당 비용이다)

① 자본량이 증가하면 자본의 한계생산물은 감소한다.

② 감가상각률이 증가하면 자본비용도 증가한다.

③ 자본량이 균제상태(steady state) 수준에 도달되면 자본의 한계생산물은 자본비용과 일치한다.

④ 자본의 한계생산물이 자본비용보다 크다면 기업은 자본량을 증가시킨다.

⑤ 실질이자율이 상승하면 자본비용은 감소한다.

29 인플레이션에 관한 설명으로 옳지 <u>않은</u> 것은?

① 프리드만(M. Friedman)에 따르면 인플레이션은 언제나 화폐적 현상이다.

② 정부가 화폐공급을 통해 얻게 되는 추가적인 재정수입이 토빈세(Tobin tax)이다.

③ 비용상승 인플레이션은 총수요관리를 통한 단기 경기안정화정책을 어렵게 만든다.

④ 예상하지 못한 인플레이션은 채권자에서 채무자에게로 소득재분배를 야기한다.

⑤ 인플레이션이 예상되는 경우에도 메뉴비용(menu cost)이 발생할 수 있다.

30 화폐수요함수는 $\dfrac{M^d}{P} = \dfrac{Y}{5i}$ 이다. 다음 중 옳은 것을 모두 고른 것은? (단, $\dfrac{M^d}{P}$ 는 실질화폐잔고, i 는 명목이자율, Y 는 실질생산량, P 는 물가이다)

> ㄱ. 명목이자율이 일정하면, 실질생산량이 k% 증가할 경우 실질화폐잔고도 k% 증가한다.
>
> ㄴ. 화폐유통속도는 $\dfrac{5i}{Y}$ 이다.
>
> ㄷ. 명목이자율이 일정하면 화폐유통속도는 일정하다.
>
> ㄹ. 실질생산량이 증가하면 화폐유통속도는 감소한다.

① ㄱ, ㄴ   ② ㄱ, ㄷ

③ ㄴ, ㄷ   ④ ㄴ, ㄹ

⑤ ㄷ, ㄹ

31 다음 폐쇄경제 $IS-LM$모형에서 경제는 균형을 이루고 있고, 현재 명목화폐공급량(M)은 2이다. 중앙은행은 확장적 통화정책을 실시하여 현재보다 균형이자율을 0.5만큼 낮추고, 균형국민소득을 증가시키고자 한다. 이를 위한 명목화폐공급량의 증가분(ΔM)은? (단, Y 는 국민소득, r 은 이자율, M^d 는 명목화폐수요량, P 는 물가이고 1로 불변이다)

> • IS곡선 : $r = 4 - 0.05Y$
>
> • 실질화폐수요함수 : $\dfrac{M^d}{P} = 0.15Y - r$

① 0.5   ② 2

③ 2.5   ④ 3

⑤ 4

32 각 나라의 빅맥 가격과 현재 시장환율이 다음 표와 같다. 빅맥 가격을 기준으로 구매력평가설이 성립할 때, 다음 중 자국 통화가 가장 고평가(overvalued)되어 있는 나라는?

구분	빅맥 가격	현재 시장환율
미국	3달러	–
영국	2파운드	1파운드=2달러
한국	3,000원	1달러=1,100원
인도네시아	20,000루피아	1달러=8,000루피아
멕시코	400페소	1달러=120페소

① 미국

③ 한국

⑤ 멕시코

② 영국

④ 인도네시아

33 국민소득 항등식을 기초로 하여 경상수지가 개선되는 경우로 옳은 것을 모두 고른 것은?

> ㄱ. 민간소비 증가
> ㄴ. 민간저축 증가
> ㄷ. 민간투자 감소
> ㄹ. 재정적자 감소

① ㄱ, ㄴ

③ ㄴ, ㄹ

⑤ ㄴ, ㄷ, ㄹ

② ㄴ, ㄷ

④ ㄱ, ㄷ, ㄹ

34 소비자물가지수를 구성하는 소비지출 구성이 다음과 같다. 전년도에 비해 올해 식료품비가 10%, 교육비가 10%, 주거비가 5% 상승하였고 나머지 품목에는 변화가 없다면 소비자물가지수 상승률은?

> • 식료품비 : 40%
> • 교육비 : 20%
> • 교통비 및 통신비 : 10%
> • 주거비 : 20%
> • 기타 : 10%

① 5%

③ 9%

⑤ 12.5%

② 7%

④ 10%

35 필립스(Phillips)곡선에 관한 설명으로 옳은 것은?

① 필립스(A. W. Phillips)는 적응적 기대 가설을 이용하여 최초로 영국의 실업률과 인플레이션 간의 관계가 수직임을 그래프로 보였다.

② 1970년대 석유파동 때 미국의 단기 필립스곡선은 왼쪽으로 이동되었다.

③ 단기 총공급곡선이 가파를수록 단기 필립스곡선은 가파른 모양을 가진다.

④ 프리드먼(M. Friedman)과 펠프스(E. Phelps)에 따르면 실업률과 인플레이션 간에는 장기 상충(trade-off)관계가 존재한다.

⑤ 자연실업률가설은 장기 필립스곡선이 우상향함을 설명한다.

36 총수요-총공급 모형의 단기 균형 분석에 관한 설명으로 옳은 것은? (단, 총수요곡선은 우하향하고, 총공급곡선은 우상향한다)

① 물가수준이 하락하면 총수요곡선이 오른쪽으로 이동하여 총생산은 증가된다.

② 단기적인 경기변동이 총수요충격으로 발생되면 물가수준은 경기역행적(countercyclical)으로 변동한다.

③ 정부지출이 증가하면 총공급곡선이 오른쪽으로 이동하여 총생산은 증가한다.

④ 에너지가격의 상승과 같은 음(-)의 공급충격은 총공급곡선을 오른쪽으로 이동시켜 총생산은 감소된다.

⑤ 중앙은행이 민간 보유 국채를 대량 매입하면 총수요곡선이 오른쪽으로 이동하여 총생산은 증가한다.

37 단기 총공급곡선에 관한 설명으로 옳은 것은?

① 케인즈(J. M. Keynes)에 따르면 명목임금이 고정되어 있는 단기에서 물가가 상승하면 고용량이 증가하여 생산량이 증가한다.

② 가격경직성 모형(sticky-price model)에서 물가수준이 기대 물가수준보다 낮다면 생산량은 자연산출량 수준보다 높다.

③ 가격경직성 모형은 기업들이 가격수용자라고 전제한다.

④ 불완전정보 모형(imperfect information model)은 가격에 대한 불완전한 정보로 인하여 시장은 불균형을 이룬다고 가정한다.

⑤ 불완전정보 모형에서 기대 물가수준이 상승하면 단기 총공급곡선은 오른쪽으로 이동된다.

38 원/달러 환율의 하락(원화 강세)을 야기하는 요인으로 옳은 것은?

① 재미교포의 국내송금 감소
② 미국인의 국내주식에 대한 투자 증가
③ 미국산 수입품에 대한 국내수요 증가
④ 미국 기준금리 상승
⑤ 미국인 관광객의 국내 유입 감소로 인한 관광수입 감소

39 리카디언 등가정리(Ricardian equivalence theorem)가 성립할 경우 옳은 설명을 모두 고른 것은?

ㄱ. 현재소비는 기대되는 미래소득과 현재소득을 모두 포함한 평생소득(lifetime income)에 의존한다.
ㄴ. 소비자는 현재 차입제약 상태에 있다.
ㄷ. 다른 조건이 일정할 때, 공채발행을 통한 조세삭감은 소비에 영향을 줄 수 없다.
ㄹ. 정부지출 확대정책은 어떠한 경우에도 경제에 영향을 줄 수 없다.

① ㄱ, ㄷ
② ㄱ, ㄹ
③ ㄴ, ㄷ
④ ㄱ, ㄷ, ㄹ
⑤ ㄴ, ㄷ, ㄹ

40 폐쇄경제인 A국에서 화폐수량설과 피셔방정식(Fisher equation)이 성립한다. 화폐유통속도가 일정하고, 실질 경제성장률이 2%, 명목이자율이 5%, 실질이자율이 3%인 경우 통화증가율은?

① 1%
② 2%
③ 3%
④ 4%
⑤ 5%

08 2016년 제27회 기출문제

01 X재의 시장수요함수와 시장공급함수가 각각 $Q_D = 3,600 - 20P$, $Q_S = 300$ 이다. 정부가 X재 한 단위당 100원의 세금을 소비자에게 부과할 때 자중손실(deadweight loss)은? (단, Q_D는 수요량, Q_S는 공급량, P는 가격이다)

① 0원

② 10,000원

③ 20,000원

④ 30,000원

⑤ 40,000원

02 소비자 甲은 담배 가격의 변화에 관계없이 담배 구매에 일정한 금액을 지출한다. 甲의 담배에 대한 수요의 가격탄력성 e는? (단, 담배에 대한 수요의 법칙이 성립하고, 수요의 가격탄력성 e는 절대값으로 표시한다)

① $e = 0$

② $0 < e < 1$

③ $e = 1$

④ $1 < e < \infty$

⑤ $e = \infty$

03 X재 시장에 소비자는 甲과 乙만이 존재하고, X재에 대한 甲과 乙의 개별 수요함수가 각각 $Q_D = 10 - 2P$, $Q_D = 15 - 3P$이다. X재의 가격이 2.5일 때, 시장 수요의 가격탄력성은? (단, Q_D는 수요량, P는 가격이고, 수요의 가격탄력성은 절대값으로 표시한다)

① 0.5

② 0.75

③ 1

④ 1.25

⑤ 1.5

04 현재 소비자 甲은 주어진 소득 3,000원을 모두 사용하여 가격이 60원인 X재 20단위와 가격이 100원인 Y재 18단위를 소비하려고 한다. 이 때 X재와 Y재의 한계효용이 각각 20으로 동일하다면 효용극대화를 위한 甲의 선택으로 옳은 것은? (단, 소비자 甲의 X재와 Y재에 대한 무차별곡선은 우하향하고 원점에 대하여 볼록하다)

① 현재 계획하고 있는 소비조합을 선택한다.

② X재 18단위와 Y재 18단위를 소비한다.

③ X재 20단위와 Y재 20단위를 소비한다.

④ X재의 소비량은 감소시키고 Y재의 소비량은 증가시켜야 한다.

⑤ X재의 소비량은 증가시키고 Y재의 소비량은 감소시켜야 한다.

05 甲의 효용함수는 $U(x,\ y)=xy$이고, X재와 Y재의 가격이 각각 2,000원과 8,000원이며, 소득은 100,000원이다. 예산제약 하에서 甲의 효용이 극대화되는 소비점에서 한계대체율($MRS_{XY}=-\Delta Y/\Delta X$)은? (단, 甲은 X재와 Y재만 소비하고, x는 X재의 소비량, y는 Y재의 소비량이다)

① 0.25

② 0.5

③ 0.75

④ 2.0

⑤ 2.5

06 X재의 생산과정에서 양(+)의 외부효과가 발생할 때 균형산출량 수준에서 옳은 것은? (단, X재 시장은 완전경쟁시장이고, X재에 대한 수요의 법칙과 공급의 법칙이 성립하며, 정부의 개입은 없다고 가정한다. P는 X재의 가격, PMC는 X재의 사적 한계비용, SMC는 X재의 사회적 한계비용이다)

① $P = SMC = PMC$

② $P = PMC > SMC$

③ $P = PMC < SMC$

④ $P = SMC < PMC$

⑤ $PMC < SMC < P$

07 소비자 이론에 관한 설명으로 옳은 것은? (단, 소비자는 X재와 Y재만 소비한다)

① 소비자의 효용함수가 $U=2XY$일 때, 한계대체율은 체감한다.
② 소비자의 효용함수가 $U=\sqrt{XY}$일 때, X재의 한계효용은 체증한다.
③ 소비자의 효용함수가 $U=\min(X,\ Y)$일 때, 수요의 교차탄력성은 0이다.
④ 소비자의 효용함수가 $U=\min(X,\ Y)$일 때, 소득소비곡선의 기울기는 음($-$)이다.
⑤ 소비자의 효용함수가 $U=X+Y$일 때, X재의 가격이 Y재의 가격보다 크더라도 X재와 Y재를 동일 비율로 소비한다.

08 甲기업의 단기 총비용함수가 $C=25+5Q$일 때, 甲기업의 단기 비용에 관한 설명으로 옳은 것은? (단, Q는 양($+$)의 생산량이다)

① 모든 생산량 수준에서 평균 가변비용과 한계비용은 같다.
② 모든 생산량 수준에서 평균 고정비용은 일정하다.
③ 생산량이 증가함에 따라 한계비용은 증가한다.
④ 평균비용 곡선은 U자 형태이다.
⑤ 생산량이 일정 수준 이상에서 한계비용이 평균비용을 초과한다.

09 독점적 경쟁시장의 특성에 해당하는 것을 모두 고른 것은? (단, 독점적 경쟁시장의 개별 기업은 이윤극대화를 추구한다)

> ㄱ. 개별 기업은 한계수입이 한계비용보다 높은 수준에서 산출량을 결정한다.
> ㄴ. 개별 기업은 한계수입이 가격보다 낮은 수준에서 산출량을 결정한다.
> ㄷ. 개별 기업이 직면하는 수요곡선은 우하향한다.
> ㄹ. 개별 기업의 장기적 이윤은 0이다.

① ㄱ, ㄴ
② ㄱ, ㄷ
③ ㄷ, ㄹ
④ ㄱ, ㄴ, ㄹ
⑤ ㄴ, ㄷ, ㄹ

10 독점기업 甲은 두 시장 A, B에서 X재를 판매하고 있다. 생산에 있어서 甲의 한계비용은 0이다. 甲이 A, B에서 직면하는 수요함수는 각각 $Q_A = a_1 - b_1 P_A$, $Q_B = a_2 - b_2 P_B$이고, 甲이 각 시장에서 이윤극대화를 한 결과 두 시장의 가격이 같아지게 되는 $(a_1, \ b_1, \ a_2, \ b_2)$의 조건으로 옳은 것은? (단, $a_1, \ b_1, \ a_2, \ b_2$는 모두 양(+)의 상수이고, Q_A, Q_B는 각 시장에서 팔린 X재의 판매량이며, P_A, P_B는 각 시장에서 X재의 가격이다)

① $a_1 a_2 = b_1 b_2$

② $a_1 b_1 = a_2 b_2$

③ $a_1 b_2 = a_2 b_1$

④ $a_1 + b_1 = a_2 + b_2$

⑤ $a_1 + b_2 = a_2 + b_1$

11 기펜재(Giffen goods)의 수요에 관한 설명으로 옳은 것을 모두 고른 것은?

> ㄱ. 가격이 하락할 때 수요량은 증가한다.
> ㄴ. 보상수요곡선은 우하향한다.
> ㄷ. 수요의 소득탄력성은 0보다 작다.

① ㄱ

② ㄴ

③ ㄱ, ㄷ

④ ㄴ, ㄷ

⑤ ㄱ, ㄴ, ㄷ

12 독점기업 甲이 직면하고 있는 수요곡선은 $Q_D = 100 - 2P$이다. 甲이 가격을 30으로 책정할 때 한계수입은? (단, Q_D는 수요량, P는 가격이다)

① −20

② 0

③ 10

④ 40

⑤ 1,200

13 완전경쟁시장에서 이윤을 극대화하는 개별기업의 장기비용함수가 $C = Q^3 - 4Q^2 + 8Q$이다. 완전경쟁시장의 장기균형가격(P)과 개별기업의 장기균형생산량(Q)은? (단, 모든 개별기업의 장기비용함수는 동일하다)

① $P=1$, $Q=1$

② $P=1$, $Q=2$

③ $P=2$, $Q=4$

④ $P=4$, $Q=2$

⑤ $P=4$, $Q=4$

14 이윤극대화를 추구하는 독점기업과 완전경쟁기업의 차이점에 관한 설명으로 옳지 <u>않은</u> 것은?

① 독점기업의 한계수입은 가격보다 낮은 반면, 완전경쟁기업의 한계수입은 시장가격과 같다.

② 독점기업의 한계수입곡선은 우상향하는 반면, 완전경쟁기업의 한계수입곡선은 우하향한다.

③ 독점기업이 직면하는 수요곡선은 우하향하는 반면, 완전경쟁기업이 직면하는 수요곡선은 수평이다.

④ 단기균형에서 독점기업은 가격이 한계비용보다 높은 점에서 생산하는 반면, 완전경쟁기업은 시장가격과 한계비용이 같은 점에서 생산한다.

⑤ 장기균형에서 독점기업은 경제적 이윤을 얻을 수 있는 반면, 완전경쟁기업은 경제적 이윤을 얻을 수 없다.

15 X재 생산에 대한 현재의 노동투입 수준에서 노동의 한계생산은 15, 평균생산은 17, X재의 시장 가격은 20일 경우, 노동의 한계생산물가치(VMP_L)는? (단, 상품시장과 생산요소시장은 모두 완전경쟁시장이다)

① 200

② 255

③ 300

④ 340

⑤ 400

16 다음은 A국과 B국의 교역관계에 대한 보수행렬(payoff matrix)이다. 이에 관한 설명으로 옳은 것은? (단, 보수쌍에서 왼쪽은 A국의 보수이고, 오른쪽은 B국의 보수이다)

① 내쉬균형은 2개이다.
② 내쉬균형에 해당하는 보수쌍은 (200, 200)이다.
③ 우월전략균형에 해당하는 보수쌍은 (100, 300)이다.
④ A국의 우월전략은 고관세이다.
⑤ B국의 우월전략은 저관세이다.

17 甲기업의 공급함수는 $Q = 100 + 2P$이다. $P > 0$일 때 甲의 공급에 대한 가격탄력성 e는? (단, P는 가격, Q는 수량이다)

① $e = 0$
② $0 < e < 1$
③ $e = 1$
④ $1 < e < 2$
⑤ $e = 2$

18 甲은 X재와 Y재 두 재화를 1 : 1 비율로 묶어서 소비한다. X재의 가격과 수요량을 각각 P_X와 Q_X라 한다. 소득이 1,000이고 Y재의 가격이 10일 때 甲의 X재 수요함수로 옳은 것은? (단, 소비자는 효용을 극대화하고 소득을 X재와 Y재 소비에 모두 지출한다)

① $Q_X = 1,000 / (10 + P_X)$
② $Q_X = 990 - P_X$
③ $Q_X = 500 - P_X$
④ $Q_X = 1,000 - P_X$
⑤ $Q_X = 500 / P_X$

19 소득분배가 완전히 균등한 경우를 모두 고른 것은?

> ㄱ. 로렌츠곡선이 대각선이다.
> ㄴ. 지니계수가 0이다.
> ㄷ. 십분위분배율이 2이다.

① ㄱ

② ㄴ

③ ㄱ, ㄷ

④ ㄴ, ㄷ

⑤ ㄱ, ㄴ, ㄷ

20 시장수요함수가 $Q = 100 - P$인 경우, 비용함수가 $C = Q^2$인 독점기업의 이윤극대화 가격은? (단, P는 가격, Q는 수량이다)

① 0

② 25

③ 50

④ 75

⑤ 100

21 실질이자율이 가장 높은 것은?

① 명목이자율=1%, 물가상승률=1%

② 명목이자율=1%, 물가상승률=−10%

③ 명목이자율=5%, 물가상승률=1%

④ 명목이자율=10%, 물가상승률=1%

⑤ 명목이자율=10%, 물가상승률=10%

22 한국의 경상수지에 기록되지 <u>않는</u> 항목은?

① 한국에서 생산된 쌀의 해외 수출

② 중국인의 한국 내 관광 지출

③ 한국의 해외 빈국에 대한 원조

④ 한국 노동자의 해외 근로소득 국내 송금

⑤ 한국인의 해외 주식 취득

23 B국의 명목 GDP는 2013년 1,000억 달러에서 2014년 3,000억 달러로 증가했다. B국의 GDP 디플레이터가 2013년 100에서 2014년 200으로 상승했다면 B국의 2013년 대비 2014년 실질 GDP 증가율은 얼마인가?

① 5% ② 10%

③ 25% ④ 50%

⑤ 100%

24 B국의 총생산함수는 $Y = AK^{1/4}L^{3/4}$ 이다. 2015년 B국의 총생산 증가율이 4%, 총요소생산성 증가율이 2%, 노동량 증가율이 1%일 경우 성장회계에 따른 2015년 자본량 증가율은? (단, Y는 총생산, A는 총요소생산성, K는 자본량, L은 노동량이다)

① 1% ② 2%

③ 2.5% ④ 4%

⑤ 5%

25 A국의 거시경제모형이 다음과 같을 때, 총수요곡선으로 옳은 것은?

- 민간소비 : $C = 2 + 0.5Y$
- 투자 : $I = 2 - r$
- 정부지출 : $G = 3$
- 실질화폐수요 : $\dfrac{M^D}{P} = 4 + 0.5Y - r$
- 명목화폐공급 : $M^S = 3$
  (단, r은 이자율, Y는 국민소득, P는 물가수준이고, $Y > 3$이다)

① $Y = 1 + \dfrac{1}{P}$ ② $Y = 2 + \dfrac{2}{P}$

③ $Y = 3 + \dfrac{3}{P}$ ④ $Y = 4 + \dfrac{4}{P}$

⑤ $Y = 5 + \dfrac{5}{P}$

26 A국의 생산가능인구는 500만 명, 취업자 수는 285만 명, 실업률이 5%일 때, A국의 경제활동참가율은?

① 48%   ② 50%

③ 57%   ④ 60%

⑤ 65%

27 폐쇄경제인 A국의 국민소득(Y)이 5,000이고 정부지출(G)이 1,000이며 소비(C)와 투자(I)가 각각 $C = 3,000 - 50r$, $I = 2,000 - 150r$과 같이 이자율(r)의 함수로 주어진다고 할 때, 균형 상태에서의 총저축은? (단, 총저축은 민간저축과 정부저축의 합이다)

① 1,000   ② 1,250

③ 1,500   ④ 2,250

⑤ 2,500

28 폐쇄경제인 B국의 총생산함수가 $Y = AK^a L^{1-a}$이다. 전염병으로 인하여 L이 갑자기 감소함으로써 발생하는 변화에 관한 설명으로 옳은 것을 모두 고른 것은? (단, A와 K는 일정하며, Y는 총생산, a는 0과 1 사이의 상수값, A는 총요소생산성, K는 자본량, L은 노동량으로 인구와 같다)

> ㄱ. 총생산은 증가할 것이다.
> ㄴ. 1인당 생산은 증가할 것이다.
> ㄷ. 자본의 한계생산은 증가할 것이다.
> ㄹ. 노동의 한계생산은 증가할 것이다.

① ㄱ, ㄴ   ② ㄱ, ㄷ

③ ㄴ, ㄷ   ④ ㄴ, ㄹ

⑤ ㄷ, ㄹ

29 A국의 총생산함수가 $Y = K^{1/2}L^{1/2}$이다. 이에 관한 설명으로 옳은 것을 모두 고른 것은? (단, Y는 국민소득, K는 자본량, L은 노동량으로 인구와 같다)

> ㄱ. 총생산함수는 규모에 따른 수익불변의 성질을 가진다.
> ㄴ. 1인당 자본량이 증가하면 1인당 국민소득은 증가한다.
> ㄷ. 자본량이 일정할 때, 인구가 증가하면 1인당 국민소득은 감소한다.

① ㄱ
② ㄴ
③ ㄱ, ㄷ
④ ㄴ, ㄷ
⑤ ㄱ, ㄴ, ㄷ

30 개방경제인 A국의 $GDP(Y)$는 100, 소비(C)는 $C = 0.7Y$, 투자(I)는 $I = 30 - 2r$이다. r이 5일 경우, A국의 순수출은 얼마인가? (단, A국의 경제는 균형상태이며, 정부부문은 고려하지 않고 r은 이자율이다)

① -10
② 10
③ 0
④ 20
⑤ 40

31 실물경기변동이론(real business cycle theory)에 관한 설명으로 옳은 것을 모두 고른 것은?

> ㄱ. 임금 및 가격이 경직적이다.
> ㄴ. 불경기에는 생산의 효율성이 달성되지 않는다.
> ㄷ. 화폐의 중립성(neutrality of money)이 성립된다.
> ㄹ. 경기변동은 시간에 따른 균형의 변화로 나타난다.

① ㄱ, ㄴ
② ㄱ, ㄷ
③ ㄴ, ㄷ
④ ㄴ, ㄹ
⑤ ㄷ, ㄹ

32 어떤 경제의 총수요곡선과 총공급곡선이 각각 $P = -Y^D + 2$, $P = P^e + (Y^S - 1)$이다. P^e가 1.5일 때, 다음 설명 중 옳은 것을 모두 고른 것은? (단, P는 물가수준, Y^D는 총수요, Y^S는 총공급, P^e는 기대물가수준이다)

> ㄱ. 이 경제의 균형은 $P = 1.25$, $Y = 0.75$이다.
> ㄴ. 이 경제는 장기 균형 상태이다.
> ㄷ. 합리적 기대 가설 하에서는 기대물가수준 P^e는 1.25이다.

① ㄱ   ② ㄴ

③ ㄱ, ㄷ   ④ ㄴ, ㄷ

⑤ ㄱ, ㄴ, ㄷ

33 다음 중 총수요 확대 정책을 모두 고른 것은?

> ㄱ. 근로소득세율 인상
> ㄴ. 정부의 재정지출 증대
> ㄷ. 법정 지급준비율 인상
> ㄹ. 한국은행의 국공채 매입

① ㄱ, ㄴ   ② ㄱ, ㄷ

③ ㄴ, ㄷ   ④ ㄴ, ㄹ

⑤ ㄷ, ㄹ

34 실업에 관한 설명으로 옳은 것은?

① 만 15세 미만 인구도 실업률 측정 대상에 포함된다.

② 마찰적 실업은 자연실업률 측정에 포함되지 않는다.

③ 더 좋은 직장을 구하기 위해 잠시 직장을 그만둔 경우는 경기적 실업에 해당한다.

④ 경기적 실업은 자연실업률 측정에 포함된다.

⑤ 현재의 실업률에서 실망실업자(discouraged workers)가 많아지면 실업률은 하락한다.

35 사과와 오렌지만 생산하는 A국의 생산량과 가격이 다음과 같을 때 2014년 대비 2015의 GDP 디플레이터로 계산한 물가상승률은 얼마인가? (단, 2014년을 기준년도로 한다)

연도	사과		오렌지	
	수량	가격	수량	가격
2014	5	2	30	1
2015	10	3	20	1

① 20% ② 25%

③ 35% ④ 45%

⑤ 50%

36 통화량(M)을 현금(C)과 요구불예금(D)의 합으로, 본원통화(B)를 현금(C)과 지급준비금(R)의 합으로 정의하자. 이 경우 현금보유비율(cr)은 C/D, 지급준비금 비율(rr)은 R/D로 나타낼 수 있다. 중앙은행이 본원통화를 공급할 때 민간은 현금 보유분을 제외하고는 모두 은행에 예금하며, 은행은 수취한 예금 중 지급준비금을 제외하고는 모두 대출한다고 가정한다. cr이 0.2, rr이 0.1이면 통화승수의 크기는?

① 1.5 ② 2.0

③ 3.7 ④ 4.0

⑤ 5.3

37 다음과 같은 폐쇄경제에서 균형 이자율은? (단, Y는 국민소득, C는 소비, I는 투자, G는 정부지출, T는 조세, r은 이자율이다)

- $Y = C + I + G$
- $Y = 4,000$
- $G = 1,200$
- $T = 1,400$
- $C = 400 + 0.65(Y - T)$
- $I = 800 - 40r$

① 2.05 ② 2.15

③ 2.25 ④ 2.35

⑤ 2.45

38 $IS-LM$모형에 관한 설명으로 옳은 것을 모두 고른 것은?

> ㄱ. IS곡선이 우하향할 때, 확장적 재정정책은 IS곡선을 왼쪽으로 이동시킨다.
> ㄴ. LM곡선이 우상향할 때, 중앙은행의 공개시장을 통한 채권 매입은 LM곡선을 오른쪽으로 이동시킨다.
> ㄷ. 투자가 이자율의 영향을 받지 않는다면 IS곡선은 수직선이다.

① ㄱ   ② ㄴ

③ ㄱ, ㄷ   ④ ㄴ, ㄷ

⑤ ㄱ, ㄴ, ㄷ

39 A국의 단기 필립스곡선은 $\pi = \pi^e - 0.4(u - u_n)$이다. 현재 실제인플레이션율이 기대인플레이션율과 동일하고 기대인플레이션율이 변하지 않을 경우, 실제인플레이션율을 2%p 낮추기 위해 추가로 감수해야 하는 실업률의 크기는? (단, u는 실제실업률, u_n는 자연실업률, π는 실제인플레이션율, π^e는 기대인플레이션율이고, 자연실업률은 6%이다)

① 5.0%p   ② 5.2%p

③ 5.4%p   ④ 5.6%p

⑤ 5.8%p

40 솔로우(Solow) 경제성장모형에서 1인당 생산함수는 $y = 2k^{1/2}$이다. 감가상각률이 0.2, 인구증가율과 기술진보율이 모두 0이라면, 이 경제의 1인당 소비의 황금률 수준(golden rule level)은? (단, y는 1인당 생산, k는 1인당 자본량이다)

① 2   ② 5

③ 10   ④ 25

⑤ 100

PART 02
정답 및 해설

01 2023년 제34회 정답 및 해설

01	02	03	04	05	06	07	08	09	10	11	12	13	14	15	16	17	18	19	20
④	⑤	①	③	④	③	①	③	②	③	⑤	②	③	⑤	⑤	②	④	④	④	①
21	22	23	24	25	26	27	28	29	30	31	32	33	34	35	36	37	38	39	40
⑤	①	①	①	②	⑤	③	②	④	⑤	④	③	⑤	③	⑤	④	④	②	②	②

01 난도 ★★　　　　　　　답 ④

┃정답해설┃

- $Q_S = 20$에서 공급곡선이 완전비탄력적이므로, 세금을 부과하더라도 공급곡선은 바뀌지 않는다.
- 따라서 $Q_D = 100 - 2P$와 $Q_S = 20$을 연립하면, $P^* = 40$, $Q^* = 20$이고, 이 경우 조세의 전부를 생산자가 부담하게 된다.

02 난도 ★　　　　　　　답 ⑤

┃오답해설┃

① 수요의 교차탄력성이 양(+)이면 두 재화는 대체관계이다.
② 수요의 소득탄력성이 0보다 큰 상품은 정상재이다. 사치재는 수요의 소득탄력성이 1보다 커야 한다.
③ 수요곡선이 수평이면 수요곡선의 모든 점에서 가격탄력성은 무한대이다. 수요곡선이 수직선일 때, 수요곡선의 모든 점에서 가격탄력성은 0이다.
④ 공급곡선의 가격축 절편이 양(+)의 값을 갖는 경우에는 공급의 가격탄력성이 언제나 1보다 크다.

03 난도 ★　　　　　　　답 ①

┃정답해설┃

- $Q_D = 36 - 4P$에서 $P = -\dfrac{1}{4}Q_D + 9$

  $Q_s = -4 + 4P$에서 $P = \dfrac{1}{4}Q_s + 1$

  두 식을 연립하면 $-\dfrac{1}{4}Q + 9 = \dfrac{1}{4}Q + 1$,

  $\therefore P^* = 5$, $Q^* = 16$

- 생산자잉여는 공급곡선의 윗부분과 균형가격수준 아랫부분의 면적이고 소비자잉여는 수요곡선의 아래부분과 균형가격수준 윗부분의 면적이다.

  (ㄱ) 생산자잉여 $= 16 \times (5-1) \times \dfrac{1}{2} = 32$

  (ㄴ) 소비자잉여 $= 16 \times (9-5) \times \dfrac{1}{2} = 32$

┃정답해설┃

콥-더글러스 효용함수 $U = X^\alpha Y^\beta$ (일반형)에서
효용이 극대화되는 소비자균형점은(M은 소득이라 가정)

$X^* = \dfrac{\alpha}{\alpha+\beta}\dfrac{M}{P_X}$, $Y^* = \dfrac{\beta}{\alpha+\beta}\dfrac{M}{P_Y}$ 이므로

첫번째 효용함수와 소득에서의 소비자 균형점은

$X^* = \dfrac{1}{3} \times \dfrac{90}{1} = 30$, $Y^* = \dfrac{2}{3} \times \dfrac{90}{2} = 30$ 이다.

그리고 두번째 효용함수와 소득에서의 소비자 균형점은

$X^* = \dfrac{1}{2} \times \dfrac{100}{1} = 50$, $Y^* = \dfrac{1}{2} \times \dfrac{100}{2} = 25$ 이다.

따라서 효용을 극대화시키는 구매량으로 X재는 20 증가하며 Y재는 5 감소하게 된다.

┃정답해설┃

ㄴ. [O] 두 재화 중 한 재화가 비재화(bads, 소비를 할수록 효용이 감소하는 재화)인 경우 무차별곡선은 우상향한다.

ㄷ. [O] 기펜재는 가격이 하락할 때 수요량이 감소하는 재화로서, 수요곡선이 우상향한다. 기펜재는 소득이 증가할 때 수요가 감소하는 열등재이며 대체효과는 음(-)의 부호를 가지지만 소득효과가 양(+)의 부호를 가지며 그 효과가 더 크기 때문에 전체적으로 가격효과가 양(+)을 가지게 된다(가격변화방향과 구입량변화 방향이 동일하면 +, 가격변화방향과 구입량변화 방향이 반대인 경우 −로 할 경우).

┃오답해설┃

ㄱ. [×] 효용의 절대적인 크기인 기수적 효용의 가측성을 전제로 하는 개념은 무차별곡선이론이 아니라 한계효용이론이다. 무차별곡선이론은 효용을 구체적인 수치로 표현할 수 있다는 전제를 배격하고 선호의 순서(즉 서수적 효용)만 알면 소비자행동의 설명이 가능하다는 인식에서 출발한다.

ㄹ. [×] 유행효과는 많은 소비자들이 소비하는 재화를 보고 질이 좋은 재화일 것이라고 생각하고 따라서 구입하는 현상으로, 동행효과 또는 악대차효과라고도 한다. 유행효과가 있을 경우 수요곡선은 정상적인 수요곡선보다 더 완만한 형태를 보인다.

┃정답해설┃

③ 0차 동차생산함수는 규모수익체감의 성격을 갖는다. 1차 동차생산함수가 규모에 대한 수익이 불변인 생산함수이다.

┃오답해설┃

① 등량곡선에서 동일한 생산량을 유지하면서 노동 1단위를 더 투입하기 위해 줄여야 하는 자본의 수량을 한계기술대체율($MRTS$)이라고 한다. 한계기술대체율은 등량곡선의 기울기를 의미한다.

② 등량곡선이 직선일 경우, 생산요소간 완전대체관계이며 이것은 어느 한 요소 대신에 다른 요소를 사용해도 생산량에는 전혀 변화가 없는 경우를 말한다. 따라서 대체탄력성은 무한대이며 한계기술대체율은 일정불변인 상수값을 갖는다.

④ 등량곡선이 원점에 대해 볼록한 경우에는 두 생산요소간 대체의 비율이 점차로 줄어듦을 의미하며 이를 한계기술대체율 체감의 법칙이라고 한다.

⑤ 규모수익은 생산요소 투입을 동일한 비율로 변화시킬 때, 생산량이 어떻게 변화하는지를 보여주는 개념으로 모든 요소 투입량이 변하는 것을 전제하므로 장기에 성립하는 개념이다.

┃정답해설┃

- $Q = 100 - 2P$ 에서 $P = -\dfrac{1}{2}Q + 50$이고 $MR = -Q + 50$

- $TC = Q^2 + 20Q$에서 $MC = \dfrac{dTC}{dQ} = 2Q + 20$

- 이윤극대화 생산량은 $MR = MC$ 이므로
  $-Q + 50 = 2Q + 20$, $Q^* = 10$, $P^* = 45$

- 그리고 이 때의 이윤$\pi = TR - TC$
  $\pi = P \times Q - (Q^2 + 20Q)$
  $= 45 \times 10 - (100 + 200) = 150$

∴ (ㄱ) 생산량 : 10,   (ㄴ) 이윤 : 150

▌정답해설▐

③ 독점적 경쟁시장은 진입과 퇴출이 자유로우므로 초과이윤이 발생하면 새로운 기업의 진입이 이루어지고, 손실이 발생하면 일부 기업이 퇴거하게 된다. 결국 장기균형에서 각 기업은 0의 이윤을 얻게 된다.

▌오답해설▐

① 생산규모가 확대됨에 따라 장기평균비용(LAC)이 하락하는 규모의 경제가 있는 경우에는 다른 기업이 쉽게 진입할 수 없어 독점이 되기 쉽다. 이 경우를 자연독점이라고 한다.

② 순수독점은 경제적 순손실을 발생시킨다.

④ 독점적 경쟁시장에서 개별기업들은 조금씩 차별화된 상품을 생산한다.

⑤ 독점적 경쟁시장에서는 가격경쟁과 함께 비가격경쟁이 행해진다. 독점적 경쟁기업들은 대체성이 상당히 높은 재화를 생산하므로 판매량을 증대시키기 위하여 광고, 디자인, 판매조건등에서 비가격경쟁을 한다.

▌정답해설▐

기업 A의 산출량을 Q_A, 기업 B의 산출량을 Q_B 라고 하면

• 기업 A의 이윤극대화

$TR_A = PQ_A = (-Q_A - Q_B + 20)Q_A$

$MR_A = -2Q_A - Q_B + 20$

$MC_A = 10$

기업 A의 이윤극대화 지점은 $MR_A = MC_A$ 이므로

$-2Q_A - Q_B + 20 = 10, \quad 2Q_A + Q_B = 10$

• 기업 B의 이윤극대화

$TR_B = PQ_B = (-Q_A - Q_B + 20)Q_B$

$MR_B = -2Q_B - Q_A + 20$

$MC_B = 10$

기업 B의 이윤극대화 지점은 $MR_B = MC_B$ 이므로

$-2Q_B - Q_A + 20 = 10, \quad Q_A + 2Q_B = 10$

• $2Q_A + Q_B = 10$과 $Q_A + 2Q_B = 10$을 연립하여 풀면,

$Q_A = Q_B = \dfrac{10}{3}, \quad Q = Q_A + Q_B = \dfrac{20}{3}$

▌오답해설▐

① 지문은 우월전략균형과 관련된 설명이다. 내쉬균형은 상대방의 전략을 주어진 것으로 보고서 각 경기자가 자신에게 가장 유리한 전략을 선택하였을 때 도달하는 균형을 말한다.

④ 순차게임에서는 내쉬조건뿐만 아니라 신빙성조건도 동시에 충족하여야 완전균형이 된다. 신빙성조건이란 어떤 경기자의 전략에도 신빙성이 없는 약속이나 위협이 포함되지 않아야 한다는 것을 말한다.

⑤ 최고가격입찰제를 하게 될 경우 승자의 불행 현상이 발생할 유인이 크다. 제2가격입찰제(입찰 참가자 중 가장 높은 가격을 써 낸 사람에게 판매하되, 낙찰자는 자신이 써 낸 금액이 아니라 그 다음으로 높은 금액을 써 낸 금액을 지불하도록 하는 방식)가 승자의 불행 현상을 방지할 수 있다.

▌정답해설▐

내쉬균형은 상대방의 전략을 주어진 것으로 보고 자신에게 최적인 전략을 선택하였을 때 도달하는 균형이다.

• 기업 1이 전략 a를 선택할 경우 기업 2는 전략 a를 선택하고, 기업 2가 전략 a를 선택할 경우, 기업 1은 전략 a를 선택한다. 이 전략의 조합은 바뀔 유인이 없으므로 (전략 a, 전략 a)가 내쉬균형이 된다.

• 기업 1이 전략 b를 선택할 경우 기업 2는 전략 b를 선택하고, 기업 2가 전략 b를 선택하면 기업 1는 전략 b를 선택한다. 이 전략의 조합은 바뀔 유인이 없으므로 (전략 b, 전략 b)가 내쉬균형이 된다.

따라서 내쉬균형은 2개 존재하고 그에 따른 보수조합은 (16, 8), (10, 11)이다.

12 난도 ★

답 ②

▌정답해설▐

ㄱ. [O] 완전경쟁시장에서의 장기균형에서는 $P = LAC = LMC$가 성립한다.

▌오답해설▐

ㄷ. [×] 완전경쟁시장에서의 장기균형에서는 $P = LMC = LAC$가 성립하므로 개별기업은 정상이윤만을 획득한다. 경제적이윤이 0이다.

13 난도 ★★

답 ③

▌정답해설▐

ㄱ・ㄴ. [O] 노동시장이 완전경쟁이면 고용량과 임금이 (L_0, w_0)이나 수요독점이면 고용량과 임금이 (L_1, w_1)이 된다. 고용량과 임금 모두 감소한다. 그리고 수요독점상태에서의 임금은 노동의 한계수입생산보다 낮다.

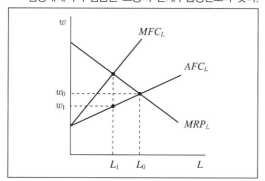

▌오답해설▐

ㄷ. [×] 요소공급곡선이 수직선으로써 요소공급이 완전비탄력적이면 요소소득 전부가 경제적지대가 된다.

14 난도 ★★

답 ⑤

▌정답해설▐

ㄹ. [O] 지니계수는 로렌츠곡선에서 소득분배의 불평등 면적의 크기를 측정한 것으로써 지니 계수의 크기는 0≤G ≤1 이다. 지니계수가 1에 가까울수록 소득분배는 불평등한 것으로 평가한다.

▌오답해설▐

ㄱ. [×] 주어진 지문은 기능적 소득분배에 대한 설명이다. 로렌츠곡선, 지니계수, 10분위 분배율 등이 계층적 소득분배의 측정방법이다.

ㄴ. [×] 로렌츠곡선은 인구의 누적점유율과 소득의 누적점유율 사이의 대응관계를 표시한 곡선으로 로렌츠곡선이 대각선에 가까이 접근할수록 소득분배는 평등한 것으로 평가한다.

15 난도 ★★

답 ⑤

▌정답해설▐

⑤ 후생경제학의 제2정리는 모든 개인들의 선호가 볼록성을 충족하면 초기 부존자원의 적절한 재분배를 통하여 임의의 파레토효율적인 자원배분을 일반경쟁균형을 통해서 달성할 수 있다는 것이다. 그러나 공평성을 달성하기 위해 초기 부존자원을 재분배하는 경우, 가격체계에 영향을 미치지 않아야 한다.

▌오답해설▐

① 계약곡선은 에지워스 상자 내의 파레토 효율적인 지점들을 연결한 선이다.

③ 차선의 이론이란 자원배분의 파레토효율성을 달성하기 위한 모든 조건이 충족되지 않는 상황에서는, 그 중에서 더 많은 효율성조건을 충족시킨다고 해서 사회적으로 더 바람직한 상태가 되는 것은 아님을 의미한다. 이는 점진적 접근방식을 통하여 일부 효율성조건을 추가로 충족시킨다고 해서 사회후생이 증가한다는 보장이 없으며 오히려 부정적인 효과를 나타낼 가능성도 있음을 의미한다.

④ 후생경제학의 제1정리는 시장구조가 완전경쟁적이고 시장실패요인(외부성, 공공재)이 존재하지 않는다면 일반경쟁균형의 자원배분은 파레토효율적이라는 것이다. 효율성의 관점에서 시장경제체제를 설명하였다는 의미를 지닌다.

16 난도 ★   답 ②

┃정답해설┃

② 생산의 부정적 외부성이 있는 경우 사회적한계비용 (SMC)이 사적한계비용(PMC)보다 크므로 옳은 지문 이다.

┃오답해설┃

① 생산의 부정적 외부성이 있는 경우에는 과잉생산이 이루 어지는 경우로써, 사회적 최적생산량이 시장균형생산량 보다 작다.
③ 소비의 부정적 외부성이 있는 경우, 사적한계편익(PMB) 이 사회적한계편익(SMB)보다 더 크다.
④ 코즈의 정리는 충분히 낮은 협상비용을 전제할 경우, 정 부의 개입 없이도 민간 이해당사자들이 협상을 통해 외부 효과 문제를 해결할 수 있다는 이론이다. 따라서 협상비 용(거래비용)이 과다할 경우에는 코즈정리를 통한 외부 성문제 해결에 한계가 있다.
⑤ 공유자원의 비극이란 소유권이 명확히 규정되지 않은 공 동소유 자원이 과다하게 사용됨으로써 비효율적인 결과 가 발생하는 것을 의미하며 부정적 외부성에서 발생한다.

17 난도 ★   답 ④

┃정답해설┃

④ 제3급 가격차별의 경우, 수요의 가격탄력성이 상대적으 로 작은 시장에서 더 높은 가격이 설정된다. 그리고 수요 가 상대적으로 탄력적인 시장에서는 더 낮은 가격이 설정 된다.

┃오답해설┃

① 제3급 가격차별의 예이다.
② 이부가격제란 소비자가 재화를 구입할 권리에 대하여 1 차로 가격을 부과하고(예 놀이공원 입장료), 재화 구입시 에 구입량에 따라 다시 2차로 가격을 부과하는(예 놀이공 원 이용료) 가격체계를 의미한다. 소비량이 증가할수록 재화 1단위당 소비자가 지불하는 가격이 낮아지므로, 시 장지배력을 가진 기업에 의한 수량의존적인 제2급 가격 차별이다.
③ 가격차별이 가능하려면 전매, 차익거래가 불가능하여야 한다.
⑤ 제1급 가격차별에서는 소비자잉여가 전부 독점기업의 이 윤으로 귀속되므로 소비자잉여는 0이 된다.

18 난도 ★★★   답 ④

┃정답해설┃

ㄷ. [O] 정보재의 특징으로써 네트워크 효과란 사용자의 네 트워크가 커질수록 그것의 소비에서 얻는 효용이 더 커 지는 것을 말한다.
ㄹ. [O] 어떤 정보재를 사용하기 시작한 소비자가 그것에 익숙해지고 나면 다른 정보재보다 이미 사용하던 것을 계속 사용하려는 경향이 큰데 이를 잠김효과라고 한다. 따라서 새로운 정보재를 판매하려는 기업은 소비자가 그 정보재 사용에 익숙해지도록 일정 기간 소비자에게 상품 을 무료로 사용하게 하거나 상품의 일부 기능을 제공하 는 판매 전략을 사용한다.

┃오답해설┃

ㄴ. [×] 정보재는 초기 개발비용은 크지만 추가적인 한계비 용이 매우 작기 때문에 규모의 경제가 일어난다.

19 난도 ★★   답 ④

┃정답해설┃

④ 비대칭적 정보로 인한 역선택의 문제와 관련하여 감추어 진 특성에 대한 다양한 보증을 제공, 역선택의 문제를 방지할 수 있다.

┃오답해설┃

① 도덕적 해이는 감추어진 행동과 관련된다. 감추어진 속 성 또는 감추어진 특성의 상황에서는 역선택이 발생한다.
② 직업감독제도는 도덕적 해이를 방지하기 위한 수단이다.
③ 기초공제제도란 사고비용 또는 병원비 중 일정액 이하는 본인이 부담하고 일정액을 초과하는 금액만 보험회사에 서 보상해 주는 방식을 말한다. 기초공제제도를 두는 것 은 도덕적 해이를 방지하기 위한 수단이다.
⑤ 역선택을 방지하기 위함이다.

20 난도 ★ 답 ①

▮정답해설▮

- 사회적한계비용(SMC)
  = 사적한계비용(PMC)+외부한계비용(EMC) 이므로,

$$SMC = \frac{1}{2}Q + 300 + 100 = \frac{1}{2}Q + 400$$

- $P = SMC$에서 $500 = \frac{1}{2}Q + 400$ $\therefore Q = 200$

21 난도 ★★ 답 ⑤

▮정답해설▮

⑤ 고전학파의 국민소득결정모형에 따르면 가격이 신축적이므로, 통화공급이 증가하여 물가(P)가 상승하면 임금 역시 상승하게 되어 실질임금은 불변이다. ③과 같이 노동시장의 수요는 실질임금의 함수이므로, 실질임금이 변하지 않으면 노동시장의 균형고용량도 변하지 않으므로 노동의 한계생산도 변하지 않는다.

▮오답해설▮

① 세이의 법칙에 의해 공급만이 문제가 된다.
② 노동시장에서의 수요와 공급의 불일치는 신축적인 명목임금에 의하여 신속히 조절되고 균형을 달성하게 된다.
③ 노동에 대한 수요와 공급은 모두 실질임금의 함수이며 노동시장은 완전경쟁시장이다.

22 난도 ★★★ 답 ①

▮정답해설▮

① 국내총생산은 시장에서 거래되는 최종생산물만을 포함하는 것이 아닌, 일정기간 동안에 판매(거래)되지 않고 재고로 보유하고 있는 것도 국내총생산에 포함된다.

▮오답해설▮

② 국내순생산은 국내총생산에서 고정자본소모(감가상각비)를 제외한 부분을 말하며 고정자본소모는 생산량과는 관계없이 매 시점마다 고정적으로 소요되는 비용을 의미한다. 제품을 생산할 때 사용되는 기계비용, 월세 또는 인건비 등이 고정자본소모에 해당한다. 국내순생산은 GDP보다 경제적 성과를 더 정확히 보여주지만, 감가상각비에 대한 일치가 어렵기 때문에 GDP가 더 자주 사용된다.

⑤ 생산이 이루어지면 이는 생산과정에 참여한 요소에 대한 소득으로 분배되므로 이를 합하여서 국내총생산을 계산할 수 있는데, 생산액 중에서 순간접세(간접세−보조금)와 고정자본소모는 요소소득이 될 수 없으므로 국내총생산을 집계하기 위해서는 요소비용국내소득(임금+이자+지대+이윤)에 순간접세와 고정자본소모를 더해주어야 한다.

23 난도 ★★ 답 ①

▮정답해설▮

- G가 220으로 증가할 경우,
  새로운 균형소득은 $Y = C + I + G$에서
  $Y = 120 + 0.8(Y - 200) + 100 + 220 = 120 + 0.8Y + 160$
  $0.2Y = 280$, $Y = 1400$

- 소득의 증가분은
  $$\triangle Y = \triangle G \times \frac{1}{1-c} \ (c\text{는 한계소비성향})에서$$
  $$= 20 \times \frac{1}{1-0.8} = 100$$

  따라서, (ㄱ) 새로운 균형소득 : 1400, (ㄴ) 소득의 증가분 : 100

24 난도 ★★ 답 ①

▮정답해설▮

파셰물가지수를 이용하라고 하였으므로 GDP 디플레이터를 통한 물가상승률을 구한다.

- 기준연도 2010년 GDP 디플레이터 = 1

- 2020년 GDP 디플레이터 = $\dfrac{명목GDP}{실질GDP}$

  $$= \frac{(200 \times 3) + (300 \times 4)}{(200 \times 2) + (300 \times 2)}$$

  $$= \frac{1800}{1000} = 1.8$$

- 2010년 대비 2020년 물가상승률 = $\dfrac{1.8 - 1}{1} \times 100$
  $$= 80\%$$

25 난도 ★★　　　　　　　　🄰 ②

┃정답해설┃

② 고전학파는 투자가 이자율에 의하여 결정된다고 주장하며, 투자는 대체로 이자율변화에 민감하게 반응한다고 본다(투자의 이자율탄력성이 크다).

┃오답해설┃

① 사전적으로 계획된 소비 또는 의도된 소비를 소비수요라고 한다.

③ 케인즈의 절대소득가설로서 케인즈의 소비함수는 $C = C(Y)$로 나타낼 수 있다.

⑤ 평균소비성향(APC)은 소득에서 소비가 차지하는 비중으로써 소비를 소득으로 나누어 계산한다.

26 난도 ★★　　　　　　　　🄰 ⑤

┃정답해설┃

⑤ 추가로 발행된 모든 화폐가 은행의 시재금으로 보관되면 본원통화는 증가한다.

┃오답해설┃

①·② 본원통화는 중앙은행의 창구를 통하여 시중에 나온 현금으로 예금은행의 예금통화 창조의 토대가 된다. 중앙은행을 통해 공급된 본원통화는 일부는 민간이 보유하고, 일부는 은행이 보유하게 되는데, 민간이 보유한 현금은 현금통화 그리고 은행이 보유한 현금은 은행의 지급준비금이다.

> **본원통화**
> ＝현금통화＋은행의 지급준비금
> ＝현금통화＋은행의 시재금＋은행의 중앙은행 지준예치금
> ＝화폐발행액＋은행의 중앙은행 지준예치금

③ 중앙은행의 순대정부대출이 증가하면 본원통화가 증가하고, 정부의 예금이 증가하면 본원통화는 감소한다.

④ 수출이 증가하여 중앙은행의 외환매입액이 증가하면(중앙은행의 순해외자산증가) 본원통화는 증가하고, 수입이 증가하여 중앙은행의 외환매출액이 증가하면 본원통화는 감소한다.

27 난도 ★★★　　　　　　　🄰 ③

┃정답해설┃

ㄴ. [O] IS곡선의 기울기는 $-\dfrac{1-c(1-t)+m}{b}$ 이므로 b값인 투자의 이자율탄력성이 0이라면 IS곡선은 수직선이 된다.

ㄷ. [O] LM곡선의 기울기는 $\dfrac{k}{h}$ 이므로 h값인 통화수요의 이자율탄력성이 0이라면 LM곡선은 수직선이 된다.

┃오답해설┃

ㄱ. [×] 투자의 이자율탄력성은 LM곡선의 기울기와는 관계가 없다.

28 난도 ★★　　　　　　　　🄰 ②

┃정답해설┃

ㄱ.·ㄷ. [O] 투자의 이자율 탄력성이 무한대인 경우 IS곡선은 수평선이 되고 중앙은행이 긴축통화정책을 하는 경우, LM곡선은 왼쪽으로 이동한다. 이렇게 되면 국민소득은 감소하지만, 이자율은 불변한다.

29 난도 ★★　　　　　　　　🄰 ④

┃정답해설┃

④ 주어진 조건에서 IS곡선의 기울기는 $-\dfrac{1-\beta}{\delta}$ 이므로 β가 증가하면 기울기의 절댓값은 작아진다.

┃오답해설┃

① IS곡선의 기울기는 $-\dfrac{1-\beta}{\delta}$ 로 음수를 나타내므로 IS곡선은 우하향한다.

②·③ 독립투자(I_0)와 정부지출(G_0)의 증가는 IS곡선을 오른쪽으로 이동시킨다.

⑤ 주어진 조건에서 IS곡선의 기울기는 $-\dfrac{1-\beta}{\delta}$ 이므로 δ가 증가하면 기울기의 절댓값은 작아진다.

30 난도 ★★ 답 ⑤

┃ 정답해설 ┃

⑤ LM곡선의 기울기는 $\dfrac{k}{h}$ 로써 화폐수요의 소득탄력성(k)과 화폐수요의 이자율탄력성(h)으로 결정된다. 실질화폐공급은 LM곡선의 절편값을 결정하므로 LM곡선의 좌우 이동요인이다.

┃ 오답해설 ┃

② LM곡선의 방정식 $r = \dfrac{k}{h}Y - \dfrac{1}{h} \cdot \dfrac{M_0}{P_0}$ 에서 명목화폐공급이 증가하면 단기에 물가는 고정되어 있으므로 LM곡선을 오른쪽으로 이동시킨다.

③ 단기에는 명목변수인 명목화폐공급이 실질변수인 이자율에 영향을 미치지만 장기에 고전적 이분성이 성립하게 되면, 명목변수의 변화는 실질변수인 이자율에 영향을 미칠 수 없게 된다.

31 난도 ★★ 답 ④

┃ 정답해설 ┃

- $P_e = 2$일 때 $-P+8 = P-2+4$,
  $P = 3$, $Y = 5$
- $P_e = 4$일 때 $-P+8 = P-4+4$,
  $P = 4$, $Y = 4$

따라서 (ㄱ) 균형소득수준의 변화 : -1, (ㄴ) 균형물가수준의 변화 : $+1$

32 난도 ★★ 답 ③

┃ 정답해설 ┃

ㄱ. [○] 조세삭감은 국민의 가처분소득과 소비를 늘리므로 IS곡선을 오른쪽으로 이동시킨다.

ㄹ. [○] IS곡선이 우측, LM곡선이 좌측으로 이동하므로 이자율은 상승한다.

┃ 오답해설 ┃

ㄴ・ㄷ. [×] IS곡선의 오른쪽 이동으로 국민소득이 증가하면 가처분소득이 증가, 그에 따라 화폐수요가 증가하게 되고, 화폐수요가 증가하므로 LM곡선은 좌측으로 이동한다.

33 난도 ★★ 답 ⑤

┃ 정답해설 ┃

⑤ 디플레이션은 인플레이션과는 정반대로 일반물가수준이 지속적으로 하락하는 현상을 말한다.

┃ 오답해설 ┃

① 물가가 상승하면 기업들도 물가상승에 맞추어 자신이 생산하는 재화가격을 조정해야 하는데, 가격조정과 관련된 비용을 메뉴비용이라고 한다. 가격표를 붙이는 비용, 카달로그 인쇄비용, 홍보비용 등이 포함된다.

② 디스인플레이션은 물가는 상승하지만 그 상승률이 지속적으로 낮아지는 현상으로써 인플레이션 상황이 완화되고 있음을 나타낸다.

④ 인플레이션의 피해를 최소화하기 위해 민간이 화폐보유를 줄이는 과정에서 발생하는 비용을 구두창비용이라고 한다. 인플레이션 상황에서 경제 주체들은 화폐가치 하락에 대비하여 현금을 최대한 적게 보유하고, 대신 수익이 발생하는 다양한 실물 및 금융상품의 보유 비중을 늘린다. 현금을 적게 보유하고 있으면 그만큼 예금과 출금을 위해 자주 은행을 방문하게 되므로 이로 인하여 생기는 비용을 말하며 이는 인플레이션 비용에 해당한다.

34 난도 ★ 답 ③

정답해설

③ 적응적 기대하에서 장기에는 사람들이 인플레이션율을 정확히 예상하므로 인플레이션율 수준에 상관없이 실제 실업률이 자연실업률과 일치하게 되고 장기 필립스곡선은 자연실업률 수준에서의 수직선이 된다.

오답해설

① 필립스곡선은 경제학자 필립스가 영국의 자료를 통해 명목임금상승률과 실업률 간에 역의 상관관계가 있음을 발견함으로써 시작된 것으로 현재는 인플레이션율과 실업률 간의 역의 상관관계를 나타내는 곡선을 말한다.

④ 단기 총공급곡선이 가파른 기울기를 가질 때에는 총수요가 증가하면 물가가 큰 폭으로 상승하는데 비해 국민소득은 별로 증가하지 않으므로 실업률이 별로 낮아지지 않는다. 그러므로 필립스곡선의 기울기도 가파른 모양이 된다.

⑤ 합리적 기대하에서 민간이 정부정책을 신뢰하는 경우, 정부가 인플레이션을 낮추겠다는 정책을 사전에 발표하고 경제주체들이 이를 신뢰한다면 기대인플레이션율이 즉각 조정되고 단기 필립스 곡선이 하방 이동하므로 실업률을 증가시키지 않고도 인플레이션율을 낮출 수 있게 된다.

35 난도 ★★★ 답 ⑤

정답해설

⑤ 실업률이 1%로 하락시, 국내총생산 성장률

: $G = \dfrac{Y - Y^P}{Y^P} \times 100 = 3\% - 2(1\% - 3\%) = 7\%$

$\pi^e = 3\%$ 이므로 필립스곡선에서

$\pi = 3\% - 0.5(1\% - 3\%) = 4\%$

$\pi = 4\%$, $G = 7\%$ 이므로 이자율준칙에서

$r = 4\% + 2\% + 0.5(4\% - 2\%) + 0.5 \times 7\% = 10.5\%$

오답해설

① $\pi = \pi^T = 2\%$, $Y = Y^P$ 이므로 이자율준칙에서
$r = 2\% + 2\% + 0.5(2\% - 2\%) + 0.5 \times 0 = 4\%$

② $\pi = 2\%$, $u = u_n = 3\%$ 이므로 필립스곡선에서
$2\% = \pi^e - 0.5(3\% - 3\%)$, $\pi^e = 2\%$

③ 필립스곡선에서 $\pi = 2\% - 0.5(5\% - 3\%) = 1\%$

④ 필립스곡선에서 $\pi = 3\% - 0.5(3\% - 3\%) = 3\%$
$\pi = 3\%$를 이자율준칙에 대입하면,
$r = 3\% + 2\% + 0.5(3\% - 2\%) + 0.5 \times 0 = 5.5\%$

36 난도 ★★ 답 ④

정답해설

ㄴ. [×] 투자가 이자율에 영향을 받지 않을 경우 IS곡선은 수직이 되므로, 수직의 AD곡선이 유도된다.

ㄹ. [×] 정부지출의 변화는 총수요곡선상에서의 변화가 아닌, 총수요곡선 자체를 이동시킨다.

오답해설

ㄱ. [O] 총수요곡선이란 각각의 물가수준에서 대응되는 총수요를 연결한 그래프로서 생산물시장과 화폐시장의 균형을 동시에 달성시키는 국민소득(총수요)과 물가의 조합을 표시한 것이다.

37 난도 ★★ 답 ④

정답해설

ㄱ. [O] 실물자본 증가를 통한 경제성장이다.

ㄷ. [O] 인적자원을 통한 경제성장이다.

ㄹ. [O] 연구개발 투자, 기술의 진보를 통한 경제성장이다.

오답해설

ㄴ. [×] 장기적으로 저축률을 높여 투자증가를 유발, 자본스톡을 증가시켜야 한다.

38 난도 ★★ 답 ②

정답해설

1인당 생산량 $y = \dfrac{Y}{L}$ 이고, 1인당 자본량 $k = \dfrac{K}{L}$ 이므로 주어진 생산함수의 양변을 L로 나누어, 1인당 생산함수 $(y = f(k))$를 구하면 다음과 같다.

$Y = K^{\frac{1}{2}} L^{\frac{1}{2}}$, $\dfrac{Y}{L} = (\dfrac{K}{L})^{\frac{1}{2}}$, $y = k^{\frac{1}{2}}$

균제상태의 기본방정식 $sf(k) = (n+\delta)k$에 주어진 수치를 대입하면,

$0.4 \times k^{\frac{1}{2}} = 0.2k$

$\therefore k = 4$, $y = 2$

(ㄱ) 1인당 소득 : 2

(ㄴ) 1인당 소비수준 : $2 \times (1 - 0.4) = 1.2$

39 난도 ★★   답 ②

▌정답해설▌

② 자유무역을 옹호하는 입장의 근거이다.

▌오답해설▌

① 자유무역으로 분업이 진행되면 대외의존도가 심화, 국방 산업등에서 국가안전에 대한 우려가 발생한다는 것으로 써 보호무역을 옹호하는 내용이다.

④ 신생산업을 국제경쟁력을 갖게 될 때까지 국가가 수입제 한을 통해 보호해야 한다는 것으로써 보호무역의 주장 내용이다.

40 난도 ★   답 ②

▌정답해설▌

정부의 재정긴축 → IS곡선 좌측이동 → $BP<0$ → 고정환 율제도하에서 환율상승압력을 막기위해 중앙은행이 외화매 도 원화매입 → 통화량감소 → LM곡선 좌측이동 → 산출량 감소, 이자율 불변

02 | 2022년 제33회 정답 및 해설

01	02	03	04	05	06	07	08	09	10	11	12	13	14	15	16	17	18	19	20
②	③	①	④	④	④	⑤	④	④	①	①	②	③	④	①	③	③	①	②	②
21	22	23	24	25	26	27	28	29	30	31	32	33	34	35	36	37	38	39	40
④	③	③	①	②	④	③	⑤	⑤	③	④	②	①	②	⑤	⑤	⑤	⑤	⑤	①

01 난도 ★ 답 ②

┃ 정답해설 ┃

수요곡선과 공급곡선이 교차하는 곳에서 결정되는 균형가격은 $P^* = 150$이다. 수요곡선이 $P = 500 - Q$이므로 $P^* = 150$을 대입하면 균형거래량은 $Q^* = 350$이다.

02 난도 ★★ 답 ③

┃ 정답해설 ┃

레온티에프 생산함수인 경우 비용을 극소화하려면 $Q = L = 2K$의 조건이 충족되어야 한다. $L = 2K$이면 $K = \frac{1}{2}L$이어야 하고 $110 = L = 2K$이다. 따라서 최소비용으로 110을 생산하기 위한 생산요소 묶음은 $L = 110$, $K = 55$이다.

03 난도 ★ 답 ①

┃ 정답해설 ┃

사회적 한계편익(SMB)=사적 한계편익(PMB)+외부 한계편익(EMB)이고, 사회적 한계비용(SMC)=사적 한계비용(PMC)+외부 한계비용(EMC)이다.
따라서 ㉠ 소비의 긍정적 외부성이 존재하면, 외부 한계편익>0이므로 사회적 한계편익이 사적 한계편익보다 크다.
㉡ 생산의 부정적 외부성이 존재하면, 외부 한계비용>0이므로 사회적 한계비용이 사적 한계비용보다 크다.

04 난도 ★★ 답 ④

┃ 정답해설 ┃

이윤을 극대화하는 노동투입량은 노동의 한계생산가치와 임금률이 일치하는 수준에서 결정된다.
즉 $VMP_L = P \cdot MP_L = W$에서 노동투입량을 결정해야 한다.
기업 A의 생산함수가 $Q = \sqrt{L} = L^{\frac{1}{2}}$이면 $MP_L = \frac{1}{2\sqrt{L}}$이다. 따라서 $5(\frac{1}{2\sqrt{L}}) = 0.5$에서 이윤극대화 노동투입량($L^*$) = 25, 산출량($Q^*$) = 5이다.

05 난도 ★ 답 ④

┃ 정답해설 ┃

X재에 대해 종량세를 판매자에게 부과하면 공급곡선은 상방으로(왼쪽으로) 이동하고, 구매자에게 부과하면 수요곡선은 하방으로(왼쪽으로) 이동한다. 동일한 세율로 부과하면 수요곡선과 공급곡선은 같은 크기만큼 왼쪽으로 이동한다. 따라서 균형 거래량은 모두 감소한다.

06 난도 ★ 답 ④

┃ 정답해설 ┃

가격이 P_4일 때 $P = MC$인 AVC의 최저점에서 생산하게 되면 $P = AVC$이고 따라서 $TR = TVC$이다. 따라서 총수입으로 가변비용을 모두 충당하고 있다. AVC의 최저점은 생산폐쇄점(shut down point, 조업중단점)이다.

07 난도 ★ 답 ⑤

정답해설

기술혁신으로 노동의 한계생산(MP_L)이 증가하면 노동수요곡선, 즉 노동의 한계생산가치($VMP_L = P \cdot MP_L$)곡선은 우측으로 이동한다. 노동수요곡선이 우측으로 이동하면 균형 노동량은 증가하고, 균형 임금률은 상승한다.

08 난도 ★ 답 ④

정답해설

독점적 경쟁시장은 다수의 공급자가 차별화된(이질적인) 상품을 공급하므로 공급자는 가격에 어느 정도의 영향을 미칠 수 있다. 따라서 독점적 경쟁시장에서 개별기업들은 완만하게 우하향하는 형태의 수요곡선에 직면하게 된다.

개별기업들이 우하향하는 형태의 수요곡선에 직면하므로 $MR = MC$에서 생산량을 결정하면 $P > MC$가 된다.

09 난도 ★★ 답 ④

정답해설

- 기업 A와 기업 B가 동시에 전략을 선택하는 일회성 게임에서 우월전략(dominant strategy)은 (32, 14)이다. 균형에서 기업 A의 보수는 32이다. 우월전략은 상대방의 전략에 관계없이 자신에게 유리한 결과를 가져오는 전략이다.
- 기업 A가 먼저 전략을 선택하고 신뢰할 수 있는 방법으로 확약하는 경우 A의 우월전략은 (32, 14)이다. 균형에서 기업 B의 보수는 14이다.

10 난도 ★★ 답 ①

정답해설

1급(first degree) 가격차별 또는 완전가격차별은 각 단위의 재화에 대하여 소비자들의 지불용의 가격(기꺼이 지불할 의사가 있는 가격)을 책정하는 것을 말한다. 따라서 재화 단위마다 가격은 다 다르고, 소비자잉여는 전부 독점기업의 이윤으로 귀속된다. 1급 가격차별을 하는 경우 보상수요곡선과 한계수입곡선이 일치하고, $P = MC$가 성립하므로 완전경쟁시장과 같은 생산량을 생산하고 자원배분은 효율적이다.

11 난도 ★★ 답 ①

정답해설

효용을 극대화하기 위해서는 한계효용 균등의 법칙에 따라 최적의 소비조합을 선택해야 한다. 효용함수를 X재와 Y재에 대해 미분하여 한계효용을 구한 후 가격으로 나누어주면 각 재화 1원어치의 한계효용을 구할 수 있다. $MU_X = 6X$, $MU_Y = 2Y$이고, $\dfrac{MU_X}{P_X} = \dfrac{6X}{6} = X$, $\dfrac{MU_Y}{P_Y} = \dfrac{2Y}{2} = Y$ 이다.

이 조건 하에서 효용을 극대화하는 갑의 소비배합은 (0, 60), 또는 (60, 0), (30, 30)이다.

12 난도 ★★ 답 ②

정답해설

수요함수 $P = 30 - 2Q$는 $Q = 15 - \dfrac{1}{2}P$이다. 가격이 10일 때

수요의 가격탄력성 $e_D = -\dfrac{dQ}{dP} \cdot \dfrac{P}{Q} = -\left(-\dfrac{1}{2}\right) \cdot \dfrac{10}{10}$

$= 0.5$이다. 따라서 수요의 가격탄력성은 비탄력적이고(수요곡선의 아랫부분), 이 경우 총수입($TR = PQ$)을 증가시키려면 가격을 인상해야 한다.

13 난도 ★★ 답 ③

정답해설

콥-더글러스(Cobb-Douglas) 효용함수의 무차별곡선이 원점에 대해 볼록하고 우하향하는 일반적인 형태라면 보상수요곡선은 항상 우하향하므로 열등재와 기펜재(Giffen's goods)의 보상수요곡선도 우하향한다.

보상수요곡선(compensation demand curve)은 가격효과에서 소득효과를 제외한 순수한 상대가격 변화의 효과만을 나타낸 수요곡선이다. 보상수요곡선은 대체효과만을 고려하여 도출된 수요곡선이므로 소득효과가 0이라면 보통수요곡선과 일치한다.

14 난도 ★   답 ④

┃정답해설┃

갑의 효용함수가 $U(X, Y) = X^{0.3} Y^{0.7}$ 은 콥－더글러스 효용함수이므로 무차별곡선은 원점에 대해 볼록하고, 선호체계는 단조성(monotonicity)을 만족한다.

X재 가격이 하락할 때 효용극대화를 위해 X재 소비량을 증가시키므로 가격소비곡선은 Y재의 축과 평행할 수는 없다. 가격소비곡선은 X, Y 두 재화가 독립재라면 수평이 되고, 대체재라면 우하향하는 형태가 된다.

15 난도 ★★★   답 ①

┃정답해설┃

현시선호의 약공리(weak axiom)는 직접 현시선호로부터 도출된 것으로 소비행위의 일관성을 의미한다. 소비조합 Q_0 와 Q_1 중에서 Q_0 이 직접 현시선호되었다면, 어떠한 경우라도 Q_1 이 Q_0 보다 직접 현시선호되어서는 안된다.

상품가격의 변화로 최초의 직접 현시선호점이 구입불가능하게 된 경우 약공리가 충족된다. 따라서 제시된 사례는 현시선호의 약공리가 충족된다.

16 난도 ★★★   답 ③

┃정답해설┃

소비자 갑의 효용함수는 레온티에프 효용함수이므로 무차별곡선은 원점을 통과하는 45°선 상에서 꺾어지는 L자 형태이다. 소비자 을의 효용함수는 콥－더글러스 함수로 무차별곡선은 원점에 대해 볼록한 형태이다.

갑과 을의 초기 부존자원(X, Y)이 각각 $(30, 60)$, $(60, 30)$이고 X재의 가격이 1이면 일반균형에서 Y재의 가격도 1이 된다.

17 난도 ★★★   답 ③

┃정답해설┃

전형적인 꾸르노 모형에 대한 문제이다. 두 기업의 반응함수(reaction function)를 구한 후 이를 이용해 꾸르노 균형을 구하면 된다. 각 기업의 반응함수는 이윤극대화 문제로부터 구할 수 있다.

- A기업의 $TR_A = P \cdot Q_A = [120 - 2(Q_A + Q_B)] Q_A$
  $$= 120 Q_A - 2Q_A^2 - 2Q_A Q_B \text{이다.}$$
  B기업의 $TR_B = P \cdot Q_B = [120 - 2(Q_A + Q_B)] Q_B$
  $$= 120 Q_B - 2Q_B^2 - 2Q_A Q_B \text{이다.}$$

- A기업의 $MR_A = \dfrac{dTR_A}{dQ_A} = 120 - 4Q_A - 2Q_B$ 이고,

  $MC_A = 40$ 이다. $MR_A = MC_A$ 이므로 A의 반응곡선은
  $Q_A = \dfrac{80 - 2Q_B}{4}$ 이다. 같은 방법으로 B의 반응곡선을 구

  하면 $Q_B = \dfrac{100 - 2Q_A}{4}$ 이다.

- A의 반응곡선과 B의 반응곡선을 연립하여 풀면,
  $Q_A = 20$, $Q_B = 10$ 이다.
  시장 총생산량 $Q^* = Q_A + Q_B = 20 + 10 = 30$ 이다.

- $Q^* = 30$ 을 시장수요곡선에 대입하여 풀면 꾸르노 균형가격 $P^* = 60$ 이다.

18 난도 ★   답 ①

┃정답해설┃

교역 후 국내가격이 국제가격 수준으로 하락하여 수요량은 증가하고, 공급량은 감소한다. 이로 인해 소비자 잉여는 증가하고, 생산자 잉여는 감소한다. 소비자 잉여의 증가분＞생산자 잉여의 감소분이므로 총잉여는 증가한다.

19 난도 ★★   답 ②

┃정답해설┃

ㄱ·ㄷ. [O] 노동시장이 수요독점일 때 한계수입생산(MRP_L)곡선 또는 VMP_L 곡선이 노동수요곡선이 되고, $VMP_L = MFC$에서 균형고용량이 결정된다. 균형임금은 균형고용량 수준에서 노동공급곡선에 의해 결정된다.

ㄴ. [×] 한계요소비용(MFC)곡선은 노동공급곡선의 위쪽에 위치한다.

ㄹ. [×] 노동시장이 완전경쟁인 경우보다 균형 임금률이 높고 균형 고용량이 적다.

20 난도 ★★★ 답 ②

정답해설

사회적으로 바람직한 최적생산량은 사회적 한계편익(SMB) =사회적 한계비용(SMC)에서 결정된다. 시장수요곡선 $P = 200 - Q$가 사회적 한계편익 SMB이다. 사회적 한계비용 $SMC = PMC + EMC$로 PMC와 EMC의 수직합이다. $PMC = \dfrac{dC}{dQ} = 2Q + 20$이고, $EMC = \dfrac{dSC}{dQ} = 4Q + 20$이고 $SMC = 4Q + 20$이다. $200 - Q = 4Q + 20$에서 최적생산량 $Q^* = 36$이다.

21 난도 ★ 답 ④

정답해설

국민소득 항등식 $Y = C + I + G + (X - M)$을 저축과 투자의 관계로 정리하면,

$(X - M) = S_P + (T - G) - I$이다.

$(X - M) = 150 + (50 - 70) - 50 = 80$이다.

22 난도 ★ 답 ③

정답해설

ㄱ. [O] GDP 디플레이터는 GDP를 추계할 때 포함되는 국내에서 생산된 모든 최종 재화와 서비스의 가격변동이 반영된다.

ㄴ. [O] 소비자물가지수(CPI)의 산정에 포함되는 재화와 서비스의 종류와 수량 및 가중치는 일정 기간(일반적으로 5년간) 고정되어 있다.

오답해설

ㄷ. [×] 생산자물가지수(PPI)에는 기업이 생산 목적으로 구매하는 수입품의 가격변동이 반영된다.

23 난도 ★ 답 ③

정답해설

실망실업자(구직단념자)는 비경제활동인구에 포함되므로 그 수가 변화하여도 실업률에는 영향을 미치지 않는다.

실업률(%) $= \dfrac{\text{실업자수}}{\text{경제활동인구}} = \dfrac{\text{6만 명}}{\text{60만 명}} \times 100(\%) = 10\%$이다.

취업자수는 54만 명에서 9만 명이 증가하였으므로 63만 명이 되었고, 따라서 고용률(%) $= \dfrac{\text{취업자수}}{\text{생산가능인구}} = \dfrac{\text{63만 명}}{\text{100만 명}} \times 100(\%) = 63\%$이다.

24 난도 ★★ 답 ①

정답해설

필립스 곡선이 수직이 되는 경우는 $\pi = \pi^e - \beta(u - u_n)$에서 $\pi = \pi^e$인 경우, 또는 $u = u_n$인 경우이다. 이 경우 총공급곡선은 수직이 된다.

25 난도 ★★ 답 ②

정답해설

주어진 테일러 준칙에서 현재의 목표 인플레이션율은 3%이다. 이를 2%로 낮추려면 명목정책금리는 0.5%p 인상해야 한다.

26 난도 ★★ 답 ④

정답해설

이 모형에서 수출승수는 $\dfrac{1}{1 - b + m} = \dfrac{1}{1 - 0.7 + 0.2} = 2$이다.

따라서 수출이 100만큼 늘어나면 국민소득은 2배, 즉 200만큼 증가한다. 경상수지 $X - M$의 변동분 $= 100 - 0.2(200) = 60$이다.

27 난도 ★   답 ③

▮정답해설▮

긴축 재정정책과 팽창 통화정책을 조합하면 IS곡선은 좌측으로 이동하고 LM곡선은 우측으로 이동하므로 AD곡선은 이동하지 않고 따라서 물가는 원래 수준에서 유지될 수 있다. LM곡선의 우측이동에 따라 이자율이 하락하므로 투자는 증가할 수 있다.

28 난도 ★   답 ⑤

▮정답해설▮

폐쇄경제 $IS-LM$모형에서 기대 인플레이션이 상승하면 LM곡선이 오른쪽으로(하방으로) 이동하므로 실질 이자율은 하락하고, 생산량은 증가한다.

29 난도 ★   답 ⑤

▮오답해설▮

ㄱ. [✕] 투자가 이자율에 민감할수록, 즉 투자의 이자율 탄력성이 클수록 IS곡선은 완만하다. 이 경우 재정정책은 구축효과(crowding out effect)가 커서 효과가 작고, 통화정책의 효과는 크다. 이는 프리드먼(M. Friedman) 등 통화주의 학자들의 주장이다.

30 난도 ★★   답 ③

▮정답해설▮

ㄱ·ㄹ. [○] 먼델-플레밍(Mundell-Fleming) 모형은 국가 간 자본이동을 고려한 $IS-LM-BP$ 모형이다. 변동환율제도인 경우 통화량을 줄이면 이자율이 상승하므로 투자가 감소하여 소득은 감소하고, 해외자본이 유입된다.

▮오답해설▮

ㄴ·ㄷ. [✕] 통화량을 줄이면 자국통화의 대외가치는 상승(절상)하고 경상수지는 악화된다.

31 난도 ★   답 ④

▮정답해설▮

1인당 생산함수가 $y=5k^{0.4}=(\frac{Y}{L})=5(\frac{K}{L})^{0.4}$ 이므로 양변에 L을 곱해주면 총생산함수는 $Y=5K^{0.4}L^{0.6}$ 이다. 황금률에서는 노동소득 분배율이 소비율과 같고, 저축율이 자본소득 분배율과 일치하므로 황금률 수준에서의 저축률은 0.4이다.

32 난도 ★★   답 ②

▮오답해설▮

① 신케인즈 학파(new Keynesian)는 불완전한 시장을 가정하고, 시장의 불완전 요소들이 가격경직성을 가져온다고 주장한다.

③ 신케인즈 학파는 총수요 충격이 경기변동의 근본 원인이라고 주장한다. 총공급 충격을 경기변동의 원인으로 강조하는 것은 새고전학파이다.

④ 실물경기변동이론은 새고전학파 경제학자들의 주장으로 완전 신축적인 물가와 임금을 가정한다.

⑤ 실물경기변동이론은 물가와 임금의 신축성을 가정하므로 불경기에도 비용 최소화가 달성된다.

33 난도 ★★   답 ②

▮정답해설▮

② AK 모형에서 자본축적 증가율 $\frac{\Delta K}{K}=\frac{\Delta Y}{Y}=sA-\delta>0$ 이면 지속적인 성장이 가능하다.

▮오답해설▮

① AK 모형에서는 자본의 한계생산은 자본이 축적되어도 체감하지 않고 $Y=AK$에서 A로 일정하다.

③ 감가상각률보다 자본의 한계생산이 커야만 경제는 지속적으로 성장할 수 있다.

⑤ 자본의 한계생산이 일정하므로 자본의 한계생산과 자본의 평균생산은 같다.

34 난도 ★★　　　답 ①

정답해설

① 항상소득가설에 따르면, 단기적으로 소득(Y)이 감소하면 평균소비성향($\frac{C}{Y}$)은 일시적으로 증가한다. 그러나 장기적으로 항상소득에 변화가 없으면 평균소비성향을 불변이라고 주장한다.

오답해설

② 생애주기가설은 소비자는 차입에 제약이 없다고 가정한다.
③ 이자율에 대한 소비의 기간별 대체효과를 반영하는 소비이론은 피셔(I. Fisher)의 기간간 선택(intertemporal choice)이론이다. 케인즈(J. M. Keynes)의 소비이론은 소비는 현재의 가처분소득에 의해 현재의 소비가 결정된다고 주장하는 절대소득가설이다.
④ 홀(R. Hall)의 임의보행가설은 항상소득가설을 기초로 소비자는 합리적 기대를 한다고 가정한다.
⑤ 항상소득가설은 소비자는 차입제약, 즉 유동성 제약에 처해있지 않다고 가정한다.

35 난도 ★★　　　답 ②

정답해설

$q > 1$인 경우 자본을 새로 설치하는 비용보다 새로 설치한 자본에서 발생하는 수익의 흐름이 더 크기 때문에 기업은 투자를 증가시키고 자본 스톡(capital stock)은 증가한다.
토빈(J. Tobin)에 의해서 정립된 q이론은 투자의 수요는 투자로 인한 순한계생산력(즉 자본의 한계생산력－투자비용)과 실질이자율의 비율에 의해 결정된다는 것이다.
토빈의 q는 주식시장에서 평가된 기업의 시장가치를 기업의 실물자본 대체비용으로 나눈 값이다.

36 난도 ★★　　　답 ⑤

정답해설

주어진 조건을 이용하여 먼저 LM곡선을 구하고 $IS-LM$ 균형점에서 AD곡선을 구한다. $M^d = P(0.1\,Y - r)$이므로 $P(0.1\,Y - r) = 4$에서 LM곡선은 $r = 0.1\,Y - \dfrac{4}{P}$이다. IS곡선 식과 연립하여 P를 구한다. 즉 $0.1\,Y - \dfrac{4}{P} = 10 - 0.4\,Y$에서 P를 구하면 총수요곡선은 $P = \dfrac{8}{(Y - 20)}$이다.

37 난도 ★★★　　　답 ⑤

정답해설

균제상태(steady-state)에서는 자본량과 산출량은 인구증가율(n)로 증가한다. 따라서 실업률은 불변이다.
실업률이 변화하지 않는다는 것은 실업자 중 새로운 일자리를 얻는 사람의 수와 취업자 중 일자리를 잃는 사람의 수가 같다는 것이다. 경제활동인구=취업자 수+실업자 수이다. 매 기간 취업자 수를 E라고 하면 매 기간 실업자 수=(6,000만－E)이다. 따라서 $0.05E = 0.2(6,000$만$-E)$이다. 매 기간 취업자 수(E)=4,800만 명이다.
따라서 실업자 수=6,000만 명－4,800만 명=1,200만 명이다.

38 난도 ★　　　답 ⑤

정답해설

$AD-AS$ 모형에서 AD와 AS 모두 감소하면 균형국민소득은 감소한다. 균형물가수준은 불확실하다. AD가 AS보다 크게 감소하면 균형물가수준은 하락하지만, AD보다 AS가 크게 감소하면 균형물가수준은 상승한다.

▮정답해설▮

총생산함수를 증가율에 관한 식으로 바꾸면 성장회계방정식이 된다.

즉, $\dfrac{\Delta Y}{Y} = \dfrac{\Delta A}{A} + 0.6\dfrac{\Delta L}{L} + 0.4\dfrac{\Delta K}{K}$ 이다. 여기에 주어진

조건들을 대입하여 정리하면 생산량 증가율($\dfrac{\Delta Y}{Y}$)=5.8%이

고, 노동자 1인당 생산량 증가율은 생산량 증가율(5.8%)에서 노동량 증가율(-2%)을 빼면 7.8%이다.

▮정답해설▮

균형민간저축 $S_p = Y - C - T$이다. IS곡선과 LM곡선을 도출한 후 균형국민소득을 구해서 S_p 식에 대입한다.

• IS곡선 : $Y = C + I + G = 8 + 0.8(Y-5) + 14 - 2r + 2$ 에서 $Y = 100 - 10r$ 이다.

• LM곡선 : $M^s = M^d$, $10 = Y - 10r$ 에서 $Y = 10 + 10r$ 이다.

• 두 식을 연립하여 풀면 균형국민소득 $Y = 55$, 균형이자율 $r = 4.5$이다. 이 값을 균형민간저축 $S_p = Y - C - T$식에 대입하여 값을 구하면 $S_p = 2$이다.

03 2021년 제32회 정답 및 해설

01	02	03	04	05	06	07	08	09	10	11	12	13	14	15	16	17	18	19	20
③	⑤	②	④	④	⑤	①	③	⑤	②	⑤	③	②	⑤	①	②	②	④	④	모두 정답
21	22	23	24	25	26	27	28	29	30	31	32	33	34	35	36	37	38	39	40
②	⑤	④	④	②	①	④	⑤	①	⑤	①	③	③	②	④	③	③	②	①	①

01 난도 ★
답 ③

┃정답해설┃

일반적으로 한계대체율 체감과 무차별곡선의 볼록성은 같은 의미이다. 무차별곡선이 볼록할 경우 무차별곡선의 기울기는 X재 소비증가에 따라 점점 평평해지며, 이는 X재를 많이 소비할수록 Y재 단위로 나타낸 X재의 상대적 선호도가 감소한다는 의미이므로 한계대체율 체감을 의미한다.

02 난도 ★★
답 ⑤

┃정답해설┃

전원합의제에서는 모든 사람의 효용이 증가할 때 단 한 사람의 효용도 감소하지 않아 어떤 정책이 실시된다면 반드시 파레토 효율적이다. 반면 과반수제에서는 정책이 실시될 때 적어도 반대하는 누군가의 효용이 감소할 수 있으므로 파레토 효율적이라고 할 수 없다. 따라서 애로우의 불가능성 정리에서 파레토 원칙은 과반수제가 아닌 전원합의제를 의미한다.

03 난도 ★★
답 ②

┃정답해설┃

가격하락 시 정상재의 경우 대체효과로 인해 수요가 증가, 소득효과로 인해 수요가 증가하므로 전체 가격효과는 수요 증가이다. 열등재와 기펜재의 경우 대체효과로 수요가 증가,

소득효과로 인해 수요가 감소하지만 이 두 효과 중 대체효과가 더 커서 전체 가격효과가 수요 증가인 경우 열등재, 소득효과가 더 커서 전체 가격효과가 수요 감소인 경우 기펜재로 구분된다.

04 난도 ★★★
답 ④

┃정답해설┃

④ 직선인 공급곡선이 ㉠ 원점에서 출발할 경우 공급탄력성은 항상 1이며, ㉡ 가격축에서 출발할 경우 공급탄력성은 항상 1보다 크다. 그리고 ㉢ 수량축에서 출발할 경우 공급탄력성은 항상 1보다 작다.

┃오답해설┃

① 수요곡선이 수직이면 가격탄력성이 0이다.
② 수요의 가격탄력성은 ㉠ 기울기의 역수, ㉡ 수요곡선상의 위치에 의해 결정된다. 우하향하는 직선의 수요곡선상 모든 점들의 기울기의 역수값은 동일하지만 수요곡선상의 위치가 각각 다르기 때문에 가격탄력성 또한 각각 다르다.
③ 가격탄력성이 1보다 크면 탄력적이다.
⑤ 수요의 교차탄력성이 0보다 크면 대체재 관계이며 0보다 작으면 보완재 관계이기 때문에, 1보다 크면 두 상품은 대체재 관계이다.

05 난도 ★★ 답 ④

정답해설

④ 자중손실은 조세로 인한 비효율성의 크기를 의미한다. 소비자잉여의 감소분과 생산자잉여의 감소분을 합한 뒤 조세징수분을 제할 경우 사회적 후생감소분이 도출되며 그 값은 2이다.

오답해설

① 물품세를 소비자에게 부과하든 생산자에게 부과하든 실질조세부담에는 변화가 없다. 즉, 실제 조세부담은 법에서 조세를 누구에게 부과하는지와 무관하다.
② 수요곡선이 수평선일 경우 소비자잉여는 조세 부과 이전과 이후 모두 0이므로 변화가 없다.
③ 생산자잉여의 감소분은 최초 50원에서 조세부과 후 32원으로 변화하므로 감소분은 18원이다.
⑤ 조세수입은 단위당 조세의 크기인 2원과 조세부과 후 최종 생산량인 8을 곱해 16원으로 도출된다.

06 난도 ★ 답 ⑤

정답해설

생산가능곡선은 주어진 자원과 기술수준 하에서 최대로 생산 가능한 재화나 서비스의 조합을 나타내는 곡선이므로 생산가능곡선 상의 점들은 이미 파레토 효율적이고, 따라서 더 이상의 파레토 개선이 불가하다.

07 난도 ★★ 답 ①

정답해설

ㄱ. [×] 네트워크 효과에 의해 특정 상품에 대한 어떤 사람의 수요가 다른 사람들의 수요에 의해 영향을 받게 된다면, 시장수요곡선은 개별 수요곡선의 수평 합과 다를 수 있다.
ㄴ. [×] 속물효과는 상품 소비자의 수가 증가함에 따라 그 상품 수요가 감소하는 효과를 이르는 말이다.

08 난도 ★★★ 답 ③

오답해설

ㄹ. [×] 비용극소화를 통해 도출된 비용함수를 이윤함수에 넣어서 다시 이윤극대화 과정을 거쳐야 하므로 필요조건이기는 하나 충분조건은 아니다.

09 난도 ★ 답 ⑤

정답해설

⑤ 후생경제학 제1정리는 분권화된 경쟁시장에 의해 이루어진 자원배분이 일정한 조건 하에 반드시 파레토 효율적임을 의미한다. 이런 맥락에서 후생경제학 제1정리를 아담 스미스의 '보이지 않는 손'을 현대적으로 재해석한 것이라 평가한다.

오답해설

① 파레토(Pareto) 효율적인 상태는 파레토 개선이 불가능한 상태를 뜻한다.
② 제2정리는 모든 사람의 선호가 볼록성을 가지면 파레토 효율적인 배분은 일반경쟁균형이 된다는 것이다.
③ 제1정리는 모든 소비자의 선호체계가 약 단조성을 갖고 외부성이 존재하지 않으면 일반경쟁균형의 배분은 파레토 효율적이라는 것이다.
④ 제1정리는 완전경쟁시장 하에서 사익과 공익은 서로 상충됨을 의미하지는 않는다. 제2정리는 정부의 두 가지 역할인 효율성의 달성과 공평성의 추구가 분리될 수 있음을 의미한다.

10 난도 ★ 답 ②

정답해설

레온티에프 생산함수의 형태임을 고려할 때 기업이 재화 200개를 생산하려고 할 때 필요한 최소한의 노동(L)과 자본(K)은 각각 400단위, 200단위이다. 따라서 노동가격인 2원과 자본가격인 3원을 각각 곱해주면 전체비용은 1400원으로 도출되고, 이를 생산된 재화인 200개로 나누어 주면 평균비용은 7원이다.

11 난도 ★★　　　　　　답 ⑤

┃정답해설┃

⑤ 제도 변화 후 새로운 내쉬 균형은 (조업가동, 1톤 배출)이
므로 오염물질의 총배출량은 2톤에서 1톤으로 감소했다.

┃오답해설┃

새로운 보수행렬을 그리면 다음과 같다.

① 초기 상태의 내쉬균형은 (조업가동, 2톤 배출)이다.
② 초기 상태의 甲의 우월전략은 '조업가동'이며 乙의 우월
전략은 '2톤 배출'이다.
③ 제도 변화 후 甲의 우월전략은 '조업가동'이며 乙의 우월
전략은 '1톤 배출'이다.
④ 甲이 乙에게 보상금을 지급한 것이므로 제도 변화 후 甲
과 乙의 전체 보수는 이전과 동일하다.

12 난도 ★★★　　　　　　답 ③

┃정답해설┃

③ 수요곡선이 굴절되어 불연속적인 한계수입곡선이 도출
되는 지점에서는 한계비용의 변화에도 불구하고 상품가
격이 안정적으로 유지된다.

┃오답해설┃

① 기업이 선택하는 가격에 대한 예상된 변화가 비대칭적이
기 때문에 발생한다.
② 아무런 담합이 없더라도 과점시장에서는 가격의 안정성
이 나타날 수 있음을 주장하는 이론이다.
④ 경쟁기업의 가격인상에는 반응하지 않으며, 경쟁기업의
가격인하에 가격을 따라 내려 시장을 잃지 않으려고 한다
고 가정한다.
⑤ 일반적으로 비가격경쟁은 동질적 과점시장에서 가격경
쟁이 발생할 경우 가격을 계속 내릴 수밖에 없는 위험성
에서 비롯된다. 하지만 굴절수요곡선 모형에서는 가격이
안정적으로 형성되기 때문에 비가격경쟁이 증가한다고
단정 짓기 어렵다.

13 난도 ★★　　　　　　답 ②

┃정답해설┃

ㄱ. [○] 모형의 가정상 각 기업은 상대방이 생산량을 결정했
을 때 이를 주어진 것으로 보고 자신의 이윤을 극대화하
는 산출량을 결정한다.
ㄹ. [○] 기업이 시장에 더 많이 진입하는 경우 시장은 과점
의 형태에서 완전경쟁의 형태로 근접하게 되므로 균형가
격은 한계비용에 접근한다.

┃오답해설┃

ㄴ. [×] 꾸르노 모형은 독자적 행동을 가정하는 비협조적
과점모형의 대표적인 예이다.
ㄷ. [×] 甲, 乙 두 기업이 완전한 담합을 이루는 경우 하나의
독점기업처럼 행동하게 되므로 꾸르노 균형의 결과는 달
라진다.

14 난도 ★　　　　　　답 ⑤

┃정답해설┃

⑤ 소비자에게 품질에 대한 정보가 제대로 전달되지 않을
경우 실제로 품질이 좋지 않은 제품을 구매할 확률이 높
으므로 이에 대한 정보제공을 원활히 하여 역선택을 해결
하기 위한 제도가 품질표시제도이다.

┃오답해설┃

① 동일한 조건과 보험료로 구성된 치아보험에 치아건강상
태가 더 좋지 않은 계층이 더 가입하려는 경향이 있어
보험시장에서는 역선택의 문제가 발생한다.
② 역선택은 정보가 비대칭적인 시장에서 자주 발생하며,
대표적인 예로는 중고차시장이 있다.
③ 통신사에서 소비자별로 다른 요금을 부과하는 것은 역선
택이 아닌 가격차별의 문제이다.
④ 의료보험의 기초공제제도는 손실액의 일정액 이하는 가
입자가 부담하고 초고액만 보험회사에서 보상하는 제도
로, 자기 부담이 있기 때문에 사고를 방지하고자 하는
노력을 하도록 만들기 위한 제도로서 대표적인 도덕적
해이의 해결방안이다.

15 난도 ★　　　　　　　　　　　답 ①

┃ 정답해설 ┃

순수 공공재는 비배제성과 비경합성을 가진다. 이 중 비경합성으로 인해 추가적인 소비가 다른 사람의 소비를 제한하지 않으므로, 소비자가 많아도 개별 소비자가 이용하는 편익은 유지된다.

16 난도 ★★★　　　　　　　　답 ②

┃ 정답해설 ┃

ㄱ. [O] 이부가격제에 대한 기본적인 개념 설명이다.

ㄷ. [O] 소비자잉여에서 사용료를 제한 부분에서 가입비를 부과할 수 있으므로, 사용료를 아예 부과하지 않는다면 소비자잉여는 독점기업이 부과할 수 있는 가입비의 한도액이 된다.

┃ 오답해설 ┃

ㄴ. [×] 적은 수량을 소비하더라도 가입비는 동일하게 지급하므로 적은 수량을 소비할수록 소비자의 평균지불가격이 높아진다.

ㄹ. [×] 자연독점 하에서 기업이 평균비용 가격설정으로 인한 손실을 보전하기 위해 선택하는 것이 아니라, 종량요금이 얼마이든 소비자잉여를 가입비로 흡수할 수 있으므로 1차 가격차별과 근접한 방식으로 독점기업의 이윤을 늘리기 위해 선택한다.

17 난도 ★★　　　　　　　　　답 ②

┃ 정답해설 ┃

두 기업의 오염저감비용의 합계를 최소화하기 위해서는 $TAC_1 = TAC_2$가 성립해야 하며 두 기업의 총오염배출량이 80톤이므로 $X_1 + X_2 = 80$을 만족해야 한다.

따라서, $8X_1 = 2X_2$와 $X_1 + X_2 = 80$를 연립하면 $X_1 = 16$, $X_2 = 64$가 도출된다.

18 난도 ★★　　　　　　　　　답 ④

┃ 정답해설 ┃

④ 우하향하는 장기평균비용곡선은 규모수익체증을 뜻하며 이는 일반적으로 규모의 경제로 이어진다. 규모의 경제가 장기적으로 존재할 경우 다른 기업들의 진입하기 어려워져 시장에는 하나의 기업만이 존재하게 된다.

┃ 오답해설 ┃

① 생산량이 많은 기업의 평균비용이 생산량이 적은 기업의 평균비용보다 낮다.

② 규모의 경제가 있는 경우 진입 장벽이 없는 경우에도 일종의 진입 장벽으로 작용하기 때문에 기업의 참여가 증가한다고 보기 어렵다.

③ 규모의 경제가 존재할 경우 규모를 늘릴수록 평균비용이 낮아지므로 소규모 기업의 평균비용이 더 높다.

⑤ 대규모 소품종을 생산하면 평균비용이 낮아진다.

19 난도 ★★★　　　　　　　　답 ④

┃ 정답해설 ┃

- (ㄱ) 사회적 최적 수준의 생산은 상품의 시장수요곡선 $P = 100 - 2Q$와 사회적 한계비용 $SMC = 40$이 만나는 지점에서 이루어진다. 이 두 식을 연립하면 $Q^* = 30$이 도출된다.

- (ㄴ) 사회후생의 순손실은 사회적 최적 생산량인 $Q^* = 30$에서 시장 생산량인 $Q = 40$으로 변할 때의 후생변화를 통해 측정할 수 있다. 먼저 편익은 생산량 증가로 인해 300만큼 증가하며, 사적 비용 또한 생산량 증가로 인해 200만큼 증가하고, 사회적 비용이 추가로 200만큼 발생한다. 따라서 $300 - 200 - 200 = -100$이므로 사회후생의 순손실은 100으로 도출된다.

20 난도 ★★　　　　　　　　　답 모두정답

┃ 정답해설 ┃

기업의 이윤$= 4Q - 0.25L = 8L^{0.5} - 0.25L$이므로 이를 극대화하는 노동투입량은 이윤을 L로 1계미분하여 도출되며, $4L^{-0.5} - 0.25 = 0$를 풀면 $L = 256$이다. 이를 생산함수에 대입하면 $Q = 32$가 도출된다.

※ 이 문제는 정답이 제시되지 않아, 모두정답 처리되었음을 알려드립니다.

21 난도 ★★　　　　답 ②

▮정답해설▮

균형재정승수는 $T = G$일 때 정부지출 변화에 대한 국민소득 변화의 비율이므로, $IS - LM$ 균형을 구한 뒤 $T = G$를 대입한 식을 통해 도출 가능하다. LM을 $r = Y - \dfrac{M}{P}$ 로 정리한 뒤 IS곡선에 대입하고 T자리에 G를 대입하면 최종적으로 $Y = 100 + 0.5G + \dfrac{M}{2P}$ 가 도출된다. 따라서 균형재정승수는 0.5이다.

22 난도 ★　　　　답 ⑤

▮정답해설▮

한국은행은 고용증진 목표 달성이 아닌 통화정책 운영체제로서 물가안정목표제를 운영하고 있다.

23 난도 ★　　　　답 ④

▮정답해설▮

④ 화폐의 기능 중 가치 저장 기능은 발생한 소득을 바로 쓰지 않고 나중에 지출할 수 있도록 해준다.

▮오답해설▮

① 금과 같은 상품화폐의 내재적 가치는 변동한다.
② M2에는 요구불 예금과 저축성 예금이 포함된다.
③ 명령화폐(flat money)는 상품화폐와 달리 내재적 가치를 갖지 않는다.
⑤ 다른 용도로 사용될 수 있더라도 교환의 매개 수단으로 활용될 수 있다.

24 난도 ★★　　　　답 ④

▮정답해설▮

일반적인 폐쇄경제 모형에서 정부저축은 이자율의 함수로 표현되지 않는다. 이자율이 하락할 경우 투자가 증가하지만 $S_P + S_G = I$에 따르면 민간저축이 증가한 상태에서 정부저축이 증가했는지 감소했는지를 단정하기 어렵다.

25 난도 ★★　　　　답 ②

▮정답해설▮

② 화폐의 중립성은 통화량의 변화가 실질변수에 영향을 주지 않는다는 이론으로 중앙은행이 통화정책을 실시해도 산출량은 변하지 않고 명목변수인 물가만 변동하게 된다. 산출량이 변하지 않는다면 장기적으로 실업률에도 영향을 줄 수 없다.

▮오답해설▮

① 고전적 이분법은 장기적인 관점에서 성립한다.
③·⑤ 실질 변수에는 영향을 줄 수 없다.
④ 물가는 명목 변수로서 변동하므로 물가를 관리할 수는 있다.

26 난도 ★　　　　답 ①

▮정답해설▮

① 화폐수요는 소득의 증가함수이자 이자율의 감소함수이다. 이를 설명하는 다양한 이론들이 있지만 대표적으로 케인즈는 장래 이익 획득의 기회에 대비하여 유동성이 높은 화폐를 보유하려는 동기인 투기적 동기를 제시하며 투기적 동기의 화폐수요를 이자율의 감소함수로 가정하였다.

▮오답해설▮

② 물가가 상승하면 거래적 동기의 현금통화 수요는 증가한다.
③ 요구불예금 수요가 증가하면 M1 수요는 증가한다.
④ 실질 국내총생산이 증가하면 M1 수요는 증가한다.
⑤ 신용카드 보급기술이 발전하면 현금통화 수요가 감소한다.

27 난도 ★★ 답 ④

┃정답해설┃

소비자물가지수는 수입생필품을 포함하지만 자본재를 비포
함하고, GDP 디플레이터는 수입 생필품을 포함하지 않고
자본재를 포함하는 등 두 물가지수에 포함되는 품목이 다르
다. 또한 측정 방식도 달라 소비자물가지수는 과대측정가능
성을 가지고 GDP 디플레이터는 과소측정가능성을 가진다.
따라서 둘 중 어느 지수가 소비자들의 생계비를 더 왜곡한다
고 하기는 어렵다.

28 난도 ★★★ 답 ⑤

┃정답해설┃

- (ㄱ) 준칙적 통화정책을 사용할 때 중앙은행이 먼저 실제
  인플레이션율을 결정하고 민간이 기대 인플레이션을 결정
  하게 된다. 중앙은행이 0%의 인플레이션율을 유지할 경우
  민간은 $\pi = \pi_e = 0$로 기대 인플레이션율을 설정하므로
  $u = 0.03 - 2(\pi - \pi_e)$에 이를 대입하면 $u = 0.03$이 도출
  된다.
- (ㄴ) 최적 인플레이션율로 통제했을 때 역시 만약 민간이
  합리적인 기대를 통해 기대 인플레이션율을 중앙은행이 결
  정한 인플레이션율로 맞추게 된다면 $\pi = \pi_e = 1$로 기대 인
  플레이션율을 설정하여 $u = 0.03 - 2(\pi - \pi_e)$에 이를 대입
  하면 $u = 0.03$이 도출된다. 이러한 결과는 민간이 합리적
  인 기대를 할 경우 어떤 정책을 택하든 자연실업률의 수준
  에서 벗어나지 못하는 정책 무력성 명제를 나타낸다고 할
  수 있다.

29 난도 ★★ 답 ①

┃정답해설┃

ㄱ. [O] 총공급 곡선이 수직일 경우 독립투자가 증가해도
산출량에는 변화가 없으므로 독립투자승수가 이전보다
감소한다.

ㄴ. [O] 독립투자 증가 시 이자율이 상승하여 투자가 다시
감소한다면 구축효과로 인해 독립투자승수가 이전보다
감소한다.

┃오답해설┃

ㄷ・ㄹ. [×] 정부지출, 세금, 수출, 수입 등이 외생적으로
증가하는 것은 독립투자승수를 변화시키지 못한다.

30 난도 ★ 답 ⑤

┃정답해설┃

⑤ A국의 국내총생산은 기업 甲과 기업 乙의 매출액 합계에
서 중간투입액 합계를 빼서 구하거나, 기업 甲과 기업
乙의 요소소득에 대한 총지출을 더하여 구할 수 있다.

┃오답해설┃

① 기업 甲의 이윤이 50이므로, 요소소득에 대한 총지출은
400이다.

② 기업 甲의 부가가치는 매출액에서 중간투입액을 뺀 것과
같으며, 400이다.

③ 기업 甲의 이윤은 기업 乙의 이윤과 50으로 같다.

④ 기업 甲의 요소소득에 대한 총지출은 400이고, 기업 乙
의 요소소득에 대한 총지출은 500이므로 A국의 임금,
이자, 임대료, 이윤에 대한 총지출은 900이다.

31 난도 ★★ 답 ①

┃정답해설┃

① 인플레이션율을 감소시킬 경우 단기적으로 필립스곡선
을 따라 이동하며 실업률을 증가시킨다. 하지만 장기적
으로는 인플레이션 기대가 조정되고 필립스곡선이 이동
함에 따라 실업률이 자연실업률 수준으로 돌아가게 된다.

┃오답해설┃

②・④ 장기 필립스곡선이 수직이므로 장기적으로 실업률은
자연실업률 수준으로 돌아가게 된다.

③ 인플레이션 저감비용을 인플레이션을 감소시키는 대신
감수해야 하는 실업률의 증가분으로 책정한다면 필립스
곡선의 형태가 동일하므로 장기적으로 인플레이션 저감
비용은 변하지 않는다.

⑤ 합리적 기대가설에서는 단기적으로도 정책의 효과가 없
으므로 결과는 동일하지 않다.

32 난도 ★ 답 ③

┃정답해설┃

'생산가능인구＝경제활동인구＋비경제활동인구, 경제활동인
구＝취업자＋실업자'이다. 따라서 문제에서 생산가능인구는
3,000만 명, 경제활동인구는 1,500만 명이므로 비경제활동인
구는 1,500만명이고 생산가능인구에 대한 비경제활동인구의
비율은 50%이다.

33 난도 ★★　　　　답 ③

┃정답해설┃

$\Pi_t = 0.04$, $\Pi_{t-1} = 0.08$을 $\Pi_t - \Pi_{t-1} = -0.8(U_t - 0.05)$에 대입하면 $U_t = 10\%$가 도출된다. 현재 실업률이 5%이기 때문에 실업률 증가분은 5%p이고 세 번째 가정에 따르면 GDP는 10% 감소한다. 인플레이션율을 4%p 낮출 경우 GDP 변화율(%)이 10%이므로, 인플레이션율을 1%p 낮출 경우 감소되는 GDP 변화율(%)인 희생률은 2.5로 도출된다.

34 난도 ★★★　　　　답 ②

┃정답해설┃

ㄱ. [○] 긴축재정으로 IS곡선이 좌측이동할 경우 외환 초과수요로 환율이 상승하므로 원화가치는 하락한다.

ㄷ. [○] IS곡선이 좌측이동하지만 환율 상승으로 다시 우측이동하여 제자리로 돌아오므로 최종적인 균형에서의 소득수준은 변하지 않는다.

┃오답해설┃

ㄴ. [×] 역시 원래 균형으로 회귀하므로 이자율이 변하지 않아 투자지출은 증가하지 않는다.

ㄹ. [×] 환율 상승 및 원화 평가절하로 인해 순수출이 증가한다.

35 난도 ★★　　　　답 ④

┃정답해설┃

균제상태에서 $\triangle k = sf(k) - (\delta + n)k = 0$이 성립하므로 $f(k) = 2k^{0.5}$, $s = 0.3$, $\delta = 0.25$, $n = 0.05$를 대입하면 $0.6k^{0.5} - 0.3k = 0$으로 정리할 수 있다. 이 방정식을 풀면 $k = 4$가 도출되고 1인당 생산함수 $y = 2k^{0.5}$에 대입하면 $y = 4$가 도출된다.

36 난도 ★　　　　답 ③

┃정답해설┃

ㄱ·ㄹ. [○] 폐쇄경제 하에서 지출을 늘리면 IS곡선이 오른쪽으로 이동하며, 이자율을 유지하려고 하면 LM곡선도 오른쪽으로 이동해야 한다. LM곡선이 오른쪽으로 이동하는 과정에서 통화량이 증가한다.

┃오답해설┃

ㄴ·ㄷ. [×] IS곡선과 LM곡선이 모두 오른쪽으로 이동하여 형성되는 새로운 균형점에서는 소득수준이 기존에 비해 증가한다.

37 난도 ★★　　　　답 ③

┃정답해설┃

ㄱ. [○] 정부지출 증가로 IS곡선은 오른쪽으로 이동하며 AD곡선 또한 오른쪽으로 이동하므로 소득수준은 증가한다.

ㄹ. [○] IS곡선이 오른쪽으로 이동하여 이자율이 증가하므로 투자지출은 감소한다.

┃오답해설┃

ㄴ. [×] IS곡선이 오른쪽으로 이동하여 이자율이 증가한다.

ㄷ. [×] AS곡선이 수평이므로 LM곡선의 이동을 수반하지 않아 명목 통화량은 변하지 않는다.

38 난도 ★　　　　답 ②

┃정답해설┃

계산해 보지 않더라도 P_e가 3에서 5로 증가할 때 총수요곡선은 그대로이고 총공급곡선은 왼쪽으로 이동하므로 (ㄱ) 균형소득수준은 하락하고 (ㄴ) 균형물가수준은 상승함을 알 수 있다. $P_e = 3$을 직접 대입해서 풀 경우 $Y = 1.5$, $P = 2.5$가 도출되며, $P_e = 5$를 대입해서 풀 경우 $Y = 0.5$, $P = 3.5$가 도출되므로 동일한 결론을 얻을 수 있다.

39 난도 ★

답 ①

▌정답해설▐

누진세 체계 하에서는 고소득 구간에 속할수록 세율이 높아지기 때문에 예상보다 높은 인플레이션이 발생할 경우 사람들이 직면하는 세율이 높아질 수 있다. 따라서 정부의 조세수입은 증가할 수 있다.

40 난도 ★★

답 ①

▌정답해설▐

각 값을 넣어 정리하면 $Y = 100 + 0.6Y + 100 + 100 - 0.4Y$ 이므로 $Y = 375$, $X - M = -50$ 이 도출된다. 한계수입성향이 0.1로 감소하면 $M = 0.1Y$이므로 다시 대입하여 정리하면 $Y = 100 + 0.6Y + 100 + 100 - 0.1Y$이므로 $Y = 600$, $X - M = 40$ 이 도출된다. 따라서 (ㄱ) 균형국민소득과 (ㄴ) 순수출 모두 증가한다.

04 2020년 제31회 정답 및 해설

01	02	03	04	05	06	07	08	09	10	11	12	13	14	15	16	17	18	19	20
④	④	④	③	①	④	②	②	②	①	③	④	②	②	④	④	③	②	②	①
21	22	23	24	25	26	27	28	29	30	31	32	33	34	35	36	37	38	39	40
②	⑤	④	⑤	①	③	②	⑤	⑤	③	④	③	②	②	②	②	④	①	①	⑤

01 난도 ★　　　　답 ④

▌정답해설▌

수요의 가격탄력성이란 어떤 재화가격이 변화할 때 그 재화의 수요량이 얼마나 변하는가를 나타내는 지표로서 수요량의 변화율을 가격의 변화율로 나눈 수치로 구해진다.

$\varepsilon_P = -\dfrac{\Delta Q_D/Q_D}{\Delta P/P} = -\dfrac{\Delta Q_D}{\Delta P}\dfrac{P}{Q_D} = 2\dfrac{P}{10-2P} = 1$을 만족하는 P를 계산하면 $P = 2.5$가 도출된다.

02 난도 ★　　　　답 ④

▌정답해설▌

④ 평균비용 $AC = \dfrac{TC}{Q} = \dfrac{100}{Q} + Q$, 한계비용 $MC = 2Q$이므로 $Q = 10$일 때 두 비용은 모두 20으로 같다.

▌오답해설▌

① $AVC = Q$이므로 평균가변비용곡선은 직선이다.

② $AFC = \dfrac{100}{Q}$이므로 평균고정비용곡선은 직각쌍곡선이다.

③ $MC = 2Q$이므로 한계비용곡선은 직선이다.

⑤ 평균비용 $AC = \dfrac{TC}{Q} = \dfrac{100}{Q} + Q$의 최소값은 $Q = 10$일 때의 값 20이다.

03 난도 ★★★　　　　답 ④

▌정답해설▌

$Max\ U(L, Y) = \sqrt{L} + \sqrt{Y}$, $s.t.\ w(24-L) = Y$를 풀면 주어진 소득 하에서 효용을 극대화하는 여가(L) 및 복합재(Y)의 값을 구할 수 있다. $\dfrac{M_L}{M_Y} = \dfrac{\frac{1}{2\sqrt{L}}}{\frac{1}{2\sqrt{Y}}} = \dfrac{\sqrt{Y}}{\sqrt{L}} = \dfrac{P_L}{P_Y} = \dfrac{w}{1}$

일 때 주어진 효용이 극대화되므로 $Y = w^2 L$을 제약식 $s.t.\ w(24-L) = Y$에 대입하면 $L = \dfrac{24}{w+1}$이 도출된다.

따라서 시간당 임금 w가 3에서 5로 상승할 때, 효용을 극대화하는 甲의 여가시간은 6에서 4로 2만큼 감소한다.

04 난도 ★★　　　　답 ③

▌정답해설▌

시장균형 생산량은 역공급함수 $P = 440 + Q$와 역수요함수 $P = 1200 - Q$가 만나는 지점인 $Q = 380$이다. 사회적 최적 수준의 생산량은 역공급함수 $P = 440 + Q$와 외부한계편익을 고려한 사회 전체의 수요함수인 P=역수요함수+EMB $= 1260 - 1.05Q$가 만나는 지점인 $Q = 400$이다. 정부가 X재를 사회적 최적수준으로 생산하도록 단위당 보조금을 S만큼 지급한다면 공급함수는 $P = 440 + Q - S$이며 수요함수인 $P = 1200 - Q$이 만나는 지점이 사회적 최적 수준인 $Q = 400$이 되도록 하는 $S = 40$이다.

▌정답해설▌

$Min\ C=3L+5K,\ s.t.4L+8K=120$를 풀면 재화 120을 생산하기 위해 비용을 최소화하는 요소 묶음을 도출할 수 있다. 두 식 모두 $L-K$평면에서 직선이므로 $3L+5K$가 최소화되기 위해서는 두 직선 중 비용곡선의 기울기(의 절댓값)가 더 크므로 $L=0$, $K=15$여야 한다.

▌정답해설▌

독점기업은 $MR=MC$인 지점에서 생산량을 결정하며 수요곡선 상에서 가격을 결정한다. 따라서 모든 소비자를 대상으로 이윤을 극대화하는 가격을 설정해서 판매한다면 $MR=90-4Q=MC=10$인 $Q=20$이며 이 때의 $P=90-2Q=50$이다.

원래의 수요함수 $Q=45-\dfrac{1}{2}P$에서 20만큼이 제외된 새로운 수요함수는 $Q'=25-\dfrac{1}{2}P'$이므로 $MR'=50-4Q'=MC=10$인 $Q'=10$이며 이 때의 $P'=30$이다.

▌정답해설▌

• X재 가격이 12, Y재 가격이 1일 경우, $Max\ U(x,\ y)=xy$, $s.t.12x+y=96$을 풀어서 X재와 Y재의 소비량을 구할 수 있다. $\dfrac{MU_X}{MU_Y}=\dfrac{y}{x}=\dfrac{P_X}{P_Y}=\dfrac{12}{1}$이므로 $y=12x$를 제약식에 대입하면 $x=4, y=48$이 도출된다.

• X재 가격이 3, Y재 가격이 1일 경우, $Max\ U(x,\ y)=xy$, $s.t.3x+y=96$을 풀어서 X재와 Y재의 소비량을 구할 수 있다. $\dfrac{MU_X}{MU_Y}=\dfrac{y}{x}=\dfrac{P_X}{P_Y}=\dfrac{3}{1}$이므로 $y=3x$를 제약식에 대입하면 $x=16, y=48$이 도출된다. 따라서 X재 소비량은 증가하고 Y재 소비량은 변하지 않는다.

▌정답해설▌

• 가격 상한 설정 이전에는 X재 시장의 수요곡선 $Q_D=500-4P$와 공급곡선 $Q_S=-100+2P$가 만나는 지점인 $P=100$, $Q=100$에서 균형이 성립한다. 이 때의 소비자잉여는 $25\times100\times\dfrac{1}{2}=1250$이며 생산자잉여는 $50\times100\times\dfrac{1}{2}=2500$이다.

• 가격 상한 설정 이후에는 $P=80$의 수준에서 수요가 180이고 공급이 60이므로 $Q=60$의 수준에서 생산이 이루어진다. 이 때의 소비자잉여는 $(45+30)\times60\times\dfrac{1}{2}=2250$이며 생산자잉여는 $30\times60\times\dfrac{1}{2}=900$이다. 따라서 소비자잉여는 증가하고 생산자잉여는 감소한다.

▌정답해설▌

완전경쟁시장에서 기업은 $P \geq AVC$를 만족하는 범위에서 $P=MC$를 만족하는 생산계획을 세우므로, $P=1=MC=\dfrac{wq}{100}$, $w=4$를 만족하는 단기공급량으로는 $q=25$가 도출된다.

▌정답해설▌

ㄱ. [O] 甲의 효용함수는 레온티예프 효용함수이고 X재와 Y재는 완전 보완재이므로 X재 가격이 하락하더라도 대체효과는 발생하지 않는다.

ㄴ. [O] $Max\ U(x,\ y)=\min[x,\ y]$를 위해서는 $x=y$가 성립해야 하므로, X재 가격 하락 이전에는 $x=y=90$이 甲의 효용을 극대화하는 소비량이다. X재 가격만 8로 하락할 경우 $8x+10y=1800$, $x=y$를 만족하는 $x=y=100$이 甲의 효용을 극대화하는 소비량이다. 따라서 X재 소비량의 변화는 10이며 그 중 대체효과가 0이므로 소득효과는 10이다.

15 난도 ★

답 ④

▌정답해설▌

ㄴ. [○] P_C가 증가할 때 Q_D가 감소하므로 맥주는 치킨의 보완재이다.

ㄷ. [○] 식에 따르면 P_C가 증가할 때 Q_D가 감소한다.

▌오답해설▌

ㄱ. [✗] I가 증가할 때 Q_D가 증가하므로 맥주는 열등재가 아닌 정상재이다.

16 난도 ★★★

답 ④

▌정답해설▌

완전경쟁시장의 장기균형은 (1) $P=LMC$로 한계수입과 한계비용이 일치하여 기업들이 산출량을 변경할 유인이 없으며, (2) $P=LAC$로 무이윤이 성립하여 신규기업의 진입 또는 기존기업의 이탈의 유인이 없으며, (3) $D=S$로 시장 전체의 수요와 공급이 일치하여 가격이 상승, 하락할 이유가 없어진 상태를 뜻한다. 개별 기업 입장에서 조건(1)과 (2)를 합하면 $P=LMC=LAC$이므로 문제의 $LAC(q)=40-6q+\frac{1}{3}q^2$ $=LMC(q)=40-12q+q^2$를 만족하는 $q=9$가 개별기업의 생산량이 될 것이며, 이를 다시 식에 대입하여 도출된 $P=13$이 시장 가격이 된다. $D(P)=2,200-100P$이므로 $P=13$일 때의 시장 균형 생산량 $Q=900$이며 동일한 비용구조를 갖는 기업은 동일한 가격에서 동일한 양을 생산하므로 $Q=q×$기업의 수가 된다. 따라서 시장에 존재하는 기업의 수는 100이 된다.

17 난도 ★★★

답 ③

▌정답해설▌

기업의 비용극소화 의사결정은 $\min C=wL+rK\ s.t.$ $Q=5L^{0.5}K^{0.5}$이다. $MRTS_{LK}=\frac{K}{L}=\frac{w}{r}$이며 이를 제약식에 대입해서 정리하면 $L=\frac{1}{5}\sqrt{\frac{r}{w}}Q$, $K=\frac{1}{5}\sqrt{\frac{w}{r}}Q$가 도출된다. 이렇게 정리된 L과 K를 목적식에 대입하면 $C=\frac{2}{5}\sqrt{wr}Q$의 비용함수가 도출된다.

따라서 $MC=AC=\frac{2}{5}\sqrt{wr}$이므로 평균비용과 한계비용은 생산량의 증가와 무관하게 일정하다.

18 난도 ★★★

답 ②

▌정답해설▌

ㄱ. [○] 한계대체율은 무차별곡선의 기울기로서, $MRS_{XY}=\frac{MU_X}{MU_Y}$이다. 두 소비자의 효용함수가 $U(x,\ y)=xy$라면 한계대체율$=\frac{y}{x}$이므로 초기부존에서 甲의 한계대체율은 $\frac{5}{10}=0.5$, 乙의 한계대체율은 $\frac{10}{5}=2$이다.

ㄷ. [○] 甲의 수요곡선은 $\max U_甲=x_甲 y_甲$, $s.t. p_x x_甲+p_y x_甲=10p_x+5p_y$을 통해 $x_甲=\frac{10p_x+5p_y}{2p_x}$, $y_甲=\frac{10p_x+5p_y}{2p_x}$로 도출된다. 마찬가지 방법으로, 乙의 수요곡선은 $x_乙=\frac{5p_x+10p_y}{2p_x}$, $y_乙=\frac{5p_x+10p_y}{2p_y}$로 도출된다. 왈라스법칙에 의하면 두 시장 중 한 시장만 균형을 이루면 나머지 시장은 자동으로 균형을 이루므로, X재에 대한 A와 B의 초과수요곡선을 구한 뒤 초과수요의 합이 0이 되도록 하는 가격 체계를 찾으면 된다. $Z_x^甲+Z_x^乙=\left(\frac{10p_x+5p_y}{2p_x}-10\right)+\left(\frac{5p_x+10p_y}{2p_x}-5\right)=0$ 을 만족하는 가격체계는 $\frac{p_x}{p_y}=1$이다. 따라서 X재 가격이 1일 때, Y재 가격은 1이 된다.

▌오답해설▌

ㄴ. [✗] 초기부존에서 甲과 乙의 효용은 각각 50이다. 甲의 X재 1단위와 乙의 Y재 2단위가 교환된다면 甲의 효용은 63, 乙의 효용은 48이 되어 甲에게는 이득이지만 乙에게는 손해이므로 파레토 개선이 아니다.

ㄹ. [✗] $x_甲=\frac{10p_x+5p_y}{2p_x}$, $y_甲=\frac{10p_x+5p_y}{2p_y}$이며 일반균형에서 $\frac{p_x}{p_y}=1$이므로 甲의 X재 소비량과 Y재 소비량은 모두 7.5이다.

19 난도 ★   답 ②

▮ 정답해설 ▮

완전경쟁시장에서 공급곡선이 완전 비탄력적이라면 정부가 세금을 부과할 때 그 세금은 모두 공급자 측에 귀착된다. 따라서 판매자가 받는 가격만 제품 1단위당 4만큼 감소하여 16이 되고, 구입자가 내는 가격은 시장 균형가격인 20과 동일하다.

20 난도 ★   답 ①

▮ 정답해설 ▮

자본투입을 늘리고 노동투입을 줄일 경우 생산성도 높아지고 비용도 줄어들기 때문에 동일한 양의 최종생산물을 산출하면서도 비용을 줄일 수 있다.

21 난도 ★★   답 ②

▮ 정답해설 ▮

ㄱ. [○] 시장가격이 50인데 평균비용이 55이기 때문에 $\pi = TR - TC$는 음수이므로 손실이 발생하고 있다.

ㄷ. [○] 시장가격이 50이고 평균가변비용은 45이므로 총수입으로 가변비용을 모두 충당하고 있다.

▮ 오답해설 ▮

ㄴ. [×] 가격이 평균가변비용보다 낮다면 조업을 중단하는 것이 낫지만, 시장가격이 50이고 평균가변비용은 45이기 때문에 조업을 계속하는 것이 낫다.

ㄹ. [×] 시장가격이 50이고 평균비용은 55이므로 총수입으로 고정비용을 모두 충당하지는 못한다.

22 난도 ★   답 ⑤

▮ 정답해설 ▮

기업이 임금을 낮출 경우 생산성이 높은 노동자는 더 높은 임금을 주는 곳으로 이직할 확률이 높으므로 생산성이 낮은 노동자가 기업에 남을 확률이 더 높다.

23 난도 ★★   답 ④

▮ 정답해설 ▮

④ $Q = AL^{0.75}K^{0.25}$를 전미분하면 $\widetilde{Q} = \widetilde{A} + 0.75\widetilde{L} + 0.25\widetilde{K}$가 된다. 이 때 $\widetilde{L} = 10\%$, $\widetilde{K} = 10\%$, $\widetilde{A} = 10\%$를 대입하면 $\widetilde{Q} = 20\%$가 도출되므로 생산량은 20% 증가한다.

▮ 오답해설 ▮

① 자본탄력성 $\varepsilon_K = \dfrac{dY}{dK}\dfrac{K}{Y}$로 정의되므로 문제의 생산함수를 대입하여 계산하면 0.25이다.

② 노동분배율은 0.75이고, 자본분배율은 0.25이므로 노동분배율은 자본분배율보다 크다.

③ A는 기술진보 등을 포함하는 총요소생산성을 의미한다.

⑤ L과 K를 각각 두 배로 증가시키면 Q도 두 배로 증가하므로, $Q = AL^{0.75}K^{0.25}$는 1차 동차의 규모수익불변인 생산함수이다.

24 난도 ★   답 ⑤

▮ 정답해설 ▮

사람들은 금기에 사용할 수 있는 모든 정보를 사용하여 합리적으로 효율적으로 항상소득을 예측하므로, 우리가 사용할 수 있는 정보로 예측할 수 없는 일이 벌어지지 않는 한 소비는 일정하게 유지되며, 소비는 예측할 수 없는 사건에 의해서만 변화한다는 것이 임의보행가설이다. 따라서 임의보행가설에 따르면 소비의 변화는 현재 사용할 수 있는 정보로는 예측할 수 없다.

25 난도 ★★   답 ①

▮ 정답해설 ▮

① 테일러 준칙은 현대 중앙은행이 명시적, 묵시적으로 따르는 금리결정방식으로, 적극적 준칙의 사례이다. 대표적인 테일러 준칙의 형태는
$$i = \pi + a + \alpha(\pi - \pi^*) - \beta\frac{(y^* - y)}{y^*}$$
(단, i는 명목이자율, π는 인플레이션율, π^*는 목표 인플레이션율, y는 실제 GDP, y^*는 잠재 GDP, $\alpha > 0$, $\beta > 0$이다)

인플레이션갭과 산출량갭이 확대되면 $(\pi - \pi^*)$와

$\dfrac{y^* - y}{y^*}$의 크기가 커지므로 테일러 준칙에 따르면 정책금

리를 인상하게 된다.

┃ 오답해설 ┃

④ 지급준비율을 인하할 경우 시중 통화량이 증가해 인플레이션갭과 산출량갭이 더 확대되므로 적절한 중앙은행의 정책이 아니다.

26 난도 ★★   답 ③

┃ 정답해설 ┃

황금률 균제상태란 수많은 균제상태 중 1인당 소비를 극대화하는 상태이므로 $\max c^* = f(k^*) - (\delta + n)k^*$를 만족하는 1인당 자본량이 황금률의 자본량이 된다.

$\dfrac{\partial c^*}{\partial k^*} = MP_K - (\delta + n) = 0$일 때 1인당 소비가 극대화되며 인구증가가 없어 $n = 0$이므로, 황금률 균제상태가 달성되는 조건은 자본의 한계생산이 감가상각률과 같을 때이다.

27 난도 ★★   답 ②

┃ 정답해설 ┃

ㄴ. [○] 유동성함정은 화폐수요가 이자율에 대해 극단적으로 탄력적인 경우를 의미하므로 LM곡선이 수평선이다.

ㄹ. [○] 유동성함정은 화폐수요의 이자율탄력성이 무한대여서 추가적인 화폐공급이 이자율을 하락시키지 못하고 모두 화폐수요로 흡수되는 경우를 뜻한다.

┃ 오답해설 ┃

ㄱ. [×] 유동성함정과 IS곡선의 기울기는 직접적인 연관성이 없다. IS곡선은 수직일 수도, 수평일 수도, 우하향할 수도 있다.

ㄷ. [×] 유동성함정에 빠질 경우 재정정책의 효과가 강력해지고 통화정책의 효과는 무력해진다.

28 난도 ★★★   답 ⑤

┃ 정답해설 ┃

⑤ 주어진 자료로는 구매력평가 환율만을 구할 수 있을 뿐 명목환율을 구할 수 없으므로 판단할 수 없는 보기이다.

┃ 오답해설 ┃

① 빅맥의 원화가격은 5,000원에서 5,400원으로 변화했으므로 8% 상승했다.

② 빅맥의 1달러당 원화 가격은 1,000원에서 900원으로 변화했으므로 10% 하락했다.

③ 환율의 하락은 원화의 평가절상을 의미하므로, 달러 대비 원화의 가치는 10% 상승했다.

④ 구매력평가설이 성립한다면 실질환율은 항상 1이므로 실질환율은 두 기간 사이에 변하지 않았다.

29 난도 ★★★   답 ⑤

┃ 정답해설 ┃

ㄱ. [○] 피셔방정식에 따르면 $i = r + \pi$의 관계가 성립하므로, 한국의 명목이자율은 3%이고 물가상승률은 ㄴ에 따르면 3%이므로 실질이자율은 0%이다. 미국의 명목이자율은 2%이고 물가상승률은 2%이므로 실질이자율은 0%고, 따라서 한국과 미국의 실질이자율은 같다.

ㄴ. [○] ㄷ에서 도출한 바에 따르면 $\dfrac{\Delta e}{e} = 0.01$이고 미국의 물가상승률이 2%로 $\dfrac{\Delta P^*}{P} = 0.02$이므로 $\dfrac{\Delta P}{P} = 0.03$으로 도출된다. 따라서 한국의 물가상승률은 3%로 예상된다.

ㄷ. [○] 이자율평가설이 성립할 경우 $i = i^* + \dfrac{e^e_{+1} - e}{e}$의 관계가 성립한다. (단, i는 국내 이자율, i^*는 해외 이자율, e^e_{+1}는 다음 기 예상 환율, e는 현재의 환율이다) 문제에서 주어진 값들을 각각 대입하면 $0.03 = 0.02 + \dfrac{e^e_{+1} - 1,000}{1,000}$을 만족하는 $e^e_{+1} = 1,010$으로 도출된다.

30 난도 ★★
답 ③

┃정답해설┃

정책무력성명제란, 합리적 기대를 가정하고 물가가 신축적이라면 사전에 예상된 정책은 실질변수에 영향을 미치지 못하게 되는 것을 뜻한다. 총공급충격에 의한 스태그플레이션은 외부충격으로 인해 AS곡선이 좌측으로 이동하는 것이므로 정책무력성명제와 무관하다.

31 난도 ★
답 ④

┃정답해설┃

소비자 甲의 예산제약식은 $C_1 + \dfrac{C_2}{1+r} = W + Y_1 + \dfrac{Y_2}{1+r}$

이므로, 문제에서 주어진 값들을 대입하면 $800 + \dfrac{C_2}{1+0.02}$

$= 200 + 1,000 + \dfrac{300}{1+0.02}$ 이다. 이를 만족하는 $C_2 = 708$ 이다.

32 난도 ★
답 ③

┃정답해설┃

개방경제에서 $Y = C + I + G + X - M$이 성립하므로, 문제에서 주어진 조건들을 대입하면 $Y = 300 + 200 + 100 + 150 - 150 = 600$이다.

문제에는 세금에 대한 정보가 직접적으로 주어지지 않았지만, $T = Y - C - S_p = 600 - 300 - 250 = 50$이므로 재정수지는 $T - G = -50$이다.

33 난도 ★
답 ②

┃정답해설┃

② 고정환율제도에서는 정부지출 증가로 인해서 IS가 우측으로 이동하며, 외환 초과공급 상태를 벗어나기 위해 통화량이 증가해 LM도 우측으로 이동하므로 국민소득이 증가한다.

┃오답해설┃

① 환율제도와 무관하게 A국의 이자율은 일정하게 유지된다.

③ 변동환율제도에서는 A국의 국민소득이 유지된다.

④ 고정환율제도에서는 환율이 고정되어 있고 정부지출확대로 Y가 증가하므로 A국의 경상수지는 악화된다.

⑤ 변동환율제도에서는 외환 초과공급 상태가 환율하락으로 조정되므로 A국의 통화는 평가절상되어 통화가치가 상승한다.

34 난도 ★★
답 ②

┃정답해설┃

통화공급을 150만큼 늘리기 위한 중앙은행의 본원통화 증가분을 구하려면 통화승수를 도출해야 한다. 통화승수는 $m = \dfrac{cr + 1}{cr + rr}$ 이므로(단, cr은 현금예금비율, rr은 지급준비율이다) 문제의 주어진 값들을 대입하면 $m = \dfrac{1+1}{1+1/3}$

$= \dfrac{3}{2}$ 가 도출된다. 따라서 통화공급을 150만큼 늘리기 위한 본원통화의 증가분은 100이다.

35 난도 ★
답 ②

┃정답해설┃

소규모 개방경제에서는 $Y = C + I + NX$가 성립하므로, 주어진 조건들을 대입하면 $100 = 60 + (40 - 10) + (12 - 2\varepsilon)$이된다. 이를 만족하는 실질환율은 $\varepsilon = 1$이다.

36 난도 ★★★
답 ②

┃정답해설┃

개방경제모형에서는 $Y = C + I + G + (X - M)$이 성립한다. 먼저 정부지출과 세금이 변화하기 전의 균형국민소득과 경상수지를 구하면, $Y = [400 + 0.75(Y - T)] + 200 + G + 500 - [200 + 0.25(Y - T)]$로, 정리해서 $Y = 1,800 - T + 2G$, $X - M = 300 - 0.25(Y - T)$가 도출된다. 만약 정부지출과 세금을 똑같이 100만큼 늘리면, Y는 100만큼 증가하며 Y와 T가 모두 100만큼 증가하므로 경상수지 $X - M$는 불변이다.

37 난도 ★　　　　　　　　답 ④

┃정답해설┃

케인즈의 국민소득결정모형에서는 $Y = C + I + G$가 성립한다. 정부지출이 10일 때의 균형국민소득은 $Y = 0.7Y + 80 + 10$에서 $Y = 300$이 도출된다. 정부지출이 20으로 증가할 때의 균형국민소득은 $Y = 0.7Y + 80 + 20$에서 $Y = \dfrac{1,000}{3}$이 도출된다. 따라서 균형국민소득의 증가분은 $\dfrac{100}{3}$이다.

38 난도 ★★★　　　　　　　　답 ①

┃정답해설┃

① 실물경기변동이론은 합리적 기대와 최적화 원리에 기반하므로 가계는 기간별로 최적의 소비 선택을 하게 된다.

┃오답해설┃

② 실물경기변동이론은 새고전학파의 이론으로서 가격에 대한 신축성을 전제한다.

③ 실물경기변동이론은 화폐의 중립성을 가정한다.

④ 가격의 비동조성(staggering pricing)이론은 가격이 시차를 두고 결정되어 경직성을 갖는다는 이론으로 새케인즈학파 경기변동이론에 속한다.

⑤ 공급충격이 경기변동의 원인이라고 주장한 것은 실물경기변동이론이다.

39 난도 ★★　　　　　　　　답 ①

┃정답해설┃

ㄱ. [O] $IS - LM$모형에서 물가수준이 하락할 경우 실질통화공급이 증가하여 LM곡선이 우측으로 이동하므로 명목 이자율이 하락한다.

┃오답해설┃

ㄴ. [×] 명목 이자율이 하락하면 투자는 증가한다.

ㄷ. [×] 물가 수준이 하락하면 실질통화량은 증가하지만 명목 통화량은 그대로이다.

40 난도 ★★　　　　　　　　답 ⑤

┃정답해설┃

정부가 미래 정부지출을 축소한다는 조건에서 현재조세를 줄일 경우, 민간은 가처분의 소득의 증가로 인식해 현재소비를 증가시킨다.

05 2019년 제30회 정답 및 해설

01	02	03	04	05	06	07	08	09	10	11	12	13	14	15	16	17	18	19	20
⑤	⑤	③	②	②	⑤	②	④	②	①	①	①	④	②	⑤	③	②	⑤	②	③
21	22	23	24	25	26	27	28	29	30	31	32	33	34	35	36	37	38	39	40
④	③	③	④	④	④	④	③	①	③	①	⑤	⑤	④	④	①	②	⑤	모두정답	③

01 난도 ★★ 답 ⑤

정답해설

ㄷ. [○] 상품의 저장에 드는 비용이 클수록 판매하지 않을 경우의 비용이 커지기 때문에 가격이 낮아지더라도 공급량을 탄력적으로 줄일 수 없어 가격탄력성이 작아진다.

ㄹ. [○] 직선인 공급곡선이 원점에서 출발하면 공급탄력성은 항상 1이고, 가격축에서 출발하면 공급탄력성은 항상 1보다 크고, 수량축에서 출발하면 공급탄력성은 항상 1보다 작다.

오답해설

ㄱ. [✕] 대체재를 쉽게 찾을 수 있다면 재화의 가격이 높아졌을 때 대체가 쉬우므로 수요량이 많이 줄어 수요의 가격탄력성은 커진다.

ㄴ. [✕] 수요의 가격탄력성은 어떤 재화가격이 변화할 때 그 재화의 수요량이 얼마나 변하는지를 나타내는 지표로서 $\varepsilon_p = -\dfrac{\Delta Q_D}{\Delta P}\dfrac{P}{Q_D}$ 로 표현된다. 따라서 동일한 수요곡선 상에서 가격이 높다고 수요의 가격탄력성이 항상 커진다고 할 수 없다.

02 난도 ★★★ 답 ⑤

정답해설

소비자 甲은 $Max\ U = \min X + 2Y,\ 2X + Y,\ s.t.\ 30X + 10Y = M$의 의사결정을 하게 된다.

ⅰ) $X + 2Y \geq 2X + Y$인 경우 $U = 2X + Y$,

ⅱ) $X + 2Y < 2X + Y$인 경우 $U = X + 2Y$인 형태로 효용함수가 그려지며 최적소비는 X재와 Y재의 가격에 따라 달라진다. X재의 가격이 30이고 Y재의 가격이 10이라면 $\dfrac{P_X}{P_Y} = \dfrac{3}{1} > \dfrac{2}{1}$ 이므로 효용을 극대화하는 X재의 소비량은 0이 되고, 150의 소득을 모두 Y재 구입에 사용하므로 Y재의 소비량은 15가 된다.

03 난도 ★★ 답 ③

정답해설

제1기에 소비조합($X = 3$, $Y = 5$)을 선택했다면 소비자 甲의 소득은 적어도 39 이상이므로, 소비조합($X = 6$, $Y = 3$) 또한 선택할 수 있다. 따라서 甲의 선택이 현시선호 약공리(weak axiom)를 만족하기 위해서는 제2기에 소비조합($X = 3$, $Y = 5$)를 선택할 수 없어야 한다.

또한 $3P_X + 5P_Y > 6P_X + 3P_Y$이 성립해야 하므로 정리하면 $3P_X < 2P_Y$가 된다.

04 난도 ★ 답 ②

┃정답해설┃

$MP_L = \min\{11, 15\} - \min\{10, 15\} = 11 - 10 = 1$,
$MP_K = \min\{10, 18\} - \min\{10, 15\} = 10 - 10 = 0$이므로
노동과 자본의 한계생산은 각각 1, 0이다.

05 난도 ★★★ 답 ②

┃정답해설┃

ㄱ · ㄷ. [O] 자본절약적 기술진보이든, 노동절약적 기술진
　　보이든 기술진보가 일어나면 생산성 증가로 평균비용곡
　　선과 한계비용곡선이 모두 하방 이동한다.

┃오답해설┃

ㄴ. [×] 등량곡선은 동일한 생산량을 생산하는 데 투입되는
　　요소의 조합을 나타낸 곡선이므로 기술진보가 일어나면
　　그 종류와 상관없이 등량곡선이 원점과 가까워진다.
ㄹ. [×] 중립적 기술진보는 노동과 자본의 한계생산성이 동
　　일한 정도로 증가하는 경우를 의미하므로 노동의 한계생
　　산 대비 자본의 한계생산은 일정하다.

06 난도 ★ 답 ⑤

┃정답해설┃

기술진보 이전에는 $MR = 500 - 4Q = MC = 100$을 만족하
는 $Q = 100$이 독점기업의 이윤을 극대화하는 생산량이다.
한계비용이 하락하여 이윤극대화 생산량이 20단위 증가하
였다면 $Q' = 120$이므로 $MR = 500 - 4 \times 120 = MC' = 20$
이 된다. 따라서 한계비용은 이전의 100에서 20으로 80만큼
하락한다.

07 난도 ★★★ 답 ②

┃정답해설┃

• 기업 A는 이윤극대화가 목적이므로
　$Max\,\pi_A = P \times q_A - c \times q_A = (\alpha - q_A - q_B - c)q_A$의 의사

　결정을 하게 된다. $\dfrac{\partial \pi_A}{\partial q_A} = \alpha - 2q_A - q_B - c = 0$을 만족

　하는 $q_A = \dfrac{1}{2}(\alpha - c - q_B)$로 도출된다. 기업 B는 손실을 보

　지 않는 범위 내에서 시장점유율을 극대화하기를 원하기
　때문에 $P = AC$의 수준에서 생산하게 된다. 따라서
　$\alpha - q_A - q_B = c$를 만족하는 $q_B = \alpha - c - q_A$로 도출된다.

• $q_A = \dfrac{1}{2}(\alpha - c - q_B)$와 $q_B = \alpha - c - q_A$를 연립하면

　$q_A^* = 0, q_B^* = \alpha - c$가 균형에서의 A기업과 B기업의 생산량
　이고 $P = c$가 균형에서의 시장가격이 된다.
　따라서 균형에서는 기업 A의 생산량이 0이므로 이윤도 0
　이다.

08 난도 ★★★ 답 ④

┃정답해설┃

ㄴ. [O] $TC = TVC + TFC$로 총비용은 가변비용과 고정비
　　용으로 구분되는데, 이 때 TVC는 생산량에 대한 함수이
　　지만 TFC는 상수이므로, 생산량인 Q로 미분하면 사라
　　지는 항이 되어 한계비용곡선은 고정비용 수준에 영향을
　　받지 않는다.
ㄹ. [O] 평균비용곡선과 평균가변비용곡선은 U자형 곡선이
　　며 두 곡선의 최저점은 모두 한계비용곡선 위에 존재하
　　는데, 평균비용곡선의 최저점이 더 오른쪽에 위치하기
　　때문에, 평균비용이 증가하는 구간에서는 평균가변비용
　　도 증가하게 된다.

┃오답해설┃

ㄱ. [×] 총비용곡선 위의 각 점에서의 기울기와 같은 것은
　　한계비용이다.
ㄷ. [×] 생산량이 증가함에 따라 총비용에서 고정비용이 차
　　지하는 비율이 줄어들기 때문에 평균비용과 평균가변비
　　용 곡선간의 차이는 작아진다.

09 난도 ★★　답 ②

┃ 정답해설 ┃

보상수요곡선은 대체효과만을 반영하기 때문에, 정상재나 열등재, 기펜재인지와 무관하게 항상 우하향한다. 정상재의 경우 보상수요곡선은 대체효과와 동일한 방향인 소득효과를 포함하지 않기 때문에 보상수요곡선은 보통수요곡선보다 가파르며, 기펜재를 포함한 열등재의 경우 대체효과와 반대방향인 소득효과를 포함하지 않기 때문에 보상수요곡선이 보통수요곡선보다 완만하다.

10 난도 ★　답 ①

┃ 정답해설 ┃

ㄱ・ㄴ. [○] 경제적 지대는 생산요소를 현재 용도로 사용하기 위해서 지급하여야 하는 최소의 비용인 기회비용을 넘어서 지급된 소득을 뜻한다. 따라서 공급이 제한된 생산요소의 공급을 묶어두기 위해 주로 이용되며, 유명 연예인이나 운동선수의 높은 소득과도 관련이 있다.

┃ 오답해설 ┃

ㄷ. [×] 경제적 지대는 생산요소의 공급자가 받고자 하는 최소한의 금액 이상으로 지급된 소득을 뜻한다.

ㄹ. [×] 비용불변산업의 공급곡선은 수평이라면 요소공급이 완전탄력적이므로 경제적 지대가 발생하지 않는다.

11 난도 ★★　답 ①

┃ 정답해설 ┃

① 틀짜기효과(framing effect)란 똑같은 상황이더라도 어떤 틀에 따라 인식하느냐에 따라 행태가 달라지는 효과를 뜻한다.

┃ 오답해설 ┃

② 닻내림효과(anchoring effect)란 어떤 사항에 대한 판단을 내릴 때 초기에 제시된 기준에 영향을 받아 판단을 내리는 현상을 뜻한다.

③ 현상유지편향(status quo bias)란 사람들이 현재의 성립된 행동을 특별한 이득이 주어지지 않는 이상 바꾸지 않으려는 경향을 뜻한다.

④ 기정편향(default bias)이란 사람들이 미리 정해진 사항을 그대로 따르려는 행태를 뜻한다.

⑤ 부존효과(endowment effect)란 어떤 물건을 갖고 있는 사람이 그렇지 않은 사람에 비해 그 가치를 높게 평가하는 경향을 뜻한다.

12 난도 ★　답 ①

┃ 정답해설 ┃

한계기술대체율은 등량곡선의 기울기로, 동일한 생산량을 유지하기 위한 노동과 자본의 기술적 교환비율을 의미한다. 기업 A의 생산함수가 $Q = L + 3K$일 경우 한계기술대체율은 $MRTS_{LK} = -\dfrac{\triangle K}{\triangle L} = \dfrac{MP_L}{MP_K} = \dfrac{1}{3}$로 상수이기 때문에 노동투입량 또는 자본투입량 변화와 관계없이 일정하다.

13 난도 ★★★　답 ④

┃ 정답해설 ┃

ㄴ. [○] 생산량 50 수준에서 $AC > MC > AVC$이므로 AC는 감소하는 구간, AVC는 증가하는 구간이다.

ㄷ. [○] 생산량 50에서 $AC > P$이므로 $TC > TR$로 이윤은 0보다 작다.

┃ 오답해설 ┃

ㄱ. [×] 생산량 50 수준에서 AC는 감소하는 구간이다.

ㄹ. [×] $P > AVC$이므로 결손이 발생하더라도 조업을 계속하는 것이 낫다.

14 난도 ★　답 ②

┃ 정답해설 ┃

보상적 임금격차란 비금전적인 직업속성의 차이를 보상해주기 위한 임금의 차이로, 성별 임금 격차는 직업속성의 차이가 아니므로 보상격차로 보기 어렵다.

15 난도 ★
답 ⑤

┃정답해설┃

기업의 비용극소화 의사결정은 $Min\ C(q_1) + C(q_2) = q_1^2 + 2q_2$ 와 같고, 다공장 독점의 경우 각 공장의 한계비용이 같은 수준에서 생산이 이루어지므로 $MC_1 = 2q_1 = MC_2 = 2$를 만족하는 $q_1 = 1$이다. 5단위를 생산하는 경우 $q_1 + q_2 = 5$이므로 $q_2 = 4$가 된다.

16 난도 ★
답 ③

┃정답해설┃

$2 < \alpha < 4$인 $\alpha = 3$을 대입해 보면, 내쉬균형은 (Down, Left)와 (Up, Right)으로 두 개가 도출된다.

17 난도 ★
답 ②

┃정답해설┃

가격이 2% 상승할 때 A재의 소비지출액은 변화가 없으므로 이와 같은 비율로 수요량이 하락했음을 의미하므로 $\varepsilon_A = 1$이다. B재의 경우 소비지출액이 1% 감소한다면, 가격 상승보다 더 큰 비율로 수요량이 하락했음을 의미하므로 $\varepsilon_B > 1$이다.

18 난도 ★★★
답 ⑤

┃정답해설┃

⑤ 직관적인 해석으로는 수요의 가격탄력성이 클수록 높은 가격을 설정했을 때 소비자들이 이탈할 가능성이 크므로 가격탄력성이 상대적으로 작은 시장에서 더 높은 가격이 설정된다. 3급 가격차별의 이윤극대화 조건은 $MR_A = MR_B = MC$이므로 아모로조-로빈슨 공식을 활용해 바꾸면 $P_A\left(1 - \dfrac{1}{\varepsilon_P^A}\right) = P_B\left(1 - \dfrac{1}{\varepsilon_P^B}\right)$이 성립하고, 이에 따르면 $\varepsilon_P^A < \varepsilon_P^B$일 때 $P_A > P_B$이다.

┃오답해설┃

① 1급 가격차별 시 독점기업이 모든 잉여를 가져가므로 소비자잉여는 0이다.
② 1급 가격차별 시 사중손실은 발생하지 않는다.
③ 영화관의 조조할인은 장애물을 이용한 가격차별의 예이다.
④ 3급 가격차별 시 이윤극대화 조건은 $MR_A = MR_B = MC$ 이므로 두 시장에서의 한계수입은 동일하다.

19 난도 ★★
답 ②

┃정답해설┃

요소수요독점 상황에서 한계수입생산곡선(MRP_L)과 한계요소비용곡선(MFC_L)이 만나는 지점에서 노동고용량이 결정되며, 임금은 공급곡선 상에서 결정된다. $AFC_L = L + 40$이므로 $MFC_L = 2L + 40$이며, 수요독점이므로 VMP_L과 MRP_L이 일치한다.

따라서, $VMP_L = 60 - 3L = MFC_L = 2L + 40$을 만족하는 $L = 4$이며 이를 공급곡선에 대입하면 $w = 44$가 도출된다.

20 난도 ★★★
답 ③

┃정답해설┃

③ 임금이 상승할 때 여가가 정상재라면 대체효과에 의해 여가가 감소하므로 노동공급이 증가하고, 소득효과에 의해 여가가 증가하므로 노동공급이 감소한다. 따라서 전체적인 가격효과는 확정 지을 수 없는데, 만약 소득효과가 대체효과보다 크다면 노동공급의 감소효과가 더 커지므로 후방굴절형 노동공급곡선이 발생하게 된다.

┃오답해설┃

① 임금이 인상될 경우 노동의 가격이 커진다.
② 임금이 인상될 경우 노동 한 시간 공급으로 받는 돈이 늘어나는 것은 맞으나 후방굴절형 노동공급곡선과 관계가 없는 설명이다.
④ 여가가 정상재이고, 소득효과가 대체효과보다 클 경우 노동공급곡선은 수직선으로 나타나게 된다.
⑤ 노동은 비재화이므로 정상재나 열등재로 구분할 수 없다.

21 난도 ★　　　답 ④

┃정답해설┃

무위험 이자율 평가설에서는 $i = i^* + \dfrac{f - e}{e}$ 가 성립한다(단, i는 자국이자율, i^*는 외국이자율, f는 연간 선물환율, e는 현물환율이다). 문제에서 주어진 바에 따르면 $i = 0.05$, $i^* = 0.025$, $e = 1200$이므로 이들을 식에 대입하면 $f = 1230$이 도출된다.

22 난도 ★　　　답 ③

┃정답해설┃

ㄴ. [O] 국내 이자율 하락으로 투자가 증가하므로 총수요가 증가한다.

ㄷ. [O] 무역 상대국의 소득이 증가하면 순수출이 증가하므로 총수요가 증가한다.

┃오답해설┃

ㄱ. [×] 정부지출은 총수요를 구성하는 항목이므로 정부지출이 감소하면 총수요가 감소한다.

ㄹ. [×] 국내 소득세가 인상될 경우 가처분소득($Y - T$)이 줄어들어 소비가 감소하므로 총수요가 감소한다.

23 난도 ★★★　　　답 ③

┃정답해설┃

$\varepsilon = \dfrac{ep^f}{p}$ (ε는 실질환율, e는 명목환율, p^f는 외국 물가, p는 자국 물가)로 실질환율을 정의한다면, 전미분을 통해 $\tilde{\varepsilon} = \tilde{e} + \pi^f - \pi$가 도출된다(단, π^f는 외국 물가상승률, π는 자국 물가상승률이다). 문제에서 주어진 바에 따르면 $\tilde{e} = \dfrac{1260 - 1200}{1200} = 0.05$, $\pi^f = 0.06$, $\pi = 0.04$이므로 실질환율은 7%만큼 증가하며, 원화의 입장에서 환율의 상승은 평가절하이므로 답은 7% 평가절하이다.

24 난도 ★★　　　답 ④

┃정답해설┃

- 국내총소득(GDI)
  = 국내총생산 + 교역조건 변화에 따른 실질무역 손익
  = $1,000 + 50 = 1,050$
- 국민총소득(GNI)
  = 국내총생산 + 대외 순수취요소소득 + 교역조건 변화에 따른 실질무역손익
  = $1,000 + 20 + 50 = 1,070$
- 처분가능소득(PDI)
  = 국민총소득 − 감가상각 − 세금 − 사내유보이윤 + 이전지출
  = $1,070 - 10 - 3 - 10 + 3 = 1,050$

25 난도 ★★　　　답 ④

┃정답해설┃

- 조건들과 $G = T = 0.2Y$를 국민소득 결정식에 대입하면, $Y = C + I + G + (X - M) = [150 + 0.5(Y - 0.2Y)] + 200 + 0.2Y + (100 - 50)$이 도출되며 이를 국민소득인 Y에 대해 정리하면 $Y = 1,000$이 도출된다.
- 민간저축은 $S_p = Y - T - C$이므로 $Y - 0.2Y - [150 + 0.5(Y - 0.2Y)] = 0.4Y - 150 = 250$이다.

26 난도 ★★★　　　답 ④

┃정답해설┃

ㄱ. [O] 실질이자율이 상승하면 대체효과에 의해 현재소비가 감소하고 미래소비가 증가하며, 만약 대부자라면 소득효과에 의해 두 기간의 소비가 모두 증가하므로, 현재소비의 변화는 불확실하지만 미래소비는 확실하게 증가한다.

ㄷ. [O] 실질이자율이 상승하면, 대체효과에 의해 현재소비가 감소하고 미래소비가 증가하며, 만약 차입자라면 소득효과에 의해 두 기간의 소비가 모두 감소하므로, 미래소비의 변화는 불확실하지만 현재소비는 확실하게 감소한다.

ㄹ. [O] 만약 현재 차입제약에 구속된 상태라면, 미래소득의 증가는 미래소비에만 영향을 줄 수 있다.

ㄴ. [×] 실질이자율이 하락하면, 대체효과에 의해 현재소비가 증가하고 미래소비가 감소하며, 만약 대부자라면 두 기간의 소비가 모두 감소하므로, 현재 소비 및 저축의 변화는 불확실하다.

27 난도 ★★★ 답 ④

▮정답해설▮

ㄱ. [O] $\dfrac{\frac{\triangle Y}{Y}}{\frac{\triangle L}{L}} = \dfrac{\frac{\triangle Y}{\triangle L}}{\frac{Y}{L}} = \dfrac{MP_L}{AP_L} = \dfrac{0.6AK^{0.4}L^{-0.4}}{AK^{0.4}L^{-0.4}} = 0.6$ 이

므로 생산량의 변화율을 노동량의 변화율로 나눈 값은 0.6으로 일정하다.

ㄴ. [O] $MP_L = 0.6AK^{0.4}L^{-0.4} = 0.6A\left(\dfrac{K}{L}\right)^{0.4}$ 이므로 A가

3% 증가하면 노동의 한계생산인 MP_L도 동일하게 3% 증가한다.

ㄹ. [O] 1인당 생산함수는 $y = \dfrac{Y}{L} = \dfrac{AK^{0.4}L^{0.6}}{L} = A\left(\dfrac{K}{L}\right)^{0.4}$

이므로 이를 전미분하면 $\left(\widetilde{\dfrac{Y}{L}}\right) = \tilde{A} + 0.4\tilde{K} - 0.4\tilde{L}$이 도출

된다. $\tilde{A}$에 2%를 대입하고 $\tilde{L}$에 -2%를 대입하면 1인당 생산량은 2.8% 증가한다.

▮오답해설▮

ㄷ. [×] $\left(\widetilde{\dfrac{K}{L}}\right) = \tilde{K} - \tilde{L}$이므로 $\widetilde{MP_L} = \tilde{A} + 0.4(\tilde{K} - \tilde{L})$의

$(\tilde{K} - \tilde{L})$에 2%를 대입하면 노동의 한계생산은 0.8% 증가한다.

28 난도 ★ 답 ③

▮정답해설▮

2000년도 대비 2018년의 물가지수가 3배이기 때문에 2000년의 연봉 1,000만 원을 2018년 기준으로 환산하면 3,000만 원이 된다.

29 난도 ★★★ 답 ①

▮정답해설▮

피셔 방정식에 따르면 $R = r + \pi$이며 명목이자소득에 대해 세금이 부과된다면, $r' = R' - \pi$가 성립한다(단, r'는 세후 실질이자율, R'는 세후 명목이자율이다). 甲국의 경우 $R = 4\%$이므로 $r' = 4(1 - 0.25) - 0 = 3\%$이다. 乙국의 경우 $R = 4 + 8 = 12\%$이므로 $r' = 12(1 - 0.25) - 8 = 1\%$이다.

30 난도 ★★ 답 ③

▮정답해설▮

ㄷ. [O] 리카도 대등정리는 정부지출의 규모가 일정할 경우, 정부지출의 재원을 조세로 충당하는 경우와 국채발행으로 충당하는 경우의 경제적 효과가 동일하다는 정리이다. 따라서 일정한 정부지출수준과 균형재정을 기본가정으로 삼는다.

ㄹ. [O] 민간이 완전히 합리적이지 않다면 자신이 내야 할 세금의 가치에는 변화가 없음에도 불구하고 자신의 부가 증가한 것으로 착각할 수 있기 때문에 리카도 대등정리의 성립을 위해서는 '합리적 경제 주체'의 가정이 필요하다.

▮오답해설▮

ㄱ. [×] 리카도 대등정리의 기본가정은 저축과 차입이 자유로운 완전자본시장이다. 만약 차입제약이 존재한다면 사람들은 감세정책이 마치 정부가 민간에 돈을 빌려준 것과 같은 효과를 낳기 때문에 소비를 증가시켜 자신의 효용을 증가시키려고 할 것이다.

ㄴ. [×] 경제활동인구 증가율이 양(+)의 값일 경우 1기에 덜 걷은 세금을 2기에 걷을 때 늘어난 인구만큼 세금이 더 걷히기 때문에 1기의 인구 입장에서는 평생소득이 증가하게 되므로 리카도 대등정리가 성립하지 않는다.

31 난도 ★　　　　　답 ①

┃정답해설┃

- 생산가능인구＝경제활동인구＋비경제활동인구이므로, 경제활동인구는 1,000만 명이다.
  경제활동인구＝취업자＋실업자이므로, 실업자는 100만 명이다.

- 경제활동참가율＝경제활동인구/생산가능인구＝$\dfrac{1,000}{1,250}$
  ＝80%

- 실업률＝실업자/경제활동인구＝$\dfrac{100}{1,000}$＝10%

- 고용률＝취업자/생산가능인구＝$\dfrac{900}{1,250}$＝72%

32 난도 ★★　　　　　답 ⑤

┃정답해설┃

생산물 시장의 균형은 $Y=C(Y-T)+I+G$이다.
문제에서 주어진 조건들을 대입하면
$Y=[20+0.8(Y-50)-0.5r]+(50-9.5r)+50$이 성립하고, 이를 Y와 r의 함수로 정리하면 $Y=400-50r$이 도출된다. 화폐시장의 균형은 $MD=MS$이므로, 문제에서 주어진 식을 정리하면 $Y=200+50r$이 도출된다.
따라서 $Y=400-50r$와 $Y=200+50r$을 연립하면 균형을 이루는 소득과 이자율은 각각 $Y=300, r=2$이다.

33 난도 ★　　　　　답 ⑤

┃정답해설┃

⑤ 배 생산은 실물의 생산이므로 실질 GDP가 증가한다.

┃오답해설┃

①·②·③·④ 매매가격의 상승, 주가 상승, 이자율 상승, 사과 가격은 모두 명목변수이므로 실질 GDP가 증가하지는 않는다.

34 난도 ★　　　　　답 ④

┃정답해설┃

화폐수량설이 성립하면 $MV=PY$의 관계가 성립한다(단, M은 화폐량, V는 화폐유통속도, P는 가격, Y는 산출량이다).

문제에서 주어진 값들을 대입하면 $V=\dfrac{PY}{M}=\dfrac{2\times100}{50}=4$가 도출된다.

35 난도 ★　　　　　답 ④

┃정답해설┃

④ 정부지출 증가로 인한 총수요 증가효과가 민간투자 감소로 상쇄되는 현상이 구축효과이므로, 지출보다 총수요가 적게 늘어났다면 그 이유는 이자율 변화에 따른 투자감소이다.

┃오답해설┃

① 정부지출이 증가하면 IS곡선이 우측으로 이동하므로 소득이 증가하여 소비가 증가한다. 하지만 이는 총수요가 구축되는 현상을 설명하지는 못한다.
② 정부지출이 증가하면 IS곡선이 우측으로 이동하므로 소득이 증가하여 소비가 증가한다.
③ 정부지출이 증가하면 IS곡선이 우측으로 이동하므로 이자율이 증가하여 투자는 감소한다.
⑤ LM곡선이 수평이라면 정부가 지출을 늘린 만큼 총수요가 정확하게 늘어나 구축효과가 발생하지 않지만, 그 이외에 LM곡선이 우상향하는 경우 구축효과가 발생한다.

36 난도 ★★　　　　　답 ①

┃정답해설┃

1인당 실질 GDP는 $y=\dfrac{Y}{PL}$로 나타낼 수 있고, 이를 전미분하면 $\tilde{y}=\tilde{Y}-\pi-n$이다(단, Y는 명목 GDP 증가율, π는 물가상승률, n은 인구증가율이다). 문제에서 주어진 명목 GDP 증가율, 물가상승률, 인구증가율 수치를 각각 대입하면 $\tilde{y}=5-3-1=1\%$이다.

37 난도 ★★ 답 ②

▌정답해설▐

ㄴ. [O] 통화승수는 $m = \dfrac{cr+1}{cr+rr}$ 이고(단, cr은 현금예금비율, rr은 지급준비율이다) 민간이 현금을 보유하지 않을 경우 $cr = 0$이므로 예금은행의 지급준비율이 높아지면 rr이 높아져 통화승수는 감소한다.

▌오답해설▐

ㄱ. [×] 100% 지급준비제도가 실행될 경우 $rr = 1$이므로 통화승수는 $m = \dfrac{cr+1}{cr+1} = 1$로 일정하게 유지된다.

ㄷ. [×] 중앙은행이 민간이 보유한 국채를 매입하면 통화승수가 아닌 통화량 자체가 증가한다.

38 난도 ★★★ 답 ⑤

▌정답해설▐

경제활동인구가 고정되어 있는 상태에서 실업률이 변하지 않으므로 균제 상태이고, 이를 위한 조건은 신규실직자의 수와 신규취업자의 수가 일치하는 $fU = sE$이다(단, f는 구직률, s는 실업률, U는 실업자, E는 취업자이다). 문제에 따르면 $fU = 47$, $s = 5\%$이므로 $E = 940$이 도출된다. 경제활동인구가 1,000만 명이므로 취업자인 940만 명을 빼면 실업자는 60만 명이므로, 甲국의 실업률은 $u = \dfrac{60}{1,000} = 6\%$ 이다.

39 난도 ★★ 답 모두정답

▌정답해설▐

① 물가수준(P)이 하락하는 경우, 이자율이 변하지 않는다면 실질국민소득(y)이 증가하는데, 이때 명목국민소득(Py)는 P하락률과 y증가율의 상대적인 크기에 의해 결정되므로 증감여부가 불분명하다. $MV = Py$에서 M이 주어진 상태에서 Py가 증가하면 화폐유통속도 V가 증가하지만 Py가 감소하면 V가 감소한다. 그런데 P가 하락할 때 Py의 변화가 불분명하므로 V의 변화도 불분명하다. 따라서 옳지 않은 지문이다.

② 물가수준이 하락하는 경우, 이자율이 변하지 않는다면 실질국민소득은 증가하여 화폐수요가 증가하게 된다. 따라서 옳은 지문이다.

③ M과 P에 대한 가정이 주어져야 성립할 수 있다.

④ P에 대한 가정이 주어져야 명확하게 성립할 수 있다.

⑤ 명목 통화량이 증가하면 실질화폐공급이 증가하여 이자율이 하락한다. 따라서 옳은 지문이다.

※ 출제측에서는 논란이 생길 것을 감안하여 이 문제를 모두 정답 처리하였습니다. ②와 ⑤는 옳은 지문이고, ③과 ④는 가정이 주어져야 옳은 지문이 될 수 있으며, ①은 옳지 않은 지문입니다.

40 난도 ★★ 답 ③

▌정답해설▐

기업 A의 이윤극대화 의사결정은 $Max\,\pi = PY - wL - rK = 2(4L^{0.5}) - 4L - r$ 이다. $\dfrac{\partial \pi}{\partial L} = 4L^{-0.5} - 4 = 0$을 만족하는 $L = 1$이다. 따라서 이윤을 극대화하는 A의 생산량은 $Y = 4$ 이다.

06 2018년 제29회 정답 및 해설

01	02	03	04	05	06	07	08	09	10	11	12	13	14	15	16	17	18	19	20
③	⑤	②	②	②	③	⑤	①	④	④	①	②	④	③	①	③	④	③	①	②
21	22	23	24	25	26	27	28	29	30	31	32	33	34	35	36	37	38	39	40
①	②	③	④	①	⑤	④	③	③	⑤	⑤	③	④	⑤	⑤	②	①	②	①	⑤

01 난도 ★   답 ③

┃정답해설┃

- 균형 상태에서는 수요와 공급이 만나 거래량이 동일하므로 $-4P + 1600 = 8P - 800$, $12P = 2400$, $P^* = 200$
- $P^* = 200$을 수요함수 또는 공급함수에 대입하면, $Q^* = 800$

02 난도 ★   답 ⑤

┃정답해설┃

- (A) 노동시장에 참여하고자 하는 사람들이 감소하면, 노동 공급이 감소한다.
- (B) 균형임금보다 높은 수준에서 최저임금제가 도입되면, 최저임금제의 노동수요량보다 노동 공급량이 더 많게 되므로 초과공급이 발생한다.

03 난도 ★★   답 ②

┃정답해설┃

Y재 생산에 필요한 부품가격이 상승하여 생산비용이 증가한 경우, 공급곡선은 왼쪽으로 이동하게 된다. 따라서 균형거래량은 감소하고 균형가격은 상승하게 된다.
균형가격의 상승과 균형거래량의 감소로 소비자잉여는 감소하고 사회적 후생도 감소한다.

04 난도 ★★   답 ②

┃정답해설┃

- 휘발유시장의 소비자들은 휘발유의 가격이 상승하든, 하락하든 관계없이 일정하게 5만원을 지출하기 원하므로 $PQ = 50,000$, $P = \dfrac{50,000}{Q}$ 이고, 수요곡선은 우하향하는 직각쌍곡선을 이룬다. 이 상태에서 휘발유의 공급이 감소하면, 균형가격은 상승하게 된다.
- 경유시장의 소비자들은 경유가격에 상관없이 40L 넣어달라고 하므로 40L에서 수직의 수요곡선을 이룬다. 이 상태에서 경유의 공급이 증가하면, 균형가격은 하락하게 된다.

05 난도 ★   답 ②

┃정답해설┃

② 총평균비용이 하락하는 구간에서는 한계비용이 총평균비용보다 작다. 총평균비용이 상승하는 구간에서는 한계비용이 총평균비용보다 크다.

┃오답해설┃

① 총평균비용곡선은 원점과 총비용곡선 위의 점을 연결한 직선의 기울기이다. 총평균비용곡선은 하락하다가 최저점을 찍고 최저점에서 다시 상승하는 U자 모양을 가진다.
④ 생산량이 증가함에 따라 한계비용곡선은 평균비용곡선과 평균가변비용곡선의 최저점을 아래에서 위로 통과한다. 한계비용이 평균비용과 평균가변비용보다 클 때에는 평균비용과 평균가변비용이 증가함을 의미한다.

⑤ 생산량이 증가함에 따라 총비용곡선의 기울기가 급해지는 것은 한계비용이 체증하는 것을 의미한다. 한계비용의 체증이 나타나는 것은 한계생산이 체감하기 때문이다.

06 난도 ★★ 답 ③

┃정답해설┃

- 효용함수 $U = \sqrt{LF}$
- 예산선 $10,000(24-L) = 2,500F$, $240,000 - 10,000L$ $= 2,500F$, $4L + F = 96$
- 소비자균형에서는 무차별곡선과 예산선이 접하고, 한계대체율은 $MRS_{LF} = \dfrac{MU_L}{MU_F} = \dfrac{F}{L}$ 이므로 $\dfrac{F}{L} = 4$, $F = 4L$
- $F = 4L$과 예산선 $4L + F = 96$을 연립하여 풀면, $L = 12$, $F = 48$

07 난도 ★ 답 ⑤

┃정답해설┃

근무가 힘든 야간 근무자에게 주간 근무자보다 높은 수당을 지급하는 것은 근무여건의 차이에 따라 다른 급여를 지급하는 것이므로 가격차별로 볼 수 없다.

08 난도 ★★ 답 ①

┃정답해설┃

시장형태에 관계없이 수요곡선이 평균수입곡선이므로 수요곡선의 높이는 가격이면서 동시에 평균수입을 나타낸다. 그러므로 항상 $P = AR$이 성립한다. 사회적으로 볼 때 최적생산 수준은 $P = MC$인 점에서 이루어진다. 따라서 평균수입(AR)=한계비용(MC)의 관계가 성립한다.

09 난도 ★★ 답 ④

┃정답해설┃

- 완전경쟁기업은 장기에 장기평균비용곡선 최소점에서 생산하며 장기균형가격은 최소장기평균비용과 일치한다.
- 최소장기평균비용은 $LAC(q) = (q-20)^2 + 30$에서 $q = 20$일 때, $LAC = 30$이므로 장기균형가격 $P = 30$이다.
- 시장수요함수인 $Q = 1700 - 10P$에 $P = 30$을 대입하면, $Q = 1400$, 따라서 시장거래량은 $Q = 1400$이 된다.
- 개별기업의 생산량 $q = 20$이고, 시장거래량 $Q = 1400$이므로 장기균형에서 기업의 수는 70이다.

10 난도 ★ 답 ④

┃오답해설┃

① 완전경쟁시장의 장기균형에서 균형가격은 한계수입과 일치한다.
②・③ 완전경쟁시장의 장기균형에서는 개별기업은 장기평균비용곡선의 최소점에서 생산하므로 $P = MR = MC = AC$가 성립한다.
⑤ 완전경쟁시장의 장기균형에서는 가격과 평균비용이 일치하므로 초과이윤은 0이 된다.

11 난도 ★★ 답 ①

┃정답해설┃

- 내쉬균형은 상대방의 전략을 주어진 것으로 보고 자신에게 최적인 전략을 선택하였을 때 도달하는 균형이다.
- 기업 B가 전략 1을 선택하면 기업 A는 전략 1을 선택할 때의 보수가 더 크고, 기업 B가 전략 2를 선택하면 기업 A는 전략 2를 선택할 때의 보수가 더 크다. 그러므로 기업 A에게는 우월전략이 존재하지 않는다.
- 기업 B의 경우는 기업 A의 전략에 관계없이 항상 전략 1을 선택할 때의 보수가 더 크므로 전략 1이 기업 B의 우월전략이다.
- 기업 B는 우월전략인 전략 1을 선택할 것이고, 기업 B가 전략 1을 선택하면 기업 A도 전략 1을 선택할 것이므로 (전략 1, 전략 1)이 게임의 내쉬균형이고 그에 따른 보수쌍은 (15, 7)이다.

12 난도 ★★　　　　　　답 ②

▌정답해설▌

효용함수 $U = xy$에서 X재 수요함수는 $X = \dfrac{M}{2P_X}$ 이고

Y재 수요함수는 $Y = \dfrac{M}{2P_Y}$ 이므로, $X = \dfrac{1000}{2 \times 5} = 100$,

$Y = \dfrac{1000}{2 \times 10} = 50$ 이다.

따라서 $x = 100$, $y = 50$ 이다.

13 난도 ★★★　　　　　　답 ④

▌정답해설▌

주어진 효용함수는 레온티에프(Leontief) 효용함수이므로 꼭짓점에서 꺾이는 형태이다.

꼭짓점은 x+2y=2x+y인 점이므로, 무차별곡선의 꼭짓점은 x=y인 45°선상에 위치한다.

1) $x + 2y > 2x + y$인 경우로 $y > x$일 때에는,

$U = 2x + y$, $y = -2x + U$로 기울기가 -2인 직선을 이룬다.

2) $x + 2y < 2x + y$인 경우로 $y < x$일 때에는,

$U = x + 2y$, $y = -\dfrac{1}{2}x + \dfrac{U}{2}$로 기울기가 $-\dfrac{1}{2}$인 직선을 이룬다.

따라서 점 (3, 3)을 지나고 1), 2)를 만족시키는 무차별곡선은 ④이다.

14 난도 ★★　　　　　　답 ③

▌정답해설▌

ㄱ. [O] 위 생산함수는 레온티에프 생산함수로써 두 생산요소는 완전보완관계이므로, L과 K의 대체탄력성은 0이다.

ㄴ. [O] $Q = \min\{L,\ K\}$에서 L, K 요소투입을 a배 늘릴 경우 생산량 Q는 $\min\{aL,\ aK\} = a\min\{L,\ K\}$가 되므로, 생산함수는 1차 동차함수이다.

▌오답해설▌

ㄷ. [×] 완전보완의 생산함수 $Q = \min\{L,\ K\}$에서는 $L = K$와 비용선이 만나는 점에서 최적의 생산이 이루어진다. 따라서 $K = L = Q$가 되며 이를 비용식에 대입하면,

$C = wL + rK = (w + r)Q$

따라서 $C(w, r, Q) = (w + r)Q$ 로 표시된다.

15 난도 ★★★　　　　　　답 ①

▌정답해설▌

- 현재소비와 미래소비 간의 한계대체율 $MRS_{C_1 C_2} = \dfrac{MU_{C_1}}{MU_{C_2}}$

$= \dfrac{C_2^2}{2C_1 C_2} = \dfrac{C_2}{2C_1}$ 이다. 소비자균형점에서는 $MRS = (1 + r)$

이고 $r = 0.1$이므로 $\dfrac{C_2}{2C_1} = 1.1$, 따라서 $C_2 = 2.2 C_1$ 이다.

- 1기 소득 $Y_1 = 3,000$, 2기 소득 $Y_2 = 3,300$, 이자율 $r = 0.1$

을 두 기간 모형의 예산제약식 $Y_1 + \dfrac{Y_2}{1 + r} = C_1 + \dfrac{C_2}{1 + r}$ 에

대입하면 $3,000 + \dfrac{3,300}{1.1} = C_1 + \dfrac{C_2}{1.1}$ 가 된다. 이를 다시 정

리하면 $1.1 C_1 + C_2 = 6,600$이 된다.

- 소비자균형조건과 예산제약식을 연립하여 풀면 $1.1 C_1 + 2.2 C_1 = 6600$이고 $C_1 = 2000$이다. 1기 소득이 3,000만원이고 1기 소비가 2,000만원이므로 1기 저축은 1,000만원이다.

16 난도 ★★　　　　　　답 ③

▌정답해설▌

- 이윤을 극대화하는 생산량은 $MR = MC$이다.

- 독점기업의 MR함수는 (독점기업이 직면한) 직선인 수요함수 기울기의 2배이고 가격축절편은 같은 함수이므로, $P = -2Q + 30$에서 $MR = -4Q + 30$이 된다.

그리고 $MC = \dfrac{dTC}{dQ} = 2Q + 6$이다.

- 이윤을 극대화하는 생산량인 $MR = MC$에서 $-4Q + 30 = 2Q + 6$, $Q = 4$이고 $Q = 4$를 독점기업이 직면한 수요곡선에 대입하면 $P = 22$이다.

- 이윤=총수입-총비용 이므로 이윤$= (P \cdot Q) - TC$

$= (22 \cdot 4) - (4^2 + 6 \cdot 4 + 3) = 88 - 43 = 45$

따라서 생산량=4, 이윤=45이다.

17 난도 ★★★　　　　　　　답 ④

정답해설

생산함수가 $Q = \max\{2x_1,\ x_2\}$ 이므로 생산량은 $2x_1$ 과 x_2 중에서 큰 값에 의해 결정된다. 생산요소 x_1 의 가격이 x_2 가격의 2배 이상이면 생산요소 x_2 만 투입할 것이고, x_2 가 n 단위 투입되면 생산량은 n 단위이므로 그 때의 단위당 생산비용은 w_2 가 된다.

그리고 생산요소 x_1 의 가격이 x_2 가격의 2배 미만이면 생산요소 x_1 만 투입할 것이고, x_1 이 n 단위 투입되면 생산량은 $2n$ 단위이므로 그 때의 단위당 생산비용은 $\dfrac{1}{2}w_1$ 이 된다. 기업은 두 가지 방법 중에서 비용이 적게 소요되는 생산방법을 선택할 것이므로 비용함수는 $\min\left\{\dfrac{w_1}{2},\ w_2\right\}Q$ 가 된다.

18 난도 ★★★　　　　　　　답 ③

정답해설

소비자 1의 효용함수가 $U_1(B_1,\ C_1) = \min\{B_1,\ C_1\}$ 이므로 무차별곡선은 원점을 통과하는 45°선 상에서 꺾어지는 L자 형태이고, 소비자 2의 효용함수가 $U_2(B_2,\ C_2) = B_2 + C_2$ 이므로 무차별곡선은 기울기가 −1인 우하향의 직선이다. 초기부존자원이 소비자 1은 (10, 20), 소비자 2는 (20, 10)으로 주어져 있는데 일반균형은 두 사람의 무차별곡선이 접하는 한 점에서 이루어지게 된다.

두 사람의 무차별곡선은 대각선상에서 서로 접하게 되며, 일반균형에서는 가격비도 두 사람의 무차별곡선과 접한다. 그러므로 일반균형에서는 두 재화의 상대가격은 1이 된다. 커피의 가격이 1로 주어져 있으므로 상대가격이 1이 되려면 맥주의 가격도 1이 되어야 한다.

19 난도 ★　　　　　　　답 ①

정답해설

- 생산함수 $Q = 2L^2 + 2K^2$ 에서 L, K 요소투입을 a배 늘릴 경우, $2(aL)^2 + 2(aK)^2 = a^2(2L^2 + 2K^2) = a^2Q$
  따라서, 주어진 생산함수는 2차 동차함수이며 규모수익 체증의 성격을 가진다.
- 그리고 노동의 한계생산은 $MP_L = \dfrac{dQ}{dL} = 4L$ 이다.

20 난도 ★★　　　　　　　답 ②

정답해설

- 생산의 긍정적 외부효과가 있을 때 사회적 한계비용(SMC)은 사적 한계비용(PMC)에서 외부한계편익(EMB)을 차감한 것이므로 사회적 한계비용이 사적 한계비용보다 작다.
- 소비의 부정적 외부효과가 있을 때 사회적 한계편익(SMB)은 사적 한계편익(PMB)에서 외부한계비용(EMC)을 차감한 것이므로 사적 한계편익이 사회적 한계편익보다 크다.

21 난도 ★　　　　　　　답 ①

오답해설

ㄴ. [×] 정부의 이전지출은 새로운 생산물의 산출이 아니라, 기존에 존재하던 소득을 다시 분배하는 것에 지나지 않으므로 GDP에 포함되지 않는다.

ㄷ. [×] 외국산 자동차의 수입은 국내에서 생산된 것이 아니므로 GDP에 포함되지 않는다.

22 난도 ★　　　　　　　답 ②

오답해설

① GDP 디플레이터에는 국내산 최종 소비재뿐만 아니라 GDP에 포함되는 모든 재화와 서비스의 가격이 모두 반영된다.

③ 소비자물가지수 산정에는 수입품이 포함된다.

④ 소비자물가지수에는 가중치를 고려한 특정 재화만이 포함된다.

⑤ 생산자물가지수에는 기업이 구매하는 품목 중 소비재와 원자재 모두 포함된다.

23 난도 ★★　　　　　　　답 ③

정답해설

- 경제활동 참가율이 70%이므로 비경제활동 참가율은 30%이다. 비경제활동인구가 600만이므로, 생산가능인구(P)는 $0.3P = 600$만, $P = 2,000$만이 된다.
- 생산가능인구가 2,000만명이고 경제활동참가율이 70%이므로 경제활동인구는 1,400만명이다.
- 경제활동인구에서 실업자가 차지하는 비율인 실업률이 5%이므로 실업자 수는 1,400만×0.05=70만명이다.

24 난도 ★

답 ④

┃정답해설┃

인공지능 로봇의 도입은 경기적 실업이 아닌 구조적 실업을 증가시킨다.

25 난도 ★★

답 ①

┃오답해설┃

ㄷ. [×] 항상소득가설에서 개인의 소비는 주로 개인의 항상소득에 의해서 결정된다고 보므로 부의 크기가 증가하면 항상소득이 증가할 것이므로 항상소비가 증가한다.

ㄹ. [×] 생애주기가설에 의하면 사람들은 일생에 걸친 소득변화를 염두해 두고 적절한 소비수준을 결정한다고 보는데, 중년층의 경우에는 소비보다 저축이 많으므로 중년층 인구비중이 상승하면 국민저축률이 상승한다.

26 난도 ★

답 ⑤

┃정답해설┃

토빈의 $q=\dfrac{\text{주식시장에서 평가된 기업의 시장가치}}{\text{실물자본의 대체비용}}$ 이다.

q이론에 의하면 q값이 1보다 크면 투자가 증가하고 q값이 1보다 작으면 투자가 감소한다.

27 난도 ★★

답 ④

┃정답해설┃

ㄴ. [O] 자동안정화장치는 특별한 정책결정을 할 필요가 없으므로 정책결정시간인 내부시차를 줄여준다.

ㄷ. [O] 루카스(R. Lucas)는 합리적 기대가설을 통해 정책이 변하면 경제주체의 기대도 바뀌게 되는 것을 고려해야 한다고 주장하였다.

┃오답해설┃

ㄱ. [×] 외부시차는 정부가 어떤 정책을 시행하였을 때 그 정책이 실제로 효과를 나타낼 때까지 걸리는 시간을 말한다. 지문은 내부시차에 대한 설명이다.

ㄹ. [×] 시간적 불일치성이 있다면 재량적인 정책은 일관성을 상실하므로 재량적인 정책보다는 준칙에 입각한 정책이 바람직하다.

28 난도 ★★

답 ③

┃정답해설┃

- 소비함수에서 한계소비성향이 0.6, 수입에서 한계수입성향이 0.1이므로

  정부지출승수 $\dfrac{dY}{dG}=\dfrac{1}{1-c+m}=\dfrac{1}{1-0.6+0.1}=2$ 이고,

  조세승수 $\dfrac{dY}{dT}=\dfrac{-c+m}{1-c+m}=\dfrac{-0.6+0.1}{1-0.6+0.1}=-1$ 이다.

- $\dfrac{dY}{dG}+\dfrac{dY}{dT}=1$ 로써 균형재정승수가 1이므로, 정부지출과 조세가 모두 100만큼 증가하면 국민소득도 100만큼 증가한다.

29 난도 ★★

답 ③

┃정답해설┃

ㄱ. [O] 피셔효과에 의하면 실질이자율=명목이자율-인플레이션율의 관계가 성립하므로, 실질이자율=6%-2%=4%이다.

ㄷ. [O] 실질경제성장률이 3%이고, 물가상승률이 2%이므로, 명목경제성장률은 5%이다.

┃오답해설┃

ㄴ. [×] 피셔의 교환방정식 $MV=PY$을 변화율 형태로 바꾸면 통화증가율+유통속도변화율=물가상승률+실질소득증가율(경제성장률)이 된다. 지문에서 주어진 수치를 식에 대입하면, 5%+0%=2%+실질소득증가율(경제성장률)이 되고 따라서 실질경제성장률=3%가 된다.

30 난도 ★
답 ⑤

▮오답해설▮

① 내생적 성장이론에 따르면 경제성장률이 각국의 내생적인 요인에 의해 결정되므로 수렴현상이 발생하지 않는다.

② 내생적 성장이론에 따르면 균제상태의 경제성장률은 내생적인 요인에 의해 결정된다.

③ 솔로우 경제성장 모형에서 황금률은 1인당 소비가 극대화되는 조건이다.

④ 솔로우 경제성장 모형에서 인구증가율이 감소하면, 1인당 자본량이 증가하므로 균제상태에서의 1인당 소득은 증가한다.

31 난도 ★★★
답 ⑤

▮정답해설▮

ㄷ · ㄹ. [O] $Y = C + I + G + (X - M)$을 저축과 투자의 관계로 변형하면 $(X - M) = (S_p - I) + (T - G)$ 이다. 2017년에 $(T - G)$가 음$(-)$이면서 2016년보다 절대크기가 감소하고 $(X - M)$은 양$(+)$이면서 절대크기가 감소하면 $(S_p - I)$는 양이면서 절대크기가 감소한다. 즉, 2017년에는 민간저축은 민간투자보다 많지만 그 차이는 2016년보다 감소한다.

▮오답해설▮

ㄱ. [×] 2017년에 $(T - G)$가 음$(-)$이면 추가적으로 국채발행이 이루어지므로 국가채무는 2016년 말보다 증가한다.

ㄴ. [×] 2017년의 순수출 $(X - M)$이 양$(+)$이면 외국으로 자본유출이 이루어지므로 순대외채권은 2016년 말보다 증가한다.

32 난도 ★★
답 ③

▮정답해설▮

필립스곡선 식을 실업률(u)에 대해 정리하면 $u = u_n + 2(\pi^e - \pi)$이므로 이를 통화당국의 손실함수에 대입하면 $L(\pi, u) = u_n + 2(\pi^e - \pi) + \frac{1}{2}\pi^2$ 이 된다. 통화당국의 손실함수가 인플레이션의 함수로 나타내져 있으므로

이를 π에 대해 미분한 뒤 0으로 두면 $\frac{dL}{d\pi} = -2 + \pi = 0$, $\pi = 2$이다. 따라서 통화당국이 손실을 최소화하려면 목표인플레이션율을 2%로 설정해야 한다.

33 난도 ★★
답 ④

▮정답해설▮

기업 A에 x, 기업 B에 $(100 - x)$를 투자할 때 임상실험에 성공여부에 따른 기대수익은 각각 다음과 같다.

• 성공할 때의 기대수익 : $(0.3 \times x) - 0.1(100 - x)$
$$= 0.4x - 10$$
  실패할 때의 기대수익 : $(0 \times x) + 0.1(100 - x)$
$$= -0.1x + 10$$

• 임상실험 결과와 관계없이 기대수익이 동일하므로 $0.4x - 10 = -0.1x + 10$, 따라서 $x = 40$이다.

34 난도 ★★
답 ⑤

▮정답해설▮

확장적 통화정책을 실시하면 LM곡선이 오른쪽으로 이동하므로 일시적으로 이자율이 하락하고, 자본유출이 발생한다. 자본유출이 발생하면 외환의 수요증대로 외국화폐의 가치가 상승, 자국화폐의 가치가 하락한다. 자국화폐의 평가절하가 이루어지면 순수출이 증가하므로 IS곡선이 오른쪽으로 이동하게 되고 이자율은 원래수준으로 상승하게 된다. 그러므로 확장적 통화정책을 실시하더라도 이자율은 변하지 않는다.

35 난도 ★★
답 ⑤

▮정답해설▮

ㄱ. [O] 총생산함수는 $Y = AL^{2/3}K^{1/3}$로 1차 동차함수이므로 규모에 대한 수익불변이다.

ㄴ. [O] L의 지수 값이 $\frac{2}{3}$ 이므로 노동소득분배율이 $\frac{2}{3}$ 이다.

ㄷ. [O] 노동과 자본투입량이 모두 3% 증가하면 생산량이 3% 증가하고, 총요소생산성이 3% 증가해도 생산량이 3% 증가하므로 L, K, A가 모두 3% 증가하면 생산량이 6% 증가한다. 그러므로 경제성장률은 6%이다.

36 난도 ★★★　　　　답 ②

┃정답해설┃

- 위험기피자에게 있어서는 위험이 (−)의 효용을 주는 비재화이므로 위험(표준편차)이 커질 때 동일한 효용이 유지되려면 기대수익이 증가해야 한다. 그러므로 위험기피자의 무차별곡선은 우상향의 형태가 된다.
- 위험애호자에게는 위험이 (+)의 효용을 주는 재화이므로 위험(표준편차)이 커질 때 효용이 동일하게 유지되려면 기대수익이 감소해야 하므로 무차별곡선이 우하향의 형태로 그려진다.
- 위험중립자의 효용은 위험의 크기에 관계없이 오로지 기대수익에 의해서만 결정된다. 위험중립자에게 있어서는 위험(표준편차)이 중립재이다. 그러므로 위험중립자의 무차별곡선은 수평선의 형태가 된다.

37 난도 ★　　　　답 ①

┃정답해설┃

배당금 지불은 금융계정이 아니라 경상수지(본원소득수지)에 포함된다.

38 난도 ★　　　　답 ②

┃정답해설┃

ㄱ. [○] 투자지출의 증가는 총수요의 증가요인이다.
ㄷ. [○] 소비지출의 증가는 총수요의 증가요인이다.

┃오답해설┃

ㄴ. [×] 순수출의 감소는 총수요의 감소원인이다.
ㄹ. [×] 물가가 하락하여 실질통화량이 늘어나면 이자율이 하락하고 투자지출이 증가해 총수요가 증가한다. 그러나 이것은 총수요곡선의 오른쪽 이동이 아닌, 총수요곡선내에서 우하향하는 것이다.

39 난도 ★★　　　　답 ①

┃정답해설┃

총수요−총공급 모형에서 일시적인 음(−)의 총공급 충격이 발생하면 단기 총공급곡선이 왼쪽으로 이동하는데 확장적 통화정책을 실시하면 국민소득을 증가시키고 물가는 큰 폭으로 상승하게 된다.

40 난도 ★★　　　　답 ⑤

┃정답해설┃

⑤ 소득세가 정액세일 경우에 비례세보다 승수가 커지므로 정부지출의 국민소득 증대효과는 크게 나타난다.

┃오답해설┃

① 재정지출 증가로 이자율이 상승하지 않으면 민간투자가 감소하지 않을 것이므로 구축효과는 나타나지 않는다.
② 투자가 이자율에 비탄력적일수록 구축효과는 작게 나타난다.
③ 한계소비성향이 클수록 정부지출의 국민소득 증대효과는 크게 나타난다.
④ 소득이 증가할 때 수입재 수요가 크게 증가한다면 국내에서 생산된 재화에 대한 수요가 적게 증가하므로 국민소득 증대효과가 작아진다.

07 2017년 제28회 정답 및 해설

01	02	03	04	05	06	07	08	09	10	11	12	13	14	15	16	17	18	19	20
①	④	②	③	②	③	④	④	④	④	②	①	⑤	③	①	①	④	⑤	①	③

21	22	23	24	25	26	27	28	29	30	31	32	33	34	35	36	37	38	39	40
③	⑤	①	③	③	③	③	⑤	②	②	②	②	⑤	②	③	⑤	①	②	①	④

01 난도 ★★ 답 ①

┃정답해설┃

- 효용함수를 정리하면 $y = -x + U$ 이므로 무차별곡선은 기울기(절댓값)가 1인 우하향의 직선이다.
- $P_X = 20$, $P_Y = 15$인 경우 예산선의 기울기(절댓값)가 $\frac{P_X}{P_Y} = \frac{20}{15} = \frac{4}{3}$으로 무차별곡선이 예산선보다 완만하다.
  따라서 소비자는 Y재만 소비하고 X재는 소비하지 않게 되며 예산선 $20x + 15y = 600$에서 $x = 0$, $y = 40$을 소비하게 된다.
- $P_X = 20$, $P_Y = 25$ 일 경우 예산선의 기울기(절댓값)가 $\frac{P_X}{P_Y} = \frac{20}{25} = \frac{4}{5}$으로 무차별곡선이 예산선보다 가파르다.
  따라서 소비자는 X재만 소비하고 Y재는 소비하지 않게 되며 $20x + 25y = 600$에서 $x = 30$, $y = 0$을 소비하게 된다.
- 따라서 두 재화의 가격이 변할 때, 최적의 소비를 위해 X재는 30단위를 증가시키고, Y재는 40단위를 감소시키게 된다.

02 난도 ★ 답 ④

┃오답해설┃

ㄷ. [×] 생산을 중단하면 일부 기계설비는 재판매가 가능하므로 모든 고정비용이 매몰비용인 것은 아니다.

03 난도 ★ 답 ②

┃정답해설┃

ㄱ. [○] 기펜재는 가격이 하락할 때 수요량이 감소하는 재화로써, 수요곡선이 우상향한다.
ㄷ. [○] 완전경쟁기업의 단기공급곡선은 평균가변비용 최소점보다 위에 있는 한계비용곡선이다.

┃오답해설┃

ㄴ. [×] 초과이윤이 0이라는 것은 정상이윤만 존재함을 의미한다.
ㄹ. [×] 독점기업의 공급곡선은 존재하지 않는다.

04 난도 ★★ 답 ③

┃정답해설┃

- 개별기업의 장기비용함수 $C = 0.5q^2 + 8$이므로, 장기평균비용 $LAC = 0.5q + \frac{8}{q}$
- LAC의 최소점은 접선의 기울기가 0인(LAC를 미분한 값이 0인) 지점이며 이 지점은 완전경쟁시장의 장기균형가격과 같다. $\frac{dLAC}{dq} = 0.5 - \frac{8}{q^2} = 0$, $q = 4$
  따라서 LAC의 최소값은 $q = 4$일 때의 값이며 이를 대입하면, $P = LAC = 4$가 된다.
- $P = 4$를 시장수요함수에 대입하면, $Q_D = 1,000 - 10 \times 4$, $Q_D = 960$
- 개별기업의 생산량이 4이고, 시장수요량이 960이므로 장기균형에서 시장참여기업의 수는 $\frac{960}{4} = 240$이다.

05 난도 ★★★ 답 ②

정답해설

갑과 을이 동일한 콥-더글라스 효용함수를 갖고 있으므로 두 사람의 한계대체율이 동일해지려면 두 사람의 X재와 Y재의 소비량비율$\left(\dfrac{Y}{X}\right)$이 같아야 한다. 에지워스 상자에서 두 사람의 X재와 Y재의 소비량비율이 같아지는 점은 대각선 뿐이므로 계약곡선은 대각선이 된다. 경제전체의 X재 부존량이 20단위, Y재 부존량이 30단위이므로 대각선의 식은 $Y = \dfrac{3}{2}X$이다. 그러므로 교환이 이루어진 이후 두 사람은 모두 X재와 Y재를 2 : 3의 비율로 소비하게 된다.

06 난도 ★ 답 ③

정답해설

ㄱ. [O] 사과수요의 소득탄력성이 +1.2로 0보다 크므로 사과는 정상재이다.

ㄹ. [O] 다른 조건이 불변일 때 사과수요의 가격탄력성이 1보다 크므로 사과 가격이 상승하면 사과 판매자의 총수입은 감소한다.

오답해설

ㄴ. [×] 사과수요의 배 가격에 대한 교차탄력성이 −1.5로 0보다 작으므로 두 재화는 보완재이다.

ㄷ. [×] 사과수요의 감귤 가격에 대한 교차탄력성이 0.9로 0보다 크므로 두 재화는 대체재이다.

07 난도 ★★ 답 ④

정답해설

④ 주어진 효용함수는 콥-더글라스 효용함수이므로 무차별곡선은 원점에 대하여 볼록한 형태이다. 이 경우 소비자 선택점은 내부해로 나타나므로 어느 한 재화만 소비하는 경우는 있을 수 없고 두 재화를 배합하여 효용극대화를 달성하게 된다.

오답해설

① X재 수요함수 $x = \dfrac{M}{3P_X}$ 이므로 소득M이 증가함에 따라 X재의 소비는 증가하므로 X재는 정상재이다.

② Y재 수요함수 $y = \dfrac{2M}{3P_Y}$ 이므로 소득M이 증가함에 따라 Y재의 소비는 증가하므로 Y재는 정상재이다.

③ 주어진 효용함수는 콥-더글러스 효용함수이므로 무차별곡선은 원점에 대하여 볼록한 형태이다.

⑤ $x = \dfrac{M}{3P_X}$, $y = \dfrac{2M}{3P_Y}$ 이므로 $P_X = P_Y$ 라면, Y재를 X재보다 2배 소비하는 것이 효용극대화 지점이 된다.

08 난도 ★★ 답 ④

정답해설

판매수입은 수요의 가격탄력성이 1일 때 극대화가 된다. 수요함수는 $P = -\dfrac{1}{2}Q + 80$이다.

수요함수가 우하향의 직선일 경우 중점에서 수요의 가격탄력성이 1이 되므로 판매수입이 극대화되는 지점은 $P = 40$, $Q = 80$일 때이다.

09 난도 ★★★ 답 ④

정답해설

- 두 기업의 한계비용이 각각 0이라고 가정하였으므로, 기업1과 기업2의 이윤함수는 다음과 같다.

$$\pi_1 = P_1 \times Q_1 = P_1(30 - P_1 + P_2) = 30P_1 - P_1^2 + P_1P_2$$

$$\pi_2 = P_2 \times Q_2 = P_2(30 - P_2 + P_1) = 30P_2 - P_2^2 + P_1P_2$$

- 이윤극대화 가격을 구하기 위해, 이윤함수를 P로 미분한 값을 0으로 두면 다음과 같다.

$$\frac{d\pi_1}{dP_1} = 30 - 2P_1 + P_2 = 0 \ \cdots\cdots \ ①$$

$$\frac{d\pi_2}{dP_2} = 30 - 2P_2 + P_1 = 0 \ \cdots\cdots \ ②$$

- ①식과 ②식이 각 기업의 반응곡선이며 균형은 두 기업의 반응곡선이 교차하는 지점에서 이루어지므로 ①식과 ②식을 연립하면 $P_1 = 30, P_2 = 30$이 된다.

10 난도 ★★★　　　　답 ④

┃ 정답해설 ┃

- 마을 전체의 이윤을 극대화하는 염소의 수
  - $TR = 200X - 10X^2$ 이고, 염소 한 마리에 소요되는 비용은 20이므로 $TC = 20X$ 이다.
  - 이윤함수 $\pi = TR - TC = 200X - 10X^2 - 20X$ 에서 이윤극대화지점은 $\dfrac{d\pi}{dX} = 0$ 이므로 $X = 9$ 이다.
- 개별 주민들이 아무런 제한없이 각자 염소를 방목할 경우, 염소의 수
  - 개별 주민들이 아무런 제한없이 각자 염소를 방목할 경우, 이윤이 0보다 크다면 계속해서 방목하는 염소의 수가 늘어날 것이므로 염소의 수는 이윤이 0이 되는 수준으로 결정된다.
  - 그러므로 $\pi = 180X - 10X^2 = 0$ 에서 $X = 18$ 이다.
- 따라서 $X_1 = 18$, $X_2 = 9$ 이다.

11 난도 ★　　　　답 ②

┃ 정답해설 ┃

- 지문에서 주어진 시장수요함수와 시장공급함수의 균형을 구하면, $24 - 2w = -4 + 2w$ 에서 균형임금 $w = 7$, 균형고용량 $L = 10$ 이다.
- 주어진 노동수요함수와 공급함수에서 경제적 지대는 노동공급곡선의 윗부분과 균형임금수준 아랫부분의 면적이므로, 경제적지대 : $\dfrac{1}{2} \times (7 - 2) \times 10 = 25$ 이다. 그리고 주어진 노동수요함수와 공급함수에서 전용수입은 노동자의 총소득에서 경제적 지대를 차감한 면적이므로, 전용수입 : $(7 \times 10) - 25 = 45$ 가 된다.

12 난도 ★　　　　답 ①

┃ 정답해설 ┃

소비에 있어서 긍정적 외부효과가 발생하는 경우, 사회적 한계편익(SMB)은 사적 한계편익(PMB)보다 더 크다. 소비과정에서 양의 외부효과는 사회적으로는 편익의 증가를 이끌어내기 때문이다. 그리고 사회적 최적생산량은 사적인 균형생산량보다 많다.

13 난도 ★★　　　　답 ⑤

┃ 정답해설 ┃

내쉬균형은 상대방의 전략을 주어진 것으로 보고 자신에게 최적인 전략을 선택하였을 때 도달하는 균형이다.

1) 기업 A가 전략 1을 선택할 경우 기업 B는 전략 3을 선택하고, 기업 B가 전략 3을 선택할 경우, 기업 A는 전략 1을 선택한다. 이 전략의 조합은 바뀔 유인이 없으므로 보수조합 (4, 9)가 내쉬균형이 된다.

2) 기업 A가 전략 2을 선택할 경우 기업 B는 전략 2을 선택하고, 기업 B가 전략 2을 선택할 경우, 기업 A는 전략 2을 선택한다. 이 전략의 조합은 바뀔 유인이 없으므로 보수조합 (6, 6)가 내쉬균형이 된다.

3) 기업 A가 전략 3을 선택할 경우 기업 B는 전략 1을 선택하고, 기업 B가 전략 1을 선택할 경우, 기업 A는 전략 3을 선택한다. 이 전략의 조합은 바뀔 유인이 없으므로 보수조합 (9, 4)가 내쉬균형이 된다.

따라서 내쉬균형은 3개 존재하고 그에 따른 보수조합은 (9, 4), (6, 6), (4, 9)이다.

14 난도 ★★　　　　답 ③

┃ 정답해설 ┃

③ 한계수입이 한계비용보다 높다면 이윤극대화를 위하여 더 많이 생산하여야 한다. 독점기업이 직면하는 수요곡선은 우하향하므로 생산량을 증가시키면 가격이 하락한다. 그러므로 한계수입이 한계비용보다 높다면 독점기업은 가격을 인하해야 한다.

┃ 오답해설 ┃

① 독점 기업의 이윤극대화는 $P > MR = MC$ 에서 달성되므로 이윤극대화 가격은 한계비용보다 높다.

② 독점기업이라도 수요곡선이 평균비용보다 하방위치하는 등과 같이 평균비용이 가격을 상회하는 경우에는 손실을 볼 수 있다. 따라서 양(+)의 경제적 이윤을 획득할 수 없는 경우도 있다.

15 난도 ★★　　　답 ①

▎정답해설▎
- 최적의 온실가스배출량은 온실가스 배출에 따른 한계저감비용과 한계피해가 같아지는 점에서 결정된다. 따라서 $40 - 2Q = 3Q$로 두면, $Q = 8$이다.
- 그리고 $Q = 8$를 한계저감비용 함수에 대입하면 한계저감비용은 24이다.

16 난도 ★★　　　답 ①

▎정답해설▎
- 시장수요함수는 개별수요함수의 수평합이고 개별수요함수는 $q = 7 - P$이므로 소비자가 10명인 시장수요함수는 $Q_D = 70 - 10P$가 된다.
- 그리고 해당시장에서 기술진보로 모든 공급자의 단위당 생산비가 1만큼 하락하였으므로, 개별공급함수는 $P = 1 + q$로 변화한다.
  변화된 개별공급함수에서 공급자가 15명인 시장공급함수는 $Q_s = 15P - 15$이다.
- 새로운 시장균형가격은 $70 - 10P = 15P - 15$에서, $P^* = 3.4$, $Q^* = 36$이다.

17 난도 ★★　　　답 ④

▎정답해설▎
④ 조세부과에 따른 자중적 손실의 크기는 세율의 제곱에 비례한다. 따라서 물품세가 부과될 때 단위당 조세액이 2배가 되면 초과부담은 4배가 된다.

▎오답해설▎
①·② 단위당 t원의 조세를 부과하면 정부는 (단위당 조세액)×(조세부과 후의 거래량)만큼의 조세수입을 얻게 되는데, 단위당 조세액이 2배로 되면 거래량이 그 이전보다 감소하므로 정부의 조세수입은 2배보다 작게 증가한다.

18 난도 ★★　　　답 ⑤

▎정답해설▎
⑤ 항공사가 서로 다른 유형의 소비자에게 각각 다른 요금을 부과하는 행위는 선별에 해당한다.

▎오답해설▎
① 정보의 비대칭성과 관련하여 정보를 갖지 못한 측의 입장에서 볼 때 바람직하지 못한 상대방과 거래할 가능성이 높아지는 현상을 역선택이라고 한다. 보험시장에서의 역선택은 보험시장에서 보험 가입자에 대한 정보가 비대칭적으로 분포되어 있어 사고발생 가능성이 높은 사람만 보험에 가입하게 되는 현상을 말한다.
② 도덕적 해이는 정보의 비대칭이 존재하는 상황에서 정보를 가진 측이 자신의 이익을 추구하는 행동을 할 유인이 존재하여 정보를 가지지 못한 측에서 보면 바람직하지 못한 행동을 취하게 되는 것을 의미한다. 계약 이후에 나타나는 감추어진 행동이 문제된다. 설문의 예시는 도덕적 해이에 해당한다.
③ 통합균형에서는 서로 다른 선호체계를 가지고 있는 거래 당사자들에게 동일한 상품이 제시되기 때문에 선택전략도 동일하게 된다.
④ 선별은 정보를 갖지 못한 측에서 정보를 가진 측의 감추어진 특성에 관한 정보를 파악하기 위해 정보를 수집, 바람직한 거래 당사자를 구별하여 역선택의 문제를 완화시키는 방법이다.

19 난도 ★★　　　답 ①

▎정답해설▎
- 단기 총비용곡선 $STC = a + \dfrac{q^2}{100}$에서 한계비용은 $MC = \dfrac{dSTC}{dq} = \dfrac{q}{50}$이다.
- 완전경쟁시장에서 개별기업의 공급곡선은 한계비용곡선이므로, 개별기업의 공급곡선 식은 $P = MC$에서 $p = \dfrac{q}{50}$, $q_s = 50p$가 된다.

20 난도 ★★★ 답 ③

▌정답해설▌

- X재의 가격이 15일 때 효용극대화를 위해 X재만 소비한 다고 하였으므로, 이때 X재 소비량은 예산선 $15x + P_Y y$ $= 1,500$에서, 100단위이고 이때의 효용은 $U = 1,200$이 된다.
- 만약 일정금액을 내고 Y재를 공동구매하는 클럽에 가입하면, Y재를 단위당 10에 구입할 수 있게 되는데, Y재 소비를 통해 $U = 1,200$의 효용을 얻으려면 Y재 소비량이 120 단위가 되어야 한다.
- 10의 가격으로 Y재 120단위를 구입하는 데는 1,200이 들므로 을이 공동구매 클럽에 가입하기 위해 지불할 용의가 있는 최대금액은 300이 된다.

21 난도 ★ 답 ③

▌정답해설▌

자연실업률은 마찰적 실업과 구조적 실업만 있을 때의 실업률이다.

22 난도 ★ 답 ⑤

▌오답해설▌

① 실물경기변동이론에 의하면 화폐의 중립성이 성립하므로 통화량의 변동은 단기적 그리고 장기적으로 실질 국민소득에 아무런 영향을 미칠 수 없다.
② 실물경기변동이론에서는 가격과 임금이 신축적이라고 전제한다.
③ 가격의 비동조성은 새고전학파가 아닌 새케인즈학파의 주장이다.
④ 새케인즈학파에 의하면 경기변동은 주로 수요측 충격에 의해 발생한다.

23 난도 ★★ 답 ①

▌정답해설▌

해외이자율 상승 → BP곡선 상승 → 외화의 초과 수요 → 환율 상승 압박 → 고정환율제도이므로 환율유지를 위해 외화 매각 → 통화량감소 → LM곡선 좌측이동 → 국민소득 감소

24 난도 ★★★ 답 ③

▌정답해설▌

ㄱ. [×] ㄴ. [○] 총생산함수는 $Y = K^{0.2} L^{0.8}$이다. 황금률에서는 노동소득 분배율이 소비율과 같고 자본소득분배율이 저축률과 일치하므로 황금률 수준에서의 저축률은 0.2이다. 그런데 저축률이 0.4로 황금률에서의 저축률보다 높은 수준이므로 현재의 균제상태에서의 1인당 자본량은 황금률에서의 자본량보다 많다.

ㄷ. [×] ㄹ. [○] 1인당 생산함수를 k에 대해 미분하면 $f'(k) = 0.2k^{-0.8} = \dfrac{0.2}{k^{0.8}}$이다. 황금률에서의 1인당 자본량을 구하기 위해 $f'(k) = n + d$로 두면 $\dfrac{0.2}{k^{0.8}} = (n + d)$, $k = \left(\dfrac{0.2}{n+d}\right)^{\frac{5}{4}}$가 된다. 이 식으로부터 인구증가율이 상승하거나 감가상각률이 상승하면 황금률에서의 1인당 자본량은 감소함을 알 수 있다.

25 난도 ★★★ 답 ③

▌정답해설▌

③ $0\% + (\alpha \times 2\%) + (1-\alpha) \times 2\% = 2\%$

▌오답해설▌

① 자본에 귀속되는 자본소득은 $100 \times (1 - 0.7) = 30$이다.
② $0\% + (0.7 \times 3\%) + (0.3 \times 5\%) = 3.6\%$
④ 노동의 한계생산물은
$$MP_L = \alpha A K^{1-\alpha} L^{\alpha-1} = \alpha A \left(\frac{K}{L}\right)^{1-\alpha}$$ 이므로 노동의 투입량이 5% 증가할 때, 자본의 투입량도 5% 증가한다면 노동의 한계생산물은 불변이다.
⑤ $1\% + (\alpha \times 2\%) + (1-\alpha) \times 2\% = 3\%$

26 난도 ★ 답 ③

▌정답해설▌

중앙은행이 시중은행으로부터 채권을 매입하면 본원통화가 증가하므로 통화량이 증가한다.

27 난도 ★   답 ③

┃오답해설┃

ㄴ. [×] 효율성임금은 생산성보다 높은 임금을 주는 것이므로 노동자의 근무태만을 줄일 수 있다.

28 난도 ★   답 ⑤

┃정답해설┃

자본의 사용자 비용 $C = (r+d)P_K$이므로 실질이자율(r)이 상승하거나 감가상각률(d)이 상승하면 자본의 사용자비용이 증가한다.

29 난도 ★★   답 ②

┃정답해설┃

토빈세는 단기성 외환거래에 부과하는 세금을 말한다. 단기적 자금이동에 세금을 부과하여 거래비용을 높임으로써 투기적 거래를 억제하려는 것이 토빈세의 목적이다. 정부가 화폐공급을 통해 얻는 재정수입은 인플레이션 조세이다.

30 난도 ★★   답 ②

┃정답해설┃

ㄱ. [O] $\dfrac{M^d}{P} = \dfrac{Y}{5i}$ 이므로 명목이자율(i)이 일정하면, 실질생산량이 $k\%$ 증가할 경우 실질화폐잔고$(\dfrac{M^d}{P})$도 $k\%$ 증가한다.

ㄷ. [O] 화폐유통속도는 $\dfrac{M^d}{P} = \dfrac{Y}{5i}$를 $MV = PY$에 대입하면, $V = 5i$가 도출된다. 따라서 명목이자율이 일정하면 화폐유통속도는 일정하다.

┃오답해설┃

ㄴ. [×] 화폐유통속도는 $V = 5i$이다.

ㄹ. [×] 화폐유통속도는 실질생산량과는 아무런 관계가 없다.

31 난도 ★★   답 ②

┃정답해설┃

- LM곡선 : $2 = 0.15Y - r$, $r = -2 + 0.15Y$
- LM곡선과 IS곡선을 연립하여 풀면,
  $-2 + 0.15Y = 4 - 0.05Y$, $Y = 30$, $r = 2.5$
- 중앙은행의 확장적 통화정책으로 LM곡선은 오른쪽으로 이동하게 되고 새로운 LM곡선은 $LM' = 2 + \triangle M = 0.15Y - r$이 된다. 새로운 균형에서 $r = 2$이므로 이를 IS곡선에 대입하면 통화량증가 이후 새로운 균형국민소득 $Y = 40$이 된다.
- 새로운 균형점 $r = 2$, $Y = 40$를 새로운 LM곡선에 대입하면, $\triangle M = 2$

32 난도 ★★   답 ②

┃정답해설┃

영국에서는 빅맥가격이 2파운드이고 미국에서는 3달러이므로 구매력평가로 보면 환율이 1파운드=1.5달러가 되어야 한다. 그런데 현재 시장환율은 1파운드=2달러이므로 파운드가 구매력 평가에 비해 약 33% 고평가되어 있는 상태이다.

33 난도 ★   답 ⑤

┃정답해설┃

$Y = C + I + G + (X - M)$에서 $X - M = Y - (C + I + G)$이다.

ㄴ. [O] 민간저축이 증가하면 소비가 감소하므로 경상수지가 개선된다.

ㄷ. [O] 민간투자 감소하면 경상수지가 개선된다.

ㄹ. [O] 재정적자 감소는 정부지출을 줄인 것이므로 경상수지가 개선된다.

┃오답해설┃

ㄱ. [×] 민간소비가 증가하면 경상수지가 악화된다.

34 난도 ★ 답 ②

┃ 정답해설 ┃

소비자물가 상승률 $= (0.4 \times 10\%) + (0.2 \times 10\%) + (0.2 \times 5\%)$
$= 4\% + 2\% + 1\% = 7\%$이다.

35 난도 ★★ 답 ③

┃ 오답해설 ┃

① 경제학자 필립스에 의하면 필립스곡선은 원래 명목임금 상승률과 실업률 간에 음의 상관관계에 있음을 나타내는 곡선이다. 이후 필립스곡선은 인플레이션율과 실업률 간에 음의 상관관계를 나타내는 것으로 발전하였다. 즉, 필립스곡선은 수직이 아니라 우하향한다.

② 1970년대 석유파동 때 단기 필립스곡선은 왼쪽이 아니라 오른쪽으로 이동하였다.

④ 단기에는 실업률과 인플레이션 간에 상충관계가 있지만 장기에는 그렇지 아니하다.

⑤ 자연실업률 가설에 따르면 장기 필립스곡선은 수직이 된다.

36 난도 ★★ 답 ⑤

┃ 정답해설 ┃

⑤ 중앙은행이 민간 보유 국채를 대량 매입하면 통화량이 증가하여 이자율이 하락하고 투자가 증가한다. 이로인해 총수요곡선이 오른쪽으로 이동하여 총생산은 증가한다.

┃ 오답해설 ┃

① 물가수준이 하락하면 총수요곡선내에서 우하향 한다.

② 총수요가 증가하는 충격이 오게 되면 물가는 상승하고 산출량은 증가한다. 총수요가 감소하는 충격이 오면 물가는 하락하고 산출량은 감소한다. 따라서 단기적인 경기변동이 총수요충격으로 발생되면 물가수준은 경기순응적이다.

③ 정부지출이 증가하면 총수요곡선이 오른쪽으로 이동하여 총생산은 증가한다.

④ 에너지가격의 상승과 같은 음(−)의 공급충격은 총공급곡선을 왼쪽으로 이동시켜 총생산은 감소된다.

37 난도 ★★ 답 ①

┃ 정답해설 ┃

① 케인즈에 따르면 명목임금이 고정되어 있는 단기에서 물가가 상승하면 실질임금이 하락하므로 노동에 대한 수요가 증가하여 고용량이 증가하고 생산량이 증가한다.

┃ 오답해설 ┃

② 새케인즈 학파의 가격경직성 모형에서 물가수준이 기대 물가수준보다 낮다면 생산량은 자연산출량 수준보다 낮다.

③ 새케인즈 학파의 가격경직성 모형은 기업들이 가격설정자라고 전제한다.

④ 새고전학파의 불완전정보 모형에서는 재화가격이 신축적이므로 시장이 균형상태에 놓이는 것으로 본다. 이 모형에 의하면 시장균형이 이루어져도 정보불완정성이 존재하므로 단기에는 총공급곡선이 우상향의 형태가 된다.

⑤ 불완전정보 모형에서 기대 물가수준이 상승하면 단기 총공급곡선은 왼쪽으로 이동한다.

38 난도 ★ 답 ②

┃ 정답해설 ┃

② 미국인의 국내주식에 대한 투자 증가는 외화의 공급증가 → 환율하락

┃ 오답해설 ┃

① 재미교포의 국내송금 감소는 외화의 공급감소 → 환율 상승

③ 미국산 수입품에 대한 국내수요 증가는 외화의 수요 증가 → 환율 상승

④ 미국 기준금리 상승은 외화가 유출되므로 외화의 수요증가 → 환율 상승

⑤ 미국인 관광객의 국내 유입 감소로 인한 관광수입 감소는 외화의 공급 감소 → 환율 상승

┃오답해설┃

ㄴ. [×] 리카도의 등가정리가 성립하려면 저축과 차입이 자유롭고 유동성제약 또는 차입제약이 없어야 한다.

ㄹ. [×] 리카도 등가정리의 내용은 정부지출 확대정책이 경제에 영향을 미치지 않는다는 것이 아니라, 확대적인 재정정책을 실시할 때 재원조달방식을 조세에서 국채로 바꾸더라도 정책의 효과가 달라지지 않는다는 것이다.

┃정답해설┃

피셔의 교환방정식 $MV = PY$을 변화율 형태로 바꾸면 통화증가율＋유통속도변화율＝물가상승률＋실질소득증가율(경제성장률)이 된다. 지문에서 주어진 수치를 식에 대입하면, 통화증가율＋0%＝(5%－3%)＋2%, 따라서 통화증가율＝4%가 된다.

08 2016년 제27회 정답 및 해설

01	02	03	04	05	06	07	08	09	10	11	12	13	14	15	16	17	18	19	20
①	③	③	⑤	①	②	①	①	⑤	③	④	③	④	②	③	⑤	②	①	⑤	④
21	22	23	24	25	26	27	28	29	30	31	32	33	34	35	36	37	38	39	40
②	⑤	④	⑤	③	④	②	④	⑤	②	⑤	①	④	⑤	②	④	③	④	①	②

01 난도 ★ 답 ①

┃ 정답해설 ┃

공급곡선이 수직선 형태로서 공급이 완전비탄력적이기 때문에 조세가 부과될 경우, 소비자의 부담은 전혀 없으며 공급자가 모든 조세부담을 지게 된다. 또한 조세부과로 인한 거래량의 감소가 없기 때문에 조세의 초과부담은 0이 된다.

02 난도 ★ 답 ③

┃ 정답해설 ┃

특정 재화에 일정금액을 지출하는 경우, $PQ = \overline{K}$로 가격과 수량을 곱한 값이 항상 일정하다. 이러한 경우의 수요곡선은 직각쌍곡선으로, 수요곡선상의 어느 점에서 수요의 가격탄력성을 측정해도 항상 1이 된다.

03 난도 ★★ 답 ③

┃ 정답해설 ┃

시장수요곡선은 개별수요곡선의 수평합이므로, 시장수요곡선은 $Q = 10 - 2P + 15 - 3P = 25 - 5P$이다.
X재의 가격이 $P = 2.5$일 때, $Q = 12.5$이며
이 때의 시장수요의 가격탄력성은 $e_p = -\dfrac{\triangle Q}{\triangle P} \times \dfrac{P}{Q}$ 에서
$e_p = -(-5) \times \dfrac{2.5}{12.5} = 1$이다.

04 난도 ★★ 답 ⑤

┃ 정답해설 ┃

효용극대화가 이루어지는 지점은 한계대체율이 상대가격과 일치하는 때이며($\dfrac{MU_X}{MU_Y} = \dfrac{P_X}{P_Y}$), 이는 각 재화의 화폐 1단위당 한계효용이 같아지는 때($\dfrac{MU_X}{P_X} = \dfrac{MU_Y}{P_Y}$)를 의미한다.

따라서 $\dfrac{MU_X}{P_X} = \dfrac{20}{60}$, $\dfrac{MU_Y}{P_Y} = \dfrac{20}{100}$으로 $\dfrac{MU_X}{P_X} > \dfrac{MU_Y}{P_Y}$로 X재 1단위의 한계효용이 Y재 1단위의 한계효용보다 크므로 X재의 소비를 늘리고 Y재의 소비를 줄여야 한다.

또는 $\dfrac{MU_X}{MU_Y}(= \dfrac{20}{20}) > \dfrac{P_X}{P_Y}(= \dfrac{60}{100})$이므로 이는 X재 1단위의 한계효용이 Y재 1단위의 한계효용보다 크다는 뜻이므로 효용극대화를 위해서는 X재의 소비를 늘리고 Y재의 소비를 줄여야 한다.

05 난도 ★★ 답 ①

┃ 정답해설 ┃

甲의 효용함수는 콥-더글러스 형태의 효용함수로써, 무차별곡선은 원점에 대해 볼록한 형태를 가진다. 그리고 효용이 극대화되는 점은 무차별곡선과 예산선이 접하는 점으로 양자의 기울기가 같은 점이며, $MRS_{XY} = \dfrac{MU_X}{MU_Y} = \dfrac{P_X}{P_Y}$ 가 되는 점이다.

따라서 예산제약 하에서 효용이 극대화되는 소비점에서의 한계대체율은 $MRS_{XY} = \dfrac{P_X}{P_Y} = \dfrac{2,000}{8,000} = 0.25$이다.

06 난도 ★★ 답 ②

┃정답해설┃

생산에 있어서 양(+)의 외부효과가 발생하는 경우, 사회적 한계비용(SMC)은 사적 한계비용(PMC)보다 더 작다. 생산과정에서 양의 외부효과는 사회적으로는 생산비용의 하락을 이끌어내기 때문이다.

시장균형은 사적 한계비용(PMC)과 한계편익(MB, 사적 한계편익과 사회적 한계편익이 동일하다고 가정)이 일치하는 지점에서 형성되므로 가격(P)은 사적 한계비용(PMC)과 같다.

따라서 $P = PMC > SMC$가 성립한다.

07 난도 ★★★ 답 ①

┃정답해설┃

① 한계대체율은 $MRS_{XY} = \dfrac{MU_X}{MU_Y} = \dfrac{Y}{X}$ 이므로 한계대체율은 체감한다.

┃오답해설┃

② 소비자의 효용함수가 $U = \sqrt{XY}$ 일 때, X재의 한계효용 은 $\dfrac{1}{2}\sqrt{\dfrac{Y}{X}}$ 이므로 X재의 소비량이 증가하면 X재의 한계효용이 감소한다.

③ 소비자의 효용함수가 $U = \min(X,\ Y)$ 일 때, 완전보완재의 수요의 교차탄력성은 음(−)이다.

④ 소비자의 효용함수가 $U = \min(X,\ Y)$ 일 때, 소득소비곡선의 기울기는 1이다.

⑤ 소비자의 효용함수가 $U = X + Y$ 일 때, X재의 가격이 Y재의 가격보다 높다면 Y재만 소비할 것이다.

08 난도 ★★ 답 ①

┃정답해설┃

① 총비용함수 $C = 25 + 5Q$에서 총고정비용 $TFC = 25$, 총가변비용 $TVC = 5Q$ 이다.

따라서 평균가변비용 $AVC = 5$ 이며, 한계비용 $MC = 5$ 이므로 옳은 내용이다.

┃오답해설┃

② 총고정비용은 $TFC = 25$이므로, 평균 고정비용 $AFC = \dfrac{25}{Q}$ 로써, 생산량이 증가함에 따라 감소한다.

③ 한계비용 $MC = 5$로 생산량에 관계없이 일정하다.

④ 평균비용 $AC = \dfrac{25}{Q} + 5$이므로 U자 형태가 아니며, 생산량이 증가함에 따라 하락한다.

⑤ 한계비용 $MC = 5$, 평균비용 $AC = \dfrac{25}{Q} + 5$이므로 평균비용이 한계비용을 항상 초과한다.

09 난도 ★★ 답 ⑤

┃정답해설┃

ㄴ. [○] 독점적 경쟁시장에서 개별기업의 이윤극대화는 한계수입(MR) = 한계비용(MC)에서 달성되며 가격은 한계비용보다 높은 수준이다. 따라서 한계수입(MR)이 가격(P)보다 낮은 수준에서 산출량을 결정하게 된다.

ㄷ. [○] 독점적 경쟁시장에서 개별기업은 어느 정도의 독점력을 보유하면서 일정한 범위 내에서 시장을 지배하고 있다. 따라서 시장에서의 가격을 받아들이는 것이 아니라, 설정할 수 있으며 이는 개별기업이 직면하는 수요곡선이 우하향함을 의미한다.

ㄹ. [○] 독점적 경쟁시장에서 개별기업은 단기에는 초과이윤을 얻을 수도 있지만 장기에는 새로운 기업의 진입이 자유로우므로 시장 내 기존기업이 초과이윤을 얻지 못할 때까지 신규진입이 일어나고 결국 개별기업의 장기적 이윤은 0이 된다.

┃오답해설┃

ㄱ. [×] 독점적 경쟁시장에서 개별기업의 이윤극대화는 한계수입(MR) = 한계비용(MC)에서 달성되며 가격은 한계비용보다 높은 수준이다.

10 난도 ★★★ 답 ③

┃ 정답해설 ┃

독점기업의 이윤극대화조건은 $MR = MC$ 이다. 그리고 독점 기업의 MR함수는 직선인 수요함수와 가격축 절편은 같고 기울기는 2배인 함수이다.

- A시장에서의 이윤극대화

  A시장의 수요함수 $P_A = -\dfrac{1}{b_1} Q_A + \dfrac{a_1}{b_1}$ 이므로

  $MR_A = -\dfrac{2}{b_1} Q_A + \dfrac{a_1}{b_1}$

  $MR_A = MC_A = 0$(한계비용이 0이므로)

  $-\dfrac{2}{b_1} Q_A + \dfrac{a_1}{b_1} = 0$, 따라서 $Q_A = \dfrac{a_1}{2}$, $P_A = \dfrac{a_1}{2b_1}$ 이다.

- B시장에서의 이윤극대화

  B시장의 수요함수 $P_B = -\dfrac{1}{b_2} Q_B + \dfrac{a_2}{b_2}$ 이므로

  $MR_B = -\dfrac{2}{b_2} Q_B + \dfrac{a_2}{b_2}$

  $MR_B = MC_B = 0$(한계비용이 0이므로)

  $-\dfrac{2}{b_2} Q_B + \dfrac{a_2}{b_2} = 0$, 따라서 $Q_B = \dfrac{a_2}{2}$, $P_B = \dfrac{a_2}{2b_2}$ 이다.

- 두 시장에서의 가격이 같아지는 조건을 구하는 것이므로,

  $\dfrac{a_1}{2b_1} = \dfrac{a_2}{2b_2}$ 따라서 $2a_1 b_2 = 2a_2 b_1$, $a_1 b_2 = a_2 b_1$ 이다.

11 난도 ★★ 답 ④

┃ 정답해설 ┃

ㄴ. [O] 보상수요곡선은 가격효과에서 소득효과를 제외한, 대체효과만을 고려한 수요곡선이므로 기펜재(Giffen goods)의 경우에도 보상수요곡선은 우하향한다.

ㄷ. [O] 기펜재는 열등재로서 소득 증가 시 수요가 감소하기 때문에 수요의 소득탄력성은 0보다 작다.

┃ 오답해설 ┃

ㄱ. [×] 기펜재(Giffen goods)는 수요법칙의 예외현상으로 가격이 하락함에도 수요량이 감소하는 재화이다.

12 난도 ★★ 답 ③

┃ 정답해설 ┃

- 총수입 $TR = P \cdot Q = \left(-\dfrac{1}{2} Q + 50\right) \cdot Q = -\dfrac{1}{2} Q^2 + 50Q$

- 한계수입 $MR = \dfrac{dTR}{dQ} = -Q + 50$ 이 된다.

- 가격이 30이므로 수요곡선에 $P = 30$을 대입하면, $Q = 40$ 따라서 가격이 30일 때의 한계수입 $MR = -Q + 50 = -40 + 50 = 10$

13 난도 ★★★ 답 ④

┃ 정답해설 ┃

완전경쟁시장에서 균형가격은 최소장기평균비용이고 $P = LAC$이다.

$C = Q^3 - 4Q^2 + 8Q$에서, $LAC = Q^2 - 4Q + 8$이고 LAC의 최저점에서는 접선의 기울기가 0이 되므로 LAC를 미분한 값이 0인 지점이 LAC의 최저점이 된다.

$\dfrac{dLAC}{dQ} = 2Q - 4 = 0$, $Q = 2$

LAC의 최소값은 $Q = 2$일 때의 값이므로, LAC의 최소값은 4이며 $P = 4$가 된다.

따라서 $P = 4$, $Q = 2$이다.

14 난도 ★ 답 ②

┃ 정답해설 ┃

독점기업의 한계수입곡선은 우하향하는 반면, 완전경쟁기업의 한계수입곡선은 수평이다.

15 난도 ★ 답 ③

┃ 정답해설 ┃

노동의 한계생산물가치(VMP_L)는 노동을 추가적으로 고용함에 따른 추가적인 수입의 증가분을 의미한다. 이는 노동의 한계생산×생산물의 가격이므로 $15 \times 20 = 300$이다.

16 난도 ★★ 　답 ⑤

┃ 정답해설 ┃

상대방이 어떤 전략을 선택하든지 간에 나의 보수를 더 크게
만들어 주는 전략이 우월전략이다. 두 나라 모두 상대국의
전략에 관계없이 저관세를 선택할 때 보수가 더 크기 때문에
두 나라의 우월전략은 모두 저관세이다.

17 난도 ★ 　답 ②

┃ 정답해설 ┃

갑 기업의 공급함수는 $Q=100+2P$이므로 이를 변형하면
$P=0.5Q-50$이다. 따라서 $P>0$일 때, 해당 공급곡선은
Q축에서 출발하게 된다. 이 때 공급의 가격탄력성은 1보다
작다.

18 난도 ★★ 　답 ①

┃ 정답해설 ┃

- 두 재화를 1 : 1 비율로 묶어서 소비한다는 것은, 두 재화는
  완전보완재이고 레온티에프 효용함수형태라는 것을 의미
  한다. 따라서 효용함수는 $U=\min\{Q_X,\ Q_Y\}$이고 무차별
  곡선은 L자형이 된다.
- 따라서 $Q_X=Q_Y$와 예산선 $P_X Q_X+10Q_Y=1{,}000$을
  연립하면 수요함수를 도출할 수 있다. $P_X Q_X+10Q_X$
  $=1{,}000,\ (10+P_X)Q_X=1{,}000,\ Q_X=\dfrac{1{,}000}{10+P_X}$

19 난도 ★★ 　답 ⑤

┃ 정답해설 ┃

- ㄱ. [O] 로렌츠(Lorentz) 곡선은 소득인구의 누적비율과 소
  득의 누적점유율 간의 대응관계를 표시한 곡선으로 로렌
  츠곡선이 대각선에 가까이 접근할수록 소득분배는 평등
  한 것으로 평가한다.
- ㄴ. [O] 지니(Gini) 계수는 로렌츠 곡선의 단점을 보완하기
  위해 등장한 것으로, 로렌츠곡선에서 소득 분배의 불평
  등 면적의 크기를 측정한 것이다. 지니 계수의 크기는
  $0 \le G \le 1$으로 지니계수가 0에 가까울수록 소득분배는
  평등한 것으로 평가한다.

- ㄷ. [O] 십분위 분배율은 $\dfrac{\text{하위 소득계층 40\%의 소득점유율}}{\text{상위 소득계층 20\%의 소득점유율}}$
  으로 계산된다. 십분위 분배율이 클수록 소득분배는 평등
  하다. 십분위 분배율은 0과 2 사이의 값으로 완전균등한
  소득분배인 경우 십분위 분배율은 2, 완전불균등한 소득
  분배인 경우, 십분위분배율은 0이 된다.

20 난도 ★★ 　답 ④

┃ 정답해설 ┃

- 이윤극대화 생산량은 $MR=MC$ 이다.
- 독점기업의 MR함수는 (독점기업이 직면한) 직선인 수요
  함수 기울기의 2배이고 가격축절편은 같은 함수이므로,
  $MR(Q)=-2Q+100$ 이 된다. 그리고 $MC(Q)=\dfrac{dTC}{dQ}$
  $=2Q$가 된다.
- 독점기업의 이윤극대화조건인 $MR=MC$에 두 식을 넣으
  면 $-2Q+100=2Q$. $Q=25$, $Q=25$를 수요곡선에 대입
  하면 $P=75$이다.

21 난도 ★ 　답 ②

┃ 정답해설 ┃

실질이자율(%)＝명목이자율(%)－물가상승률(%)이므로
실질이자율이 가장 높은 것은 ②로 1%－(－10%)＝11%이다.

22 난도 ★ 　답 ⑤

┃ 정답해설 ┃

⑤ 경상수지는 상품수지, 서비스수지, 본원소득수지, 이전
소득수지로 이루어진다. 한국인의 해외 주식 취득은 금
융계정이므로 경상수지가 아니다.

┃ 오답해설 ┃

① 한국에서 생산된 쌀의 해외 수출은 상품수지이다.
② 중국인의 한국 내 관광 지출은 서비스수지이다.
③ 한국의 해외 빈국에 대한 원조는 이전소득수지이다.
④ 한국 노동자의 해외 근로소득 국내 송금은 본원소득수지
이다.

23 난도 ★★

┃정답해설┃

- 2013년 GDP 디플레이터 $= \dfrac{1{,}000억달러}{2013년 \ 실질GDP} = 1$,

  2013년 실질$GDP = 1{,}000$억달러

- 2014년 GDP 디플레이터 $= \dfrac{3{,}000억달러}{2014년 \ 실질GDP} = 2$,

  2014년 실질$GDP = 1{,}500$억달러

따라서 2013년 대비 2014년 실질GDP 증가율은 50%가 된다.

24 난도 ★★
답 ⑤

┃정답해설┃

주어진 생산함수를 증가율로 나타내면, 총생산 증가율=총 요소생산성 증가율+($\frac{1}{4}$×자본량 증가율)+($\frac{3}{4}$×노동량 증 가율)이므로, $4\% = 2\% + (\frac{1}{4} × 자본량\ 증가율) + (\frac{3}{4} × 1\%)$ 따라서 자본량 증가율=5%이다.

25 난도 ★★
답 ③

┃정답해설┃

- IS곡선 : $Y = C + I + G$, $Y = 2 + 0.5Y + 2 - r + 3$이므로 $r = 7 - 0.5Y$

- LM곡선 : $\dfrac{M^D}{P} = \dfrac{M^S}{P}$, $4 + 0.5Y - r = \dfrac{3}{P}$이므로

  $r = 0.5Y - \dfrac{3}{P} + 4$

- IS곡선인 $r = 7 - 0.5Y$와 LM곡선인 $r = 0.5Y - \dfrac{3}{P} + 4$를

  연립하면, $7 - 0.5Y = 0.5Y - \dfrac{3}{P} + 4$, $Y = 3 + \dfrac{3}{P}$이고 이

  것이 AD곡선이 된다.

26 난도 ★★
답 ④

┃정답해설┃

- a를 실업자의 수로 가정하면,

  실업률 $= \dfrac{a}{285만 + a} × 100 = 5$, $a = 15$만이다.

- 경제활동참가율 $= \dfrac{경제활동인구}{생간가능인구} × 100$이므로,

  $\dfrac{300만}{500만} × 100 = 60\%$

27 난도 ★★
답 ②

┃정답해설┃

$Y = C + I + G$를 변형하면 $(Y - T - C) + (T - G) = I$가 된 다.

$(Y - T - C) + (T - G) = I$에 주어진 자료를 대입하면, $(5{,}000 - T - 3{,}000 + 50r) + (T - 1{,}000) = 2{,}000 - 150r$이 며 이를 풀면 $r = 5$가 된다.

따라서 총저축은 $(Y - T - C) + (T - G) = Y - C - G$ $= 1{,}250$이 되며, 이는 투자와 같다.

28 난도 ★★★
답 ④

┃정답해설┃

ㄴ. [○] 총생산함수 $Y = AK^a L^{1-a}$를 규모수익불변의 성질 을 이용하여 변형하면 $y = A\left(\dfrac{K}{L}\right)^a$가 된다. 따라서 A와 K가 일정한 경우, 노동이 감소하면 1인당 생산은 증가 한다.

ㄹ. [○] 총생산함수 $Y = AK^a L^{1-a}$일 때, 노동의 한계생산은 $MP_L = (1-a)A\left(\dfrac{K}{L}\right)^a$가 된다. 따라서 A와 K가 일정한 경우, 노동이 감소하면 노동의 한계생산은 증가한다.

┃오답해설┃

ㄱ. [×] 총생산함수 $Y = AK^a L^{1-a}$일 때, A와 K가 일정한 경우, 노동이 감소하면 총생산은 감소한다.

ㄷ. [×] 총생산함수 $Y = AK^a L^{1-a}$일 때, 자본의 한계생산 은 $MP_k = aA\left(\dfrac{L}{K}\right)^{1-a}$가 된다. 따라서 A와 K가 일정한 경우, 노동이 감소하면 자본의 한계생산은 감소한다.

29 난도 ★

답 ⑤

┃정답해설┃

ㄱ. [O] 총생산함수는 1차동차 생산함수이므로 규모에 따른 수익불변의 성질을 가진다.

ㄴ. [O] 1인당 국민소득은 $\frac{Y}{L}=(\frac{K}{L})^{\frac{1}{2}}$ 이다. 따라서 1인당 자본량이 증가하면 1인당 국민소득은 증가한다.

ㄷ. [O] 1인당 국민소득은 $\frac{Y}{L}=(\frac{K}{L})^{\frac{1}{2}}$ 이다. 따라서 인구가 증가하면 1인당 국민소득은 감소한다.

30 난도 ★

답 ②

┃정답해설┃

$Y=C+I+G+NX$에서 주어진 수치를 대입하면,
$100=0.7\times100+(30-2\cdot5)+NX,\ NX=10$

31 난도 ★

답 ⑤

┃오답해설┃

ㄱ. [×] 실물경기변동이론은 고전학파 계열의 새고전학파의 주장으로 고전학파의 기본 가정을 수용하므로, 임금 및 가격의 신축성과 화폐의 중립성을 전제로 한다.

ㄴ. [×] 모든 주체가 합리적으로 행동한다고 가정하므로 불경기에도 생산의 효율성이 나타난다.

32 난도 ★★

답 ①

┃정답해설┃

ㄱ. [O] 총수요곡선은 $P=-Y^D+2$이고,
총공급곡선은 $P=1.5+(Y^S-1)=Y^S+0.5$이다.
균형은 총수요=총공급 에서 달성되므로,
$-Y+2=Y+0.5$, 따라서 $Y=0.75,\ P=1.25$

┃오답해설┃

ㄴ. [×] 장기균형 상태에서는 $P^e=P$이다. 따라서 불균형상태이다.

ㄷ. [×] 합리적 기대 가설 하에서 기대물가수준(P^e)이 반드시 실제물가수준인 1.25라고 할 수는 없다. 왜냐하면 현재 이용할 수 있는 모든 정보를 활용하여 합리적으로 미래물가를 예상한다고 하더라도 그 정보 자체가 불완전할 경우에는 예측오차가 발생할 수 밖에 없기 때문이다.

33 난도 ★★

답 ④

┃정답해설┃

ㄴ. [O] 정부의 재정지출 증대는 총수요 증가요인이다.

ㄹ. [O] 한국은행의 국공채 매입은 시중에 통화량을 증가시켜 이자율을 하락시킨다. 이자율 하락은 투자를 증가시키고 총수요가 증가하게 된다.

┃오답해설┃

ㄱ. [×] 근로소득세율이 인상되면 민간의 가처분소득이 감소하고 소비가 감소한다. 소비의 감소는 총수요를 감소시킨다.

ㄷ. [×] 법정지급준비율의 인상은 시중은행의 대출을 감소시켜 예금통화가 감소한다. 예금통화의 감소는 통화량의 감소를 가져와 이자율이 상승한다. 이자율 상승으로 투자가 감소하여 총수요가 감소한다.

34 난도 ★★

답 ⑤

┃정답해설┃

⑤ 현재의 실업률에서 실망실업자가 많아지면 실망실업자는 비경제활동인구로 전환되어 실업률 계산에서 제외되기 때문에 실업률은 하락한다.

┃오답해설┃

① 만 15세 미만 인구는 생산가능인구 자체에 포함되지 않으므로 실업률 측정 대상에 포함되지 않는다.

② 자연실업률은 산업구조의 재편 등 경제구조의 변화로 인하여 발생하는 구조적 실업과 직장을 탐색하는 과정에서 발생하는 마찰적 실업이 존재할 때의 실업률이다.

④ 경기적 실업은 자연실업률 측정에 포함되지 않는다.

35 난도 ★★　　　　　답 ②

정답해설

- 2014년 GDP 디플레이터=1
- 2015년 GDP 디플레이터

$$=\frac{명목\,GDP=(10\times 3)+(20\times 1)}{실질\,GDP=(10\times 2)+(20\times 1)}=1.25$$

- 물가상승률 $=\dfrac{1.25-1}{1}\times 100=25\%$

36 난도 ★★　　　　　답 ④

정답해설

$k=C/D=0.2$, $r=R/D=0.1$로 주어져 있으므로,

통화승수는 $m=\dfrac{k+1}{k+r}=\dfrac{0.2+1}{0.2+0.1}=4$

37 난도 ★　　　　　답 ③

정답해설

폐쇄경제이므로 $Y=C+I+G$에서 주어진 수치를 대입하면, $4000=400+0.65(4000-1400)+800-40r+1200$

$r=2.25$

38 난도 ★　　　　　답 ④

정답해설

- ㄴ. [O] LM곡선이 우상향할 때, 중앙은행의 공개시장을 통한 채권 매입은 통화량이 증가하므로 LM곡선을 오른쪽으로 이동시킨다.
- ㄷ. [O] 투자가 이자율의 영향을 받지 않는다면 투자의 이자율 탄력성이 0이므로 IS곡선은 수직이 된다.

오답해설

- ㄱ. [×] IS곡선이 우하향할 때, 확장적 재정정책은 IS곡선을 오른쪽으로 이동시킨다.

39 난도 ★★★　　　　　답 ①

정답해설

필립스곡선의 기울기는 -0.4이므로 이는 희생률과 역의 관계에 있다. 따라서 인플레이션율을 1%P 하락시키기 위해서는 필립스곡선의 기울기의 역수만큼 실업률이 상승하게 되고 0.4의 역수인 2.5%P만큼 실업률이 상승하게 된다. 그러므로 실제인플레이션율을 2%P 낮추기 위해서 추가로 감수해야 하는 실업률의 크기는 5%P가 된다.

40 난도 ★★　　　　　답 ②

정답해설

- 솔로우(Solow) 경제성장모형에서 인구증가율과 기술진보율이 모두 0인 경우 자본축적의 황금률에서는 $MP_k=d$가 성립한다. $MP_k=\dfrac{1}{\sqrt{k}}$ 이다. 황금률에서의 1인당 자본량을 구하기 위해 $MP_k=d$로 하면 $\dfrac{1}{\sqrt{k}}=0.2$이고 $k=25$이다. 이를 1인당 생산함수에 대입하면 1인당 생산량은 $y=10$이다.
- 1인당 생산함수를 기초로 총생산함수를 구하면 $Y=2L^{\frac{1}{2}}K^{\frac{1}{2}}$이다. 노동소득분배율은 50%이므로 황금률에서의 1인당 소비는 $10\times 0.5=5$이다.

PART 03

최종모의고사

제1회 경제학원론
최종모의고사 문제

01 수요의 탄력성에 관한 설명으로 옳은 것은?

① 재화가 기펜재라면 수요의 소득탄력성은 양(+)의 값을 갖는다.

② 두 재화가 서로 대체재의 관계에 있다면 수요의 교차탄력성은 음(−)의 값을 갖는다.

③ 우하향하는 직선의 수요곡선상에 위치한 두 점에서 수요의 가격탄력성은 동일하다.

④ 수요의 가격탄력성이 '1'이면 가격변화에 따른 판매총액은 증가한다.

⑤ 수요곡선이 수직선일 때 모든 점에서 수요의 가격탄력성은 '0'이다.

02 완전경쟁시장에서 수요곡선과 공급곡선이 다음과 같을 때 시장균형에서 공급의 가격탄력성은? (단, P는 가격, Q는 수량이다)

> • 수요곡선 : $P = 7 - 0.5Q$
> • 공급곡선 : $P = 2 + 2Q$

① 0.75   ② 1

③ 1.25   ④ 1.5

⑤ 2

03 X재에 대한 수요곡선은 $Q_D = 10,000 - P$, 공급곡선은 $Q_s = -2,000 + P$이다. 현재의 시장균형에서 정부가 최저가격을 8,000으로 정하는 경우 최저가격제 도입으로 인한 거래량 감소분과 초과공급량은? (P는 X재의 가격이다)

① 2,000, 2,000   ② 2,000, 4,000

③ 4,000, 4,000   ④ 4,000, 6,000

⑤ 4,000, 8,000

04 다음 그림은 세금이 부과되기 전의 X재와 Y재 시장을 나타낸 것이다. 두 시장에 각각 단위당 2원이 생산자에게 부과되었을 때, 다음 설명 중 옳은 것은?

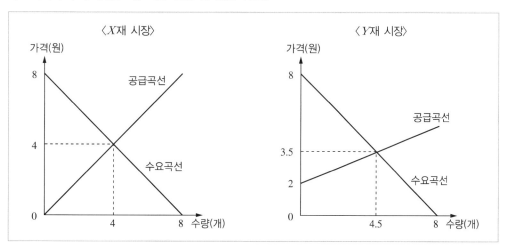

① 조세수입은 X재 시장이 Y재 시장보다 많다.

② 소비자잉여는 X재 시장이 Y재 시장보다 작다.

③ 생산자잉여는 X재 시장이 Y재 시장보다 작다.

④ 경제적 순손실(Deadweight loss)은 X재 시장이 Y재 시장보다 작다.

⑤ X재 시장과 Y재 시장 모두 소비자와 생산자에게 귀착되는 조세 부담의 크기는 동일하다.

05 소비자 A의 효용함수는 $U = X \times Y$이고, X재, Y재 가격은 모두 10이며, A의 소득은 200이다. 소비자 A의 효용을 극대화하는 X재, Y재의 소비조합은? (단, $X > 0$, $Y > 0$이다)

① 8, 12

② 9, 11

③ 10, 10

④ 10, 20

⑤ 20, 10

06 무차별곡선에 대한 다음 설명 중 옳은 것은?

> 가. 한계대체율 체감의 법칙이 성립하면 무차별곡선은 원점에 대해서 볼록하다.
> 나. 서수적 효용의 개념에 기초한 효용함수는 무차별곡선으로 표현할 수 없다.
> 다. 가로축을 왼쪽 장갑으로, 세로축을 오른쪽 장갑으로 한 경우에 그려지는 무차별곡선은 이 두 재화가 완전보완재이므로 L자 형태이다.
> 라. 가로축을 5만원권으로, 세로축을 1천원권으로 한 경우에 그려지는 무차별곡선은 이 두 재화가 완전대체재이므로 원점에 대해서 강볼록(Strictly convex)하면서 우하향한다.

① 가, 나   ② 가, 다
③ 나, 다   ④ 나, 라
⑤ 다, 라

07 기펜재(Giffen Goods)에 관한 설명으로 옳지 <u>않은</u> 것은?

① 가격이 하락하면 재화의 소비량은 감소한다.
② 소득효과가 대체효과보다 큰 재화이다.
③ 가격 상승시 소득효과는 재화의 소비량을 감소시킨다.
④ 기펜재는 모두 열등재이지만 열등재가 모두 기펜재는 아니다.
⑤ 가격 하락시 대체효과는 재화의 소비량을 증가시킨다.

08 이윤극대화를 추구하는 완전경쟁기업의 단기 노동수요에 관한 설명으로 옳은 것은? (단, 단기 총생산곡선의 형태는 원점으로부터 고용량 증가에 따라 체증하다가 체감하며, 노동시장은 완전경쟁이다)

① 노동의 평균생산이 증가하고 있는 구간에서 노동의 한계생산은 노동의 평균생산보다 작다.
② 노동의 한계생산이 최대가 되는 점에서 노동의 한계생산과 노동의 평균생산은 같다.
③ 완전경쟁기업은 이윤극대화를 위해 자신의 노동의 한계생산가치와 동일한 수준으로 임금을 결정해야 한다.
④ 노동의 평균생산이 감소하고 있는 구간에서 노동의 한계생산은 감소한다.
⑤ 단기 노동수요곡선은 노동의 평균생산가치곡선과 같다.

09 D국 경제의 총생산함수 $Y = AK^{\frac{1}{3}}L^{\frac{2}{3}}$ 에 관한 설명으로 옳지 <u>않은</u> 것은? (단, Y는 총생산량, A는 총요소생산성, K는 자본, L은 노동을 나타낸다)

① 총생산량에 대한 노동탄력성은 $\frac{2}{3}$이다.

② 기술이 진보하면 총요소생산성(A)이 증가한다.

③ 총생산함수는 규모에 따른 수확체감을 나타내고 있다.

④ 경제성장률은 총요소생산성(A)의 증가율과 투입물(L, K)의 증가율로 결정된다.

⑤ 노동소득분배율은 $\frac{2}{3}$이다.

10 어느 기업의 생산함수는 $Q = L + 2K$(Q는 생산량, L은 노동투입량, K는 자본투입량)이다. 노동의 단위당 임금이 1이고 자본의 단위당 임대료가 3인 경우 이 기업의 비용함수(C)는?

① $C = \frac{1}{2}Q$

② $C = Q$

③ $C = \frac{3}{2}Q$

④ $C = 2Q$

⑤ $C = 3Q$

11 완전경쟁시장에서 X재를 생산하는 A기업의 총비용함수는 $TC = 10,000 + 100Q + 10Q^2$ 이고, X재의 시장가격은 단위당 900이다. 이 기업의 극대화 된 이윤(profit)은? (단, Q는 생산량이다)

① 0

② 6,000

③ 12,000

④ 16,000

⑤ 20,000

12 완전경쟁시장에서 A기업의 단기 총비용함수가 $TC(Q) = 4Q^2 + 2Q + 10$이다. 재화의 시장가격이 42일 경우 극대화된 단기이윤은? (단, Q는 생산량, $Q > 0$이다)

① 10
② 42
③ 52
④ 84
⑤ 90

13 X재 시장은 완전경쟁시장이고, 시장수요곡선은 $Q = 1,000 - P$이다. 모든 개별기업의 장기평균비용곡선(AC)은 $AC = 40 - 10q + q^2$이다. 기업들의 진입과 퇴출에 의해서도 개별기업의 장기총비용곡선은 변하지 않는다. 다음 설명 중 옳지 <u>않은</u> 것은? (단, Q는 X재의 시장수요량, P는 X재의 가격, q는 개별기업의 X재 생산량이다)

① 개별기업의 X재 장기균형생산량은 5이다.
② X재의 가격이 18인 경우, 장기적으로 기업의 진입이 발생한다.
③ X재의 가격이 15인 경우, 장기적으로 개별기업은 양($+$)의 경제적 이윤을 얻는다.
④ X재의 가격이 12인 경우, 장기적으로 기업의 퇴출이 발생한다.
⑤ 장기균형에서는 총 197개의 기업이 생산 활동을 한다.

14 독점기업 A가 당면하고 있는 시장수요는 $Q = 100 - P$이다. 다음 설명 중 옳은 것을 모두 고르면? (단, Q는 수요량, P는 가격이다)

> ㄱ. 수요량이 50일 때 수요의 가격탄력성은 1/3이다.
> ㄴ. 수요의 가격탄력성이 1인 점에서의 한계수입은 0이다.
> ㄷ. 판매수입이 극대화되는 점에서 수요의 가격탄력성은 1이다.
> ㄹ. 수요의 가격탄력성이 1보다 클 때, 가격이 상승하면 판매수입이 증가한다.

① ㄱ, ㄴ
② ㄴ, ㄷ
③ ㄱ, ㄷ, ㄹ
④ ㄴ, ㄷ, ㄹ
⑤ ㄱ, ㄴ, ㄹ

15 독점기업의 가격전략에 관한 설명으로 옳지 <u>않은</u> 것은?

① 독점기업이 시장에서 한계수입보다 높은 수준으로 가격을 책정하는 것은 가격차별전략이다.

② 1급 가격차별의 경우 생산량은 완전경쟁시장과 같다.

③ 2급 가격차별은 소비자들의 구매수량과 같이 구매 특성에 따라서 다른 가격을 책정하는 경우 발생한다.

④ 3급 가격차별의 경우 재판매가 불가능해야 가격차별이 성립한다.

⑤ 영화관 조조할인은 3급 가격차별의 사례이다.

16 독점적 경쟁시장에 관한 설명으로 옳지 <u>않은</u> 것은?

① 기업의 수요곡선은 우하향하는 형태이다.

② 진입장벽이 존재하지 않으므로, 단기에는 기업이 양(＋)의 이윤을 얻지 못한다.

③ 기업의 이윤극대화 가격은 한계비용보다 크다.

④ 단기에 기업의 한계수입곡선과 한계비용곡선이 만나는 점에서 이윤극대화 생산량이 결정된다.

⑤ 장기에 기업의 수요곡선과 평균비용곡선이 접하는 점에서 이윤극대화 생산량이 결정된다.

17 A국과 B국은 상호 무역에 대해 각각 관세와 무관세로 대응할 수 있다. 다음은 양국이 동시에 전략을 선택할 경우의 보수행렬이다. 이에 관한 설명으로 옳지 <u>않은</u> 것은? (단, 본 게임은 1회만 행해지고 괄호 안의 왼쪽 값은 A국의 보수, 오른쪽 값은 B국의 보수를 나타낸다)

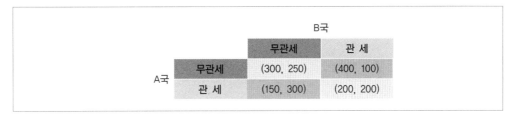

		B국	
		무관세	관 세
A국	무관세	(300, 250)	(400, 100)
	관 세	(150, 300)	(200, 200)

① A국의 우월전략은 관세이다.

② B국의 우월전략은 무관세이다.

③ 내쉬균형의 보수조합은 (300, 250)이다.

④ 내쉬균형은 파레토 효율적(Pareto efficient)이다.

⑤ 우월전략균형이 내쉬균형이다.

18 소득분배에 관한 설명으로 옳은 것을 모두 고른 것은?

> ㄱ. 지니계수의 값이 클수록, 더욱 평등한 분배상태이다.
> ㄴ. 교차하지 않는 두 로렌츠곡선 중, 대각선에 더 가까이 위치한 것이 더 평등한 분배상태를 나타낸다.
> ㄷ. 지니계수의 값이 커질수록 십분위분배율은 작아진다.
> ㄹ. 로렌츠곡선이 대각선과 일치할 때, 지니계수는 1이다.

① ㄱ, ㄴ
② ㄱ, ㄷ
③ ㄴ, ㄷ
④ ㄴ, ㄹ
⑤ ㄷ, ㄹ

19 노동시장에서 수요독점자인 A기업의 생산함수는 $Q = 2L + 100$이다. 생산물시장은 완전경쟁이고, 생산물가격은 100이다. 노동공급곡선이 $W = 10L$인 경우 다음을 구하시오. (단, Q는 산출량, L은 노동투입량, W는 임금이며, 기업은 모든 근로자에게 동일한 임금을 지급한다)

> ㄱ. A기업의 이윤극대화 임금
> ㄴ. 노동시장의 수요독점에 따른 사회후생 감소분(절댓값)의 크기

	ㄱ	ㄴ
①	50	100
②	50	200
③	100	300
④	100	400
⑤	100	500

20 A국은 대표적 소비자 갑과 두 재화, X, Y가 있다. 갑의 효용함수는 $U(X, Y) = XY^2$이고, 생산가능곡선은 $X^2 + Y^2 = 12$이다. A국의 자원배분을 최적으로 만들어주는 X는?

① 1
② 2
③ 3
④ 4
⑤ 5

21 어느 마을의 어부 누구나 물고기를 잡을 수 있는 호수가 있다. 이 호수에서 잡을 수 있는 물고기의 수(Q)와 어부의 수(N) 사이에는 $Q = 70N - \dfrac{1}{2}N^2$의 관계가 성립한다. 한 어부가 일정 기간 동안 물고기를 잡는 데는 2,000원의 비용이 발생하며, 물고기의 가격은 마리당 100원이라고 가정한다. 어부들이 아무런 제약 없이 경쟁하면서 각자의 이윤을 극대화할 경우 어부의 수(N_0)와 이 호수에서 잡을 수 있는 물고기의 수(Q_0)는? 그리고 마을 전체적으로 효율적인 수준에서의 어부의 수(N_1)와 이 호수에서 잡을 수 있는 물고기의 수(Q_1)는?

① $(N_0, Q_0, N_1, Q_1) = (100, 2{,}000, 50, 2{,}250)$

② $(N_0, Q_0, N_1, Q_1) = (100, 2{,}000, 70, 2{,}450)$

③ $(N_0, Q_0, N_1, Q_1) = (120, 1{,}200, 50, 2{,}250)$

④ $(N_0, Q_0, N_1, Q_1) = (120, 1{,}200, 70, 2{,}450)$

⑤ $(N_0, Q_0, N_1, Q_1) = (120, 1{,}200, 70, 2{,}250)$

22 GDP를 $Y = C + I + G + X - M$으로 표시할 때, GDP에 관한 설명으로 옳지 <u>않은</u> 것은? [단, C는 소비, I는 투자, G는 정부지출, $X - M$은 순수출(무역수지로 측정)이다]

① 무역수지가 적자일 경우, GDP는 국내 경제주체들의 총지출보다 작다.

② GDP가 감소해도 무역수지는 흑자가 될 수 있다.

③ M(수입)은 C, I, G에 포함되어 있는 수입액을 모두 다 더한 것이다.

④ 올해 생산물 중 판매되지 않고 남은 재고는 올해 GDP에 포함되지 않는다.

⑤ 무역수지가 흑자이면 국내 저축이 국내 투자보다 더 크다.

23 다음과 같은 고전학파 모형에서 정부가 조세를 100억원 증가시켰을 때, 그 결과가 옳게 짝지어진 것은?

> - $Y = C + I + G$, $C = 100 + 0.7(Y - T)$
> - $I = 1{,}000 - 50r$, $Y = 5{,}000$
>   (단, Y, C, I, G, T, r은 각각 국민소득, 소비, 투자, 정부지출, 조세, 이자율을 의미한다)

	공공저축의 변화	개인저축의 변화	투자의 변화
①	100억원 증가	30억원 감소	70억원 증가
②	100억원 증가	70억원 감소	30억원 증가
③	70억원 증가	30억원 감소	70억원 증가
④	70억원 증가	70억원 감소	30억원 감소
⑤	70억원 증가	30억원 감소	70억원 감소

24 생애주기가설(Life-cycle hypothesis)에 대한 설명으로 가장 적절한 것은?

① 부(Wealth)가 일정한 양(+)의 수준으로 주어진 경우 소비함수의 기울기는 1보다 크다.

② 부가 증가하면 소비함수가 아래쪽으로 이동한다.

③ 생애 전 기간 동안 부는 지속적으로 증가한다.

④ 장기적으로 평균소비성향이 일정해진다는 사실을 설명할 수 있다.

⑤ 단기적으로 소비는 부에 의존하지만 소득에는 의존하지 않는다고 가정한다.

25 $IS-LM$모형에서 균형국민소득을 가장 크게 증가시키는 정책조합으로 옳은 것은? (단, IS곡선은 우하향, LM곡선은 우상향하며, 해당 곡선들의 수평거리로 측정한 이동 폭은 모두 동일하다)

① 정부지출 증가와 통화량 감소

② 조세 감소와 통화량 증가

③ 정부지출 감소와 통화량 감소

④ 조세 증가와 통화량 증가

26 통화승수에 관한 설명으로 옳지 <u>않은</u> 것은?

① 통화승수는 법정지급준비율을 낮추면 커진다.

② 통화승수는 이자율 상승으로 요구불예금이 증가하면 작아진다.

③ 통화승수는 대출을 받은 개인과 기업들이 더 많은 현금을 보유할수록 작아진다.

④ 통화승수는 은행들이 지급준비금을 더 많이 보유할수록 작아진다.

⑤ 화폐공급에 내생성이 없다면 화폐공급곡선은 수직선의 모양을 갖는다.

27 현재 명목이자율은 0%이며 그 이하로 하락할 수 없다. 인플레이션율이 2%에서 1%로 하락할 경우 실질이자율과 국민소득의 변화는?

	실질이자율	국민소득
①	상승	증가
②	상승	감소
③	불변	불변
④	하락	증가
⑤	하락	감소

28 $IS-LM$모형에서 IS곡선에 관한 설명으로 옳지 <u>않은</u> 것은?

① 저축과 투자를 일치시켜 주는 이자율과 소득의 조합이다.
② 정부지출이 외생적으로 증가하면 IS곡선이 오른쪽으로 이동한다.
③ 투자가 금리에 민감할수록 IS곡선은 수평에 가까워져, 기울기의 절댓값은 작아진다.
④ 투자가 케인즈의 주장대로 동물적 본능(Animal spirit)에 의해서만 이루어진다면 IS곡선은 수평이 된다.
⑤ 통화주의 학파는 투자의 이자율 탄력성을 크게 보므로 IS곡선은 수평에 가까워진다.

29 폐쇄경제 하의 $IS-LM$모형에서 균형이자율이 6%라고 한다. 이때 화폐공급은 얼마인가?

- $C = 200 + 0.5(Y - T)$
- $I = 1,600 - 10,000r$
- $G = T = 1,000$
- $M_S = M_D$
- $M_D = 0.5Y - 25,000r + 500$

(단, Y는 국민소득, C는 소비지출, T는 조세, I는 투자지출, r은 이자율, G는 정부지출, M_S는 화폐공급, M_D는 화폐수요)

① 700
② 800
③ 900
④ 1,000
⑤ 1,200

30 다음과 같은 폐쇄경제 $IS-LM$모형을 가정하자.

상품시장	화폐시장
• $C = 250 + 0.75(Y-T)$ • $I = 160 - 15r$ • $G = 235$ • $T = 120$	• $M = 2,400$ • $P = 6$ • $L(Y, r) = Y - 200r$

C, Y, T, I, G, M, P, $L(Y, r)$, r은 각각 소비, 총생산, 조세, 투자, 정부지출, 화폐공급, 물가수준, 실질화폐수요함수, 실질이자율(%)을 나타낸다. 이 경제의 균형 실질이자율과 균형 총생산은?

	균형 실질이자율	균형 총생산
①	7.0	1,800
②	6.5	1,700
③	6.0	1,600
④	5.5	1,500
⑤	5.0	1,400

31 어떤 폐쇄경제가 아래의 $IS-LM$모형에서 A점에 있다고 하자. 이 경제의 재화시장과 화폐시장에 관한 설명 중 옳은 것은?

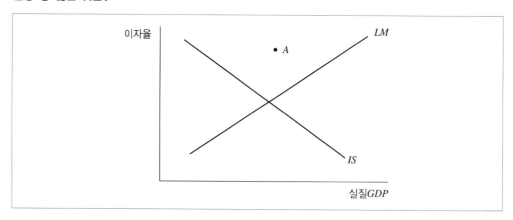

	재화시장	화폐시장
①	초과공급	초과공급
②	초과공급	초과수요
③	초과수요	초과공급
④	초과수요	초과수요
⑤	균 형	균 형

32 A국 경제는 총수요−총공급모형에서 현재 장기 균형상태에 있다. 부정적 충격과 관련한 설명으로 옳은 것은?

① 부정적 단기공급 충격시 정부의 개입이 없을 경우 장기적으로 물가는 상승한다.

② 부정적 단기공급 충격시 확장적 재정정책으로 단기에 충격 이전 수준과 동일한 물가와 생산으로 돌아갈 수 있다.

③ 부정적 수요 충격시 정부의 개입이 없을 경우 장기적으로 충격 이전 수준과 동일한 물가로 돌아간다.

④ 부정적 수요 충격시 확장적 통화정책으로 단기에 충격 이전 수준과 동일한 물가와 생산으로 돌아갈 수 있다.

33 표는 연도별 X재와 Y재의 생산수량과 가격을 표시한다. 2018년도의 GDP디플레이터와 소비자물가지수(CPI)를 이용하여 계산한 각각의 물가상승률은? (단, 기준연도는 2017년이며 소비자물가지수의 품목 구성은 GDP 구성과 동일하다)

구 분	X재		Y재	
	수 량	가 격	수 량	가 격
2017년	20	1,000	40	500
2018년	50	1,005	30	600

① 5%, 10.00%

② 5%, 10.25%

③ 7%, 10.00%

④ 7%, 10.25%

⑤ 9%, 10.25%

34 생산가능인구가 1,000만명인 어떤 나라가 있다고 하자. 이 가운데 취업자가 570만명이고 실업자가 30만명인 경우에 관한 설명으로 옳지 <u>않은</u> 것은?

① 실업률은 5%이다.

② 비경제활동률은 40%이다.

③ 경제활동인구는 600만명이다.

④ 고용률은 60%이다.

⑤ 이 나라의 전체 인구는 알 수 없다.

35 기대인플레이션율은 2%, 자연실업률은 5%, 성장률은 잠재성장률보다 1%p 낮다. 오쿤의 법칙과 필립스곡선이 다음과 같을 때, 실업률과 인플레이션율은?

> - 오쿤의 법칙 : $u - u^n = -0.3\left(Y - \overline{Y}\right)$
> - 필립스곡선 : $\pi = E(\pi) - 0.5(u - u^n)$
>
>   (단, u : 실업률, u^n : 자연실업률, Y : 성장률, $\overline{Y}$: 잠재성장률, π : 인플레이션, $E(\pi)$: 기대인플레이션)

① 4.7%, 2.15%

② 4.7%, 1.85%

③ 5.3%, 2.15%

④ 5.3%, 1.85%

⑤ 5.3%, 2.5%

36 경제안정화정책에 대한 설명으로 옳은 것은?

① 준칙에 따른 정책은 미리 정해진 규칙에 따라 정책을 운용하므로 적극적 정책으로 평가될 수 없다.

② 정책의 내부시차는 대체로 재정정책이 통화정책에 비해 짧다.

③ 시간불일치(time inconsistency) 문제는 주로 준칙에 따른 정책에서 나타난다.

④ 루카스 비판(Lucas critique)은 정책 변화에 따라 경제 주체의 기대가 변화할 수 있음을 강조한다.

⑤ 통화주의자(Monetarist)는 신화폐수량설, 자연실업률 가설을 들어 재량적인 경제안정화정책을 주장한다.

37 솔로우(Solow) 성장모형이 다음과 같이 주어진 경우, 균제상태(steady state)에서 자본 1단위당 산출량은? (단, 기술진보는 없다)

> - 총생산함수 : $Y = 2L^{1/2}K^{1/2}$ (단, Y는 총산출량, K는 총자본량이다)
> - 감가상각률 5%, 인구증가율 5%, 저축률 20%

① 0.2 ② 0.4

③ 0.5 ④ 0.8

⑤ 0.9

38 솔로우(R. Solow) 성장모형에 대한 설명으로 옳지 <u>않은</u> 것은?

① 생산함수는 자본의 한계생산이 체감하는 특징을 갖는다.

② 균제상태에서 지속적 기술진보가 1인당 자본량의 지속적 증가를 가져온다.

③ 자본 감가상각률의 증가는 균제상태에서 1인당 자본량의 증가율에 영향을 미치지 못한다.

④ 생산함수는 자본과 노동에 대해 규모수익불변의 특징을 갖는다.

⑤ 균제상태에서 저축률이 내생적으로 결정된다.

39 두 국가 A, B가 옷과 식료품만 생산·소비한다고 하자. 이 두 국가는 각각 120단위의 노동력을 갖고 있으며, 노동이 유일한 생산요소로서 각 재화 1단위를 생산하는데 소요되는 노동력은 다음 표와 같다. A국에서 옷과 식료품은 완전대체재로서 옷 1단위와 식료품 1단위는 동일한 효용을 갖는다. B국에서 옷과 식료품은 완전보완재로서 각각 1단위씩 한 묶음으로 소비된다. 단, 교역은 두 국가 사이에서만 가능하다. 다음 설명 중 옳지 <u>않은</u> 것은?

국 가	옷	식료품
A	2	4
B	3	9

① 교역전 A국은 옷만 생산·소비한다.

② 교역전 B국은 동일한 양의 옷과 식료품을 생산·소비한다.

③ 교역시 A국은 교역조건에 관계없이 식료품만 생산한다.

④ 교역시 B국은 옷을 수출하고 식료품을 수입한다.

⑤ 교역시 '식료품 1단위=옷 $\frac{7}{3}$ 단위'는 가능한 교역조건 중 하나이다.

40 인천공항에 막 도착한 A씨는 미국에서 사먹던 빅맥 1개의 가격인 5달러를 원화로 환전한 5,500원을 들고 햄버거 가게로 갔다. 여기서 A씨는 미국과 똑같은 빅맥 1개를 구입하고도 1,100원이 남았다. 다음 설명 중 옳은 것을 모두 고른 것은?

> ㄱ. 한국의 빅맥 가격을 달러로 환산하면 4달러이다.
> ㄴ. 구매력평가설에 의하면 원화의 대미 달러 환율은 1,100원이다.
> ㄷ. 빅맥 가격을 기준으로 한 대미 실질환율은 880원이다.
> ㄹ. 빅맥 가격을 기준으로 볼 때, 현재의 명목환율은 원화의 구매력을 과소평가하고 있다.

① ㄱ, ㄴ   ② ㄱ, ㄷ

③ ㄱ, ㄹ   ④ ㄴ, ㄷ

⑤ ㄴ, ㄹ

제2회 경제학원론
최종모의고사 문제

01 수요의 가격탄력성에 관한 설명으로 옳은 것은? (단, 수요곡선은 우하향한다)

① 수요의 가격탄력성이 1보다 작은 경우, 가격이 하락하면 총수입은 증가한다.

② 수요의 가격탄력성이 작아질수록, 물품세 부과로 인한 경제적 순손실(Deadweight loss)은 커진다.

③ 소비자 전체 지출에서 차지하는 비중이 큰 상품일수록, 수요의 가격탄력성은 작아진다.

④ 직선인 수요곡선상에서 수요량이 많아질수록 수요의 가격탄력성은 작아진다.

⑤ 좋은 대체재가 많을수록 기요의 가격탄력성은 작아진다.

02 완전경쟁시장에서 수요곡선은 $Q_d = 8 - 0.5P$이고 공급곡선은 $Q_s = P - 4$라고 할 때, 균형가격(P)과 소비자잉여(CS)의 크기는? (단, Q_d는 수요량, Q_s는 공급량이다)

① $P = 4$, $CS = 8$

② $P = 4$, $CS = 16$

③ $P = 8$, $CS = 8$

④ $P = 8$, $CS = 16$

⑤ $P = 10$, $CS = 8$

03 노동수요는 $E^D = 1,000 - 50w$이고 노동공급은 $E^S = 100w - 800$이다. 최저임금을 16으로 설정할 경우에 발생하는 경제적 순손실은 얼마인가? (단, w는 임금이다)

① 200   ② 400

③ 600   ④ 1,400

⑤ 1,500

04 정부가 제품 1개당 10만큼의 종량세를 부과할 때 나타나는 현상에 관한 설명으로 옳지 <u>않은</u> 것은? (단, 수요곡선은 우하향하고 공급곡선은 우상향한다)

① 공급자에게 종량세를 부과하면 균형가격은 상승한다.

② 수요자에게 종량세를 부과하면 균형가격은 하락한다.

③ 종량세를 공급자에게 부과하든 수요자에게 부과하든 정부의 조세수입은 같다.

④ 종량세를 공급자에게 부과하든 수요자에게 부과하든 경제적 순손실(Deadweight loss)은 같다.

⑤ 수요의 가격탄력성이 공급의 가격탄력성보다 클 경우 공급자보다 수요자의 조세부담이 크다.

05 X재와 Y재에 대한 효용함수가 $U = \min(X, Y)$인 소비자가 있다. 소득이 100이고 Y재의 가격(P_Y)이 10일 때, 이 소비자가 효용극대화를 추구한다면 X재의 수요함수는? (단, P_X는 X재의 가격임)

① $X = 10 + 100/P_X$

② $X = 100/(P_X + 10)$

③ $X = 100/P_X$

④ $X = 50/(P_X + 10)$

⑤ $X = 10/P_X$

06 두 재화 X, Y를 통해 효용을 극대화하고 있는 소비자를 고려하자. 이 소비자의 소득은 50이고 X재의 가격은 20이다. 현재 X재의 한계효용은 2, Y재의 한계효용은 4이다. 만약 이 소비자가 X재를 3단위 소비하고 있다면, Y재의 소비량은? (단, 현재 소비점에서 무차별곡선과 예산선이 접한다)

① 7.4   ② 11

③ 12   ④ 22

⑤ 44

07 X재와 Y재만을 소비하는 소비자의 효용함수 U는 $U = XY$로 주어져 있다. 효용을 극대화하는 이 소비자의 Y재 소비량이 X재 소비량보다 2배 많다고 하자. X재 가격이 3일 때 Y재 가격은?

① 1
② 1.5
③ 2
④ 6
⑤ 8

08 노동과 자본을 사용하여 100단위의 제품을 생산해야 하는 기업이 비용 최소화를 위해 현재 노동 10단위와 자본 20단위를 사용하고 있다. 노동의 단위당 임금과 자본의 단위당 임대료는 각각 20, 10으로 일정하다. 이 기업에게 노동과 자본은 완전대체 가능하다. 다음 설명 중 옳은 것은?

① 노동과 자본의 가격변화가 없을 때, 노동 8단위와 자본 24단위를 사용해도 동일한 생산비용으로 100단위를 생산할 수 있다.
② 자본의 단위당 가격이 상승하면 노동 12단위, 자본 16단위를 사용하는 것이 최적이 될 수 있다.
③ 노동의 단위당 가격이 상승하면 노동 7단위, 자본 25단위를 사용하는 것이 최적이 될 수 있다.
④ 현재 노동의 한계생산과 자본의 한계생산은 동일하다.
⑤ 주어진 정보로부터 노동의 한계생산과 자본의 한계생산의 비율을 알 수 없다.

09 생산요소 노동(L)과 자본(K)만을 사용하고 생산물시장에서 독점기업의 등량곡선과 등비용선에 관한 설명으로 옳지 <u>않은</u> 것은? (단, MP_L은 노동의 한계생산, w는 노동의 가격, MP_K는 자본의 한계생산, r은 자본의 가격임)

① 등량곡선과 등비용선만으로 이윤극대화 생산량을 구할 수 있다.
② 등비용선 기울기의 절댓값은 두 생산요소 가격의 비율이다.
③ 한계기술대체율이 체감하는 경우, $\left(\dfrac{MP_L}{w}\right) > \left(\dfrac{MP_K}{r}\right)$인 기업은 노동투입을 증가시키고 자본투입을 감소시켜야 생산비용을 감소시킬 수 있다.
④ 한계기술대체율은 등량곡선의 기울기를 의미한다.
⑤ 한계기술대체율은 두 생산요소의 한계생산물 비율이다.

10 이윤을 극대화하는 A기업의 생산함수가 $Q = 5L^{1/2}K^{1/2}$이다. A기업은 생산을 시작하기 전에 이미 자본재 1단위당 2의 임대료에 4단위의 자본재를 임대하였고, 이윤극대화 생산을 위해 노동투입을 결정하려고 한다. 임금이 2일 때 다음 설명 중 옳은 것은? (단, Q는 생산량, L은 노동, K는 자본, 생산물시장과 생산요소시장은 모두 완전경쟁적이다)

① 총고정비용은 2이다.

② 평균가변비용은 $\dfrac{2}{25}Q$이다.

③ 한계비용은 $\dfrac{Q}{25}$이다.

④ 평균비용은 $\dfrac{2}{25}Q + 2$이다.

11 A기업의 장기총비용곡선은 $TC(Q) = 40Q - 10Q^2 + Q^3$이다. 규모의 경제와 규모의 비경제가 구분되는 생산규모는?

① $Q = 5$

② $Q = \dfrac{20}{3}$

③ $Q = 10$

④ $Q = \dfrac{40}{3}$

⑤ $Q = 20$

12 단기에 A기업은 완전경쟁시장에서 손실을 보고 있지만 생산을 계속하고 있다. 시장수요의 증가로 시장가격이 상승하였는데도 단기에 A기업은 여전히 손실을 보고 있다. 다음 설명 중 옳은 것은?

① A기업의 한계비용곡선은 아래로 평행 이동한다.
② A기업의 한계수입곡선은 여전히 평균비용곡선 아래에 있다.
③ A기업의 평균비용은 시장가격보다 낮다.
④ A기업의 총수입은 총가변비용보다 적다.
⑤ A기업의 평균가변비용곡선의 최저점은 시장가격보다 높다.

13 A기업의 수요곡선은 $Q^d = 100 - N - P$이고 비용곡선은 $C = 4Q$이다. A기업이 이윤극대화를 할 때 이에 관한 설명으로 옳지 <u>않은</u> 것은? (단, P는 가격, Q는 생산량, N은 기업의 수이다)

① 기업의 수가 60이면 최적생산량은 18이다.

② 기업의 이윤이 0이 되는 기업의 수는 95이다.

③ 기업의 수가 증가함에 따라 균형가격은 하락한다.

④ 기업의 수가 증가함에 따라 A기업의 생산량은 감소한다.

14 이윤극대화를 추구하는 독점기업의 시장수요함수가 $Q = 300 - P$이고 비용함수가 $C = 0.5Q^2$일 때, 다음 설명 중 옳지 <u>않은</u> 것은? (단, Q는 수량, P는 가격, C는 비용임)

① 독점기업의 총수입은 $TR = (300 - Q)Q$이다.

② 독점기업의 한계수입은 $MR = 300 - 2Q$이다.

③ 독점기업의 한계비용은 $MC = Q$이다.

④ 독점기업의 이윤극대화 생산량은 $Q = 100$이다.

⑤ 독점기업의 이윤극대화 가격은 $P = 100$이다.

15 A재의 시장수요곡선은 $Q_d = 20 - 2P$이고 한계비용은 생산량에 관계없이 2로 일정하다. 이 시장이 완전경쟁일 경우와 비교하여 독점에 따른 경제적 순손실(Deadweight loss)의 크기는 얼마인가? (단, Q_d는 A재의 수요량, P는 A재의 가격이다)

① 8   ② 16

③ 20   ④ 32

⑤ 40

16 시장구조와 균형에 관한 다음 설명 중 옳지 <u>않은</u> 것은? (단, 기업의 평균비용곡선은 U자형이라고 가정)

① 완전경쟁시장에서 기업은 가격 수용적이다.

② 완전경쟁시장의 단기균형에서 가격은 평균비용과 같다.

③ 독점시장의 장기균형에서 가격은 한계비용보다 크다.

④ 독점적 경쟁시장의 장기균형에서 가격은 한계비용보다 크다.

⑤ 독점적 경쟁시장의 장기균형에서 초과이윤은 0이다.

17 꾸르노(Cournot) 경쟁을 하는 복점시장에서 역수요함수는 $P = 18 - q_1 - q_2$이다. 두 기업의 비용구조는 동일하며 고정비용 없이 한 단위당 생산비용은 6일 때, 기업 1의 균형가격과 균형생산량은? (단, P는 가격, q_1은 기업 1의 생산량, q_2는 기업 2의 생산량이다)

① $P = 10$, $q_1 = 2$

② $P = 10$, $q_1 = 4$

③ $P = 14$, $q_1 = 4$

④ $P = 14$, $q_1 = 8$

⑤ $P = 14$, $q_1 = 10$

18 소득분배를 측정하는 방식에 관한 설명으로 옳지 <u>않은</u> 것은?

① 지니계수 값이 커질수록 더 불균등한 소득분배를 나타낸다.

② 십분위분배율 값이 커질수록 더 균등한 소득분배를 나타낸다.

③ 모든 구성원의 소득이 동일하다면 로렌츠곡선은 대각선이다.

④ 동일한 지니계수 값을 갖는 두 로렌츠곡선은 교차할 수 없다.

⑤ 전체 구성원의 소득기준 하위 10% 계층이 전체 소득의 10%를 벌면 로렌츠곡선은 대각선이다.

19 X재 시장은 완전경쟁시장으로, 이윤극대화를 하는 600개 기업이 존재한다. 노동만을 투입하여 X재를 생산하는 모든 개별기업의 노동수요곡선은 $l = 8 - \dfrac{w}{600}$ 로 동일하다. X재 생산을 위한 노동시장은 완전경쟁시장으로, 100명의 노동자가 있으며 노동공급은 완전비탄력적이다. 노동시장의 균형임금은 얼마인가? (단, l은 노동자 수이고, w는 노동자 1인당 임금이다)

① 4,600　　　　　　　　　　　　② 4,700

③ 4,800　　　　　　　　　　　　④ 4,900

⑤ 5,000

20 다음은 X재에 대한 갑과 을의 수요 곡선과 X재 생산에 따른 한계비용을 나타낸다. X재가 공공재일 경우 파레토 효율적인 X재 생산량은 얼마인가? (단, X재는 갑과 을만 소비한다)

- 갑의 수요 곡선 : $Q = 3{,}000 - P$
- 을의 수요 곡선 : $Q = 2{,}000 - 2P$
- 한계비용 : 1,000
  (단, P, Q는 X재의 가격과 수량을 나타낸다.)

① 2,000　　　　　　　　　　　　② 3,000

③ 4,000　　　　　　　　　　　　④ 5,000

⑤ 6,000

21 보험시장에서 정보의 비대칭성에 의해 나타나는 시장실패를 개선하기 위한 다음 조치 중 성격이 <u>다른</u> 하나는?

① 건강 상태가 좋은 가입자의 의료보험료를 할인해준다.

② 화재가 발생한 경우 피해액의 일정 비율만을 보험금으로 지급한다.

③ 실손의료보험 가입자의 병원 이용시 일정액을 본인이 부담하게 한다.

④ 실업보험 급여를 받기 위한 요건으로 구직 활동과 실업 기간에 대한 규정을 둔다.

⑤ 보험 가입 이후 가입기간 동안 산정한 안전운전 점수가 높은 가입자에게는 보험료 일부를 환급해준다.

22 A국의 2014년 명목 GDP는 100억원이었고, 2015년 명목 GDP는 150억원이었다. 기준연도인 2014년 GDP 디플레이터가 100이고, 2015년 GDP 디플레이터는 120인 경우, 2015년의 전년 대비 실질 GDP 증가율은?

① 10%   ② 15%

③ 20%   ④ 25%

⑤ 30%

23 폐쇄경제 거시경제모형이 다음과 같이 주어져 있다. $\alpha = 0.8$, $\beta = 0$일 때 다음 중 옳은 것은?

- 소비함수 : $C = a + \alpha Y_d$, $Y_d = T - T$
- 투자함수 : $I = b - \beta r$
- 정부재정 : $G = \overline{G}$, $T = \overline{T}$
- 화폐수요함수 : $l^d = v + \gamma Y_d - \eta r$
- 화폐공급함수 : $l^s = \overline{l^s}$
- 시장청산조건 : $Y = C + I + G$ 및 $l^d = l^s$

(단, C는 소비, Y_d는 가처분소득, Y는 생산, T는 조세, I는 투자, r은 실질이자율, G는 정부지출, l^d는 화폐수요, l^s는 화폐공급, a, b, v, α, β, γ, η, $\overline{G}$, $\overline{T}$, $\overline{l^s}$는 양의 상수이다)

① 정부지출승수는 4이다.
② 균형재정승수는 1이다.
③ 통화량을 늘리면 생산이 증가한다.
④ 통화량을 늘리면 이자율이 상승한다.

24 소비이론에 관한 설명으로 옳지 <u>않은</u> 것은?

① 절대소득가설에 의하면 소비의 이자율탄력성은 0이다.

② 항상소득가설에 의하면 현재소득의 증가 중에서 임시소득이 차지하는 비중이 높을수록 현재 소비가 크게 증가한다.

③ 상대소득가설에 의하면 소비지출에 톱니효과가 존재한다.

④ 생애주기가설에 의하면 사람들은 일생에 걸친 소득 변화를 고려하여 적절한 소비수준을 결정한다.

⑤ 절대소득가설에서는 현재 처분가능소득의 절대적 크기가 소비이 가장 중요한 결정요인이다.

25 $IS-LM$모형을 상정하자. 통화정책을 사용하여 경기를 부양하려는 경우 그 효과가 더 큰 경제상태(㉠, ㉡)와 요인(ⓐ, ⓑ, ⓒ)을 바르게 고른 것은? (단, Y는 국민소득, r은 이자율)

㉠ IS : $Y=500-2,000r$
   LM : $Y=400+4,000r$
㉡ IS : $0.5Y=320-1,600r$
   LM : $0.25Y=100+100r$

ⓐ 한계저축성향이 증가
ⓑ 화폐수요의 이자율탄력성이 감소
ⓒ 투자의 이자율탄력성이 감소

① ㉠ - ⓐ, ⓑ   ② ㉠ - ⓑ, ⓒ
③ ㉡ - ⓑ   ④ ㉡ - ⓐ, ⓒ
⑤ ㉡ - ⓒ

26 명목*GDP*와 관련된 교환(화폐수량)방정식에 대한 설명으로 옳지 <u>않은</u> 것은?

① 완전고용 하에서 화폐유통속도가 일정할 경우 화폐공급이 증가하면 물가가 상승한다.

② 화폐시장의 균형 하에서 화폐유통속도가 일정할 경우 화폐수요는 명목*GDP*에 비례한다.

③ 투기적 화폐수요를 설명하고자 교환방정식이 도입되었다.

④ 명목*GDP*가 1,000이고 화폐공급이 100이면 화폐유통속도는 사후적으로 10이 된다.

⑤ 화폐공급증가율의 목표치를 설정할 때 이론적 근거로 활용된다.

27 유동성함정과 부(Wealth)의 효과에 관한 설명으로 옳지 <u>않은</u> 것은?

① 유동성함정은 *LM*곡선의 수평구간에서 발생한다.

② 케인즈의 유동성함정에 대한 반론으로서 고전학파는 부의 효과를 주장하였다.

③ 유동성함정은 화폐수요의 이자율탄력성이 영(0)일 때 발생한다.

④ 유동성함정에 빠진 경제라도 부의 효과가 존재한다면 확장적 통화정책은 국민소득을 증가시킨다.

⑤ 유동성함정에서 채권가격이 하락할 것이라고 예상된다.

28 *IS*-*LM*모형에서 *IS*곡선의 기울기가 수직에 가깝고 *LM*곡선의 기울기가 수평에 가까울 때, 다음 설명 중 옳지 <u>않은</u> 것은?

① 투자가 이자율에 매우 비탄력적이다.

② 확장적 통화정책이 확장적 재정정책보다 국민소득 증가에 더 효과적이다.

③ 화폐수요가 이자율에 매우 탄력적이다.

④ 경제가 유동성함정에 빠질 가능성이 매우 높다.

29 폐쇄경제하 중앙은행이 통화량을 감소시킬 때 나타나는 변화를 *IS*-*LM*모형을 이용하여 설명한 것으로 옳은 것을 모두 고른 것은? (단, *IS*곡선은 우하향, *LM*곡선은 우상향한다)

> ㄱ. *LM*곡선은 오른쪽 방향으로 이동한다.
> ㄴ. 이자율은 상승한다.
> ㄷ. *IS*곡선은 왼쪽 방향으로 이동한다.
> ㄹ. 구축효과로 소득은 감소한다.

① ㄱ, ㄴ   ② ㄱ, ㄷ

③ ㄱ, ㄹ   ④ ㄴ, ㄹ

⑤ ㄴ, ㄷ, ㄹ

30 다음의 $IS-LM$모형에서 통화량을 0.4만큼 더 증가시킬 경우 새로운 균형이자율은?

- $Y=C+I+G$
- $C=3+0.5Y$, $I=2-r$, $G=5$
- LM곡선 : $M=-r+0.5Y$, $M=9$
  (단, Y : 국민소득, C : 소비, I : 투자, G : 정부지출, M : 통화량, r : 이자율)

① 0.2 ② 0.3
③ 0.4 ④ 0.5
⑤ 0.6

31 다음 중 총수요곡선을 우측으로 이동시키는 요인으로 옳은 것을 모두 고른 것은?

ㄱ. 주택담보대출의 이자율 인하
ㄴ. 종합소득세율 인상
ㄷ. 기업에 대한 투자세액공제 확대
ㄹ. 물가수준 하락으로 가계의 실질자산가치 증대
ㅁ. 해외경기 호조로 순수출 증대

① ㄱ, ㄴ, ㄹ ② ㄱ, ㄷ, ㅁ
③ ㄱ, ㄹ, ㅁ ④ ㄴ, ㄷ, ㄹ
⑤ ㄴ, ㄷ, ㅁ

32 총공급곡선에 관한 설명으로 옳지 <u>않은</u> 것은?

① 유가 상승시 단기총공급곡선은 좌측으로 이동한다.
② 인적자본이 증가하여도 장기총공급곡선은 이동하지 않는다.
③ 생산성이 증가하면 단기총공급곡선은 우측으로 이동한다.
④ 모든 가격이 신축적이면 물가 하락하여도 장기에는 총산출량이 불변이다.
⑤ 고용주가 부담하는 의료보험료가 상승하면 단기총공급곡선은 좌측으로 이동한다.

33 화폐수요함수가 $\dfrac{M^d}{P}=5{,}000-5{,}000i$ 이고, 기대물가 상승률은 10%, 화폐공급은 8,000, 물가수준은 2

이다. 피셔효과가 성립할 때 균형실질이자율은 얼마인가? (단, M^d는 화폐수요, P는 물가수준, i는 소수로 표시된 명목이자율이다)

① 8%   ② 9%

③ 10%   ④ 11%

⑤ 12%

34 실업에 관한 주장으로 옳은 것은?

① 정부는 경기적 실업을 줄이기 위하여 기업의 설비투자를 억제시켜야 한다.
② 취업자가 존재하는 상황에서 구직포기자의 증가는 실업률을 감소시킨다.
③ 전업주부가 직장을 가지면 경제활동참가율과 실업률은 모두 낮아진다.
④ 실업급여의 확대는 탐색적 실업을 감소시킨다.
⑤ 정부는 구조적 실업을 줄이기 위하여 취업정보의 제공을 축소해야 한다.

35 적응적 기대가설 하에서 필립스곡선에 대한 설명으로 옳지 <u>않은</u> 것은?

① 단기 필립스곡선은 총수요 확장정책이 효과적임을 의미한다.
② 단기 필립스곡선은 희생률(sacrifice ratio) 개념이 성립함을 의미한다.
③ 단기 필립스곡선은 본래 임금 상승률과 실업률 사이의 관계에 기초한 것이다.
④ 밀턴 프리드만(M. Priedman)에 의하면 필립스곡선은 장기에 우하향한다.
⑤ 예상인플레이션율이 상승하면 단기 필립스곡선은 오른쪽으로 이동한다.

36 실물경기변동(Real business cycle)이론과 신케인지언(New keynesian) 경제학에 관한 설명으로 옳지 않은 것은?

① 실물경기변동이론은 가격이 신축적이라고 가정한다.

② 실물경기변동이론은 경기변동에서 공급충격이 중요하다고 주장한다.

③ 신케인지언 경제학에서는 화폐의 중립성이 성립하지 않는다.

④ 신케인지언 경제학은 경제주체의 최적화 행태를 가정하지 않는다.

⑤ 신케인지언 경제하은 공급충격이 아닌 수요충격이 경기변동을 일으키는 요인으로 보았다.

37 인구증가와 기술진보가 없는 솔로우(Solow) 경제성장모형에서 1인당 생산함수가 $y = 4k^{0.5}$이며, 저축률이 0.25, 감가상각률이 0.1일 때, 1인당 생산량의 황금률(Golden rule) 수준은? (단, y는 1인당 생산량, k는 1인당 자본량이다)

① 40

② 80

③ 100

④ 400

⑤ 500

38 자본, 노동 및 총요소생산성이 성장에 기여한 정도를 측정하는 성장회계식이 다음과 같다. $\alpha = 0.4$, $\frac{\Delta Y}{Y} = 2\%$일 때 성장률에 대한 자본의 성장 기여율이 80%라면 $\frac{\Delta K}{K}$는?

$$\frac{\Delta Y}{Y} = \frac{\Delta z}{z} + \alpha \frac{\Delta K}{K} + (1-\alpha) \frac{\Delta L}{L}$$

(단, Y는 총생산, z는 총요소생산성, K는 자본, L은 노동, $0 < \alpha < 1$, Δ는 변수의 증가분을 의미한다)

① 2%

② 4%

③ 6%

④ 8%

⑤ 10%

39 국가 A는 시간당 2톤의 철강을 생산하거나 4대의 자동차를 생산할 수 있고, 국가 B는 시간당 1톤의 철강을 생산하거나 1/3대의 자동차를 생산할 수 있다. 이 두 국가는 서로 손해를 보지 않는 범위 내에서 하나의 제품에 특화하여 무역을 하고 있다. 국가 B가 무역으로부터 최대의 이득을 얻는 자동차 1대에 대한 철강의 교환비율은?

① 1/3톤   ② 1/2톤

③ 2톤   ④ 3톤

⑤ 4톤

40 다음 그림은 변동환율제를 채택하고 있는 어떤 소규모 개방경제의 $IS-LM-BP$곡선을 나타낸다. 중앙은행이 팽창적 통화정책을 실시할 경우 환율 및 총수요 변화로 옳은 것은? (단, 환율은 외국통화 1단위에 대한 자국통화의 교환비율을 의미한다)

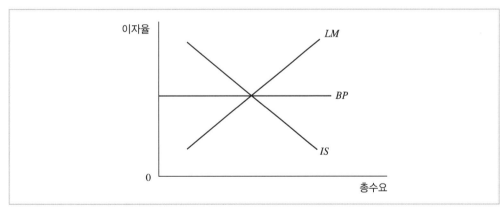

	환율	총수요
①	상승	증가
②	하락	감소
③	상승	감소
④	하락	증가
⑤	불변	불변

01	02	03	04	05	06	07	08	09	10	11	12	13	14	15	16	17	18	19	20
⑤	④	②	④	③	②	③	④	③	②	②	⑤	③	②	①	②	①	③	⑤	②
21	22	23	24	25	26	27	28	29	30	31	32	33	34	35	36	37	38	39	40
①	④	①	④	②	②	②	④	①	①	①	④	②	④	④	④	③	⑤	③	③

01 답 ⑤

┃정답해설┃

⑤ 수요곡선이 수직선일 경우에는 아래의 그림에서 보듯이 모든 가격수준에서 동일한 양의 재화를 소비하기 때문에 가격탄력성은 0이다.

┃오답해설┃

① 기펜재는 열등재의 일종으로 가격이 상승할수록 수요량이 증가하고 소득이 증가할수록 수요가 감소한다. 따라서 기펜재의 수요의 소득탄력성은 음(−)의 값을 갖는다.

② 대체재란 한 재화의 가격이 상승할 때 그 재화의 수요는 줄어들고, 대체가 가능한 상품의 수요가 늘어나는 관계를 갖는 재화이기 때문에, 수요의 교차탄력성은 양(+)의 값을 갖는다.

③ 수요곡선이 우하향하는 직선인 경우 수요곡선상에서의 수요의 가격탄력성은 동일하지 않다.

④ 수요의 가격탄력성이 1이라면 가격변화에 따른 판매총액은 불변이다. 왜냐하면 가격이 상승하면 상승한 만큼 수요가 줄 것이고, 가격이 하락하면 하락한 만큼 수요가 늘 것이기 때문이다.

02 답 ④

┃정답해설┃

• 수요곡선과 공급곡선의 식을 연립해서 $P=6$과 $Q=2$를 구할 수 있다.

• 공급함수를 Q로 정리하면 $Q=\dfrac{1}{2}P-1$, P에 대해 미분하면 $\dfrac{dQ}{dP}=\dfrac{1}{2}$

• 공급의 가격탄력성$=\dfrac{dQ}{dP}\times\dfrac{P}{Q}=\dfrac{1}{2}\times\dfrac{6}{2}=1.5$

03 답 ②

┃정답해설┃

• 최저가격제 실시 전 균형가격과 거래량을 구하기 위해 수요곡선 $Q_D=10,000-P$과 공급곡선 $Q_s=-2,000+P$을 연립해서 계산하면 균형가격은 $6,000$이고 수요량과 공급량은 $4,000$이 되므로 거래량은 $4,000$이 된다.

• 최저가격이 $8,000$으로 정해지면 공급량은 $6,000$이 되며 수요량은 $2,000$이 된다.

• 거래는 수요량 $2,000$에서 결정되므로 초과공급은 $4,000$이 된다.

• 따라서 최저가격 설정으로 인하여 거래량은 $2,000$감소하고 초과공급은 $4,000$이 된다.

┃정답해설┃

④ Y재 시장이 상대적으로 더 탄력적이므로 Y재 시장의 경제적 순손실이 더 크다.

┃오답해설┃

① Y재 시장의 공급곡선은 탄력적이다. 단위당 조세가 부과된다면 공급탄력성이 낮은 X재 시장보다 Y재 시장에 높은 가격을 부과할 것이다. 그러므로 Y재 시장의 조세 수입이 많을 것이다.

② X재 시장의 소비자잉여는 $4 \times 4 \times 0.5 = 8$, Y재 시장의 소비자잉여는 $4.5 \times 4.5 \times 0.5 = 10.125$이다.

③ X재 시장의 생산자잉여는 $4 \times 4 \times 0.5 = 8$, Y재 시장의 생산자잉여는 $4.5 \times 1.5 \times 0.5 = 3.375$이다.

⑤ 조세부과에 대한 부담의 크기는 수요와 공급의 탄력성으로 결정된다. X재 시장에서는 생산자, 소비자가 절반씩 조세를 부담하지만 Y재 시장에서는 공급곡선이 탄력적이므로 생산자보다 소비자에게 조세부담이 더 많이 부과된다.

┃정답해설┃

• 소비자 효용의 극대화(= 한계효용균등의 법칙)

: $\dfrac{MU_X}{P_X} = \dfrac{MU_Y}{P_Y}$ 인데 P_X와 P_Y가 10으로 동일하므로, MU_X와 MU_Y도 동일하다.

• 한편 $MU_X = \dfrac{dU}{dX} = Y$이고, $MU_Y = \dfrac{dU}{dY} = X$인데 서로 동일하므로 $X = Y$이다.

• 예산제약식 : $P_X \cdot X + P_Y \cdot Y = M \rightarrow 10X + 10Y = 200$, X재와 Y재의 수량이 서로 동일하다.

┃정답해설┃

가. (○) 한계대체율 체감이란 X재 소비량이 증가함에 따라, X재 1단위에 대해 포기하는 Y재 수량이 점점 감소하는 현상을 의미하며, 그럴 경우 무차별곡선은 원점에 볼록하다.

다. (○) 완전보완재의 경우 항상 일정한 비율로 소비해야 하기 때문에 L자 형태의 무차별곡선이 도출된다.

┃오답해설┃

나. (×) 무차별곡선은 단지 선호의 순서만을 나타내는 서수적 효용개념만을 이용하여 소비자이론을 설명한다.

라. (×) 두 재화의 관계가 완전대체재일 경우 우하향하는 직선 형태의 무차별곡선이 도출된다.

┃정답해설┃

열등재란 소득이 줄어들수록 수요가 증가하고, 소득이 늘어날수록 수요가 감소하는 재화를 말하는데, 기펜재란 열등재 중에서도 소득효과가 대체효과보다 커서 가격 상승시 수요가 오히려 증가하는 재화를 말한다.

┃오답해설┃

① 노동의 평균생산이 증가하고 있는 구간에서 노동의 한계생산은 노동의 평균생산보다 크다.

② 노동의 평균생산이 최대가 되는 점에서 노동의 한계생산과 노동의 평균생산은 같다.

③ 생산요소시장이 완전경쟁일 경우에 개별기업은 주어진 임금으로 원하는 만큼의 고용이 가능하므로, 한계요소비용과 임금이 일치한다.

⑤ 완전경쟁기업의 단기 노동수요곡선은 노동의 한계생산가치곡선과 같고, 이는 우하향한다.

09

답 ③

▌정답해설▐

③ 노동과 자본의 계수의 합이 1이므로, 규모에 따른 수확불변을 나타내고 있다.

▌오답해설▐

① 생산의 노동탄력성 $= \dfrac{\frac{dQ}{dL}}{\frac{Q}{L}} = \dfrac{MP_L}{AP_L} = \dfrac{\frac{2}{3}A\frac{K^{\frac{1}{3}}}{L^{\frac{1}{3}}}}{A\frac{K^{\frac{1}{3}}}{L^{\frac{1}{3}}}} = \dfrac{2}{3}$

② 생산함수 $Y = AK^{\frac{1}{3}}L^{\frac{2}{3}}$ 에서 총요소생산성(A)은 기술적 효율성을 나타낸다. 그러므로 총요소생산성(A)은 기술수준이 높을수록 크게 나타난다.

④ 총생산함수를 성장회계 증가율의 형태로 나타내면 다음과 같이 나타낼 수 있다.

$$\frac{\triangle Y}{Y} = \frac{\triangle A}{A} + \frac{2}{3}\left(\frac{\triangle L}{L}\right) + \frac{1}{3}\left(\frac{\triangle K}{K}\right)$$

따라서, 경제성장률은 총요소생산성, 자본, 노동의 증가율을 합하여 계산한다.

⑤ 노동소득분배율 $= \dfrac{\text{노동소득}}{\text{총소득}}$

10

답 ②

▌정답해설▐

• 주어진 생산함수의 식을 K에 대해서 정리하면

$K = \frac{1}{2}Q - \frac{1}{2}L$ 이므로 등량곡선의 기울기가 $\frac{1}{2}$ 이고,

등비용선의 기울기 $\left(\dfrac{\text{임금}}{\text{임대료}}\right) = \frac{1}{3}$ 이다.

• 등량곡선의 기울기가 등비용선의 기울기보다 더 크므로, 노동만 고용하는 것이 최적이다.

• 자본투입량이 0이므로 $Q = L$ 이 된다. 그러므로 비용함수는 다음과 같이 정리된다.

$C = wL + rK = (1 \times Q) + (3 \times 0) = Q$

11

답 ②

▌정답해설▐

• $TC = 10,000 + 100Q + 10Q^2$

• $MC = \dfrac{dTC}{dQ} = 100 + 20Q$

• $MC = MR = P$ ($\because$ 완전경쟁시장)

• $100 + 20Q = 900$, $\therefore Q = 40$

• $TR = P \times Q = 900 \times 40 = 36,000$

• $TC = 10,000 + 100Q + 10Q^2$
  $= 10,000 + (100 \times 40) + (10 \times 40^2) = 30,000$

• 이윤 $= TR - TC = 36,000 - 30,000 = 6,000$

12

답 ⑤

▌정답해설▐

• $MC = \dfrac{dTC}{dQ} = 8Q + 2$

• $P = MR = MC = 8Q + 2 = 42$, $\therefore Q = 5$

• $\pi = TR - TC = (5 \times 42) - [(4 \times 5^2) + (2 \times 5) + 10]$
  $= 210 - 120 = 90$

13

답 ③

▌정답해설▐

③ X재의 가격이 15라면 개별기업의 생산비용과 동일한 금액이다. 이런 경우에는 양(+)의 경제적 이윤을 얻지 못한다.

▌오답해설▐

① 기업들의 최적생산량은 장기평균비용곡선의 최저점에서 이루어진다.

장기평균비용곡선 $AC = 40 - 10q + q^2$ 을 q로 미분한 값을 0으로 두면 최저점의 생산량을 구할 수 있다.

$\dfrac{dLAC}{dq} = -10 + 2q = 0 \rightarrow q = 5$

② 장기평균비용곡선식에 최적생산량 $q = 5$를 넣어보면, 개별기업의 장기평균 생산비용은 15로 계산이 된다. 따라서 X재의 가격이 18이라면 평균 생산비용 이상이므로 개별기업들은 이윤을 얻고, 새로운 경쟁자들이 시장에 진입할 것이다.

④ X재의 가격이 12라면 개별기업의 생산비용조차도 완전히 회수할 수 없는 금액이다. 따라서 장기적으로는 퇴출해야 한다.

⑤ 장기균형상태에서 가격은 15로 결정된다. 가격을 15로 놓고, 이를 시장수요함수에 대입하면 시장 전체 수요량은 985가 계산되고, 이를 개별 최적생산량 5로 나누어 보면 시장에는 197개의 개별기업들이 참여하고 있다는 것을 알 수 있다.

14 답 ②

▌정답해설▌

ㄴ. (○) 독점기업의 한계수입은 다음과 같다.

$$MR = P\left(1 - \frac{1}{\epsilon}\right) \ (\epsilon : \text{수요의 가격탄력성})$$

위 공식에 의하면 수요의 가격탄력성이 1인 경우 한계수입은 0이 됨을 알 수 있다.

ㄷ. (○) 독점기업의 수요의 가격탄력성, 한계수입, 총수입 간의 관계는 다음과 같다.

- $\epsilon > 1 \rightarrow MR > 0 \rightarrow TR$ 증가
- $\epsilon = 0 \rightarrow MR = 0 \rightarrow TR$ 극대
- $\epsilon < 1 \rightarrow MR < 0 \rightarrow TR$ 감소

▌오답해설▌

ㄱ. (×) 수요량 50일 때 가격은 50이며 이때의 가격탄력성을 구해보면 가격탄력성 $= -\dfrac{dQ}{dP} \cdot \dfrac{P}{Q} = -(-1) \cdot \dfrac{50}{50} = 1$

ㄹ. (×) 수요의 가격탄력성이 1보다 클 때, 가격이 상승하면 판매량이 가격 상승폭보다 훨씬 더 큰 폭으로 감소하기 때문에 판매수입이 감소하게 된다.

15 답 ①

▌정답해설▌

① 한계수입보다 높은 가격은 가격차별전략이 아니고 이윤극대화전략에 따른 결과이다.

▌오답해설▌

② 1급 가격차별의 경우 완전경쟁시장과 마찬가지로 수요곡선이 한계수입곡선과 동일하다. 따라서 완전경쟁시장과 같은 양의 생산을 하고 사회적인 총잉여도 같지만, 소비자잉여는 존재하지 않는다.

③ 2급 가격차별을 실시하면, 구매량이 많은 소비자일수록 더 낮은 가격을 적용받는다.

④ 서로 다른 가격을 설정한 시장 간에 재판매가 가능할 경우, 낮은 가격을 설정한 시장에서 비싸게 설정한 시장으로 원래 설정한 가격보다 낮은 수준으로 재판매가 되면 결국 가격차별이 아니게 된다.

⑤ 극장에서 이용시간의 차이에 따라 각기 다른 요금을 설정하는 것은 3급 가격차별의 방법이다.

16 답 ②

▌정답해설▌

② 진입장벽은 없으나 제품차별화 등으로 인해 단기에는 초과이윤을 얻을 수 있지만 장기에는 정상이윤만을 얻게 된다.

▌오답해설▌

① 완전경쟁기업과 다르게 같은 가격으로 계속 판매량을 늘릴 수 없고, 판매량을 늘리려면 가격을 인하해야 하므로 독점적 경쟁기업이 직면하는 수요곡선은 우하향하는 형태이다.

③ 독점적 경쟁기업의 경우 균형에서 항상 $P > MC$이므로 재화생산이 비효율적으로 이루어진다.

④ 어떤 형태의 기업이든 생산량과 가격은 $MR = MC$인 점에서 이루어진다.

⑤ 장기에 독점적 경쟁기업은 정상이윤만을 얻게 되므로 산출량 수준에서 수요곡선과 장기평균비용곡선이 접하게 된다. 생산량이 최적수준에 미달하므로 초과설비를 보유한다.

17

▌정답해설▌

① A국이 B국의 전략과 무관하게 무관세일 경우의 보수가 더 크다. 따라서 A국의 우월전략은 무관세이다.

▌오답해설▌

② B국 역시 A국의 전략과 무관하게 무관세일 경우의 보수가 더 크므로, B국의 우월전략은 무관세이다.

③ A국의 경우 B국이 무관세의 전략을 취할 경우, 무관세 전략을 선택할 것이다. 반대로 B국이 관세의 전략을 취할 경우, A국은 무관세의 전략을 취할 것이다.
　B국의 경우 A국이 무관세 전략을 취할 경우, B국은 무관세 전략을 선택할 것이다. 반대로 A국이 관세의 전략을 취할 경우, B국은 무관세 전략을 취할 것이다.
　→ A국과 B국 모두 무관세 전략이 내쉬균형이므로 보수조합은 (300, 250)이다.

④ 현재 내쉬균형보다 높은 보수의 조합은 존재하지 않는다. 즉, 파레토개선이 불가능하므로 내쉬균형은 파레토 효율적이라고 볼 수 있다.

⑤ 현재 우월전략과 내쉬균형 모두 (300, 250)으로 동일하다.

18

▌정답해설▌

ㄴ. (○) 로렌츠곡선은 계층별 소득분포자료에서 인구의 누적점유율과 소득의 누적점유율 사이의 대응관계를 그림으로 나타낸 것인데, 두 로렌츠곡선 중 대각선에 더 가까이 위치한 로렌츠곡선일수록 더 평등한 소득분배상태를 나타낸다.

ㄷ. (○) 십분위분배율은 최하위 40%의 소득점유율을 최상위 20%의 소득점유율로 나눈 값으로 0부터 2까지의 값을 갖고, 그 값이 클수록 소득분배는 균등하다. 지니계수는 값이 클수록 소득분배상태가 안 좋은 것이므로, 십분위분배율은 작아져야 한다.

▌오답해설▌

ㄱ. (✕) 지니계수는 로렌츠곡선이 나타내는 소득분배상태를 숫자로 표현하는 것이고, 0부터 1까지의 값을 가지며 그 값이 작을수록 더욱 평등한 분배상태이다.

ㄹ. (✕) 로렌츠곡선이 대각선과 일치한다면 소득분배가 완전히 평등하다는 의미이므로, 지니계수는 0이다.

19

▌정답해설▌

- $MP_L = \dfrac{dQ}{dL} = 2$

- $VMP_L = MP_L \times P = 2 \times 100 = 200$

- $TFC_L = W \times L = 10L^2$

- $MFC_L = \dfrac{dTFC_L}{dL} = 20L$

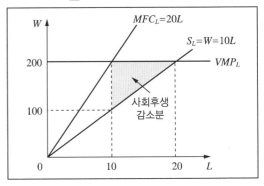

ㄱ. 이윤극대화 노동투입량은 $MFC_L = VMP_L$인 10이므로, 이윤극대화 임금은 노동투입량 10일 때의 노동공급곡선 값인 100이다.

ㄴ. 노동시장의 수요독점에 따른 사회후생 감소분은 수요독점으로 인한 노동투입량 감소분과 임금 감소분을 나타내는 빗금 친 영역의 삼각형 면적인 $100 \times 10 \times (1/2) = 500$이다.

20

▌정답해설▌

- 최적의 자원배분 : $MRS_{XY} = MRT_{XY}$

- $MRS_{XY} = \dfrac{MU_X}{MU_Y} = \dfrac{Y^2}{2XY} = \dfrac{Y}{2X}$

- $MRT_{XY} = \dfrac{MC_X}{MC_Y} = \dfrac{2X}{2Y} = \dfrac{X}{Y}$

- $\dfrac{Y}{2X} = \dfrac{X}{Y} \rightarrow 2X^2 = Y^2$

- $2X^2 = Y^2$을 $X^2 + Y^2 = 12$에 대입하면 $3X^2 = 12$, $X = 2$

21

답 ①

┃정답해설┃

- 물고기의 가격은 한 마리에 100원이고, 물고기의 수는 $Q = 70N - \frac{1}{2}N^2$
- 총이윤을 구하기 위해 총수입을 구하면

  $TR = P \times Q = (70N - \frac{1}{2}N^2) \times 100 = 7,000N - 50N^2$
- 어부가 물고기를 잡는데 2,000원 소요된다고 하였으므로 $TC = 2,000N$이다.
- 따라서 총이윤은 $TR - TC = 7,000N - 50N^2 - 2,000N$

  $= 5,000N - 50N^2$
- 이윤을 극대화할 경우 어부의 수(N_1)을 구하기 위해 이윤을 N으로 미분한 후 0으로 둔다.

  $\frac{d(5,000N - 50N^2)}{dN} = 5,000 - 100N = 0, \quad N_1 = 50$
- $N_1 = 50$을 $Q = 70N - \frac{1}{2}N^2$에 대입하면 $Q_1 = 2,250$이 계산된다.
- 아무런 제약 없이 경쟁한다면 이윤이 0 이상만 되면 계속해서 어부 수가 늘어날 것이므로 이윤을 0으로 두고 계산한다.
- $5,000N - 50N^2 = 0, \quad N_0 = 100$으로 계산되고, 이를

  $Q = 70N - \frac{1}{2}N^2$에 넣어보면 $Q_0 = 2,000$이 구해진다.

22

답 ④

┃정답해설┃

④ 올해 팔고 남은 재고는 투자항목의 재고투자로 구성되어 GDP에 포함된다.

┃오답해설┃

① $C + I + G$가 국내 경제주체들의 총지출인데, $X - M$가 음수($-$)이므로 국내 총지출에서 국제수지 음수를 제거한 것이 GDP이므로 GDP는 국내 경제주체들의 지출보다 작다.

② 무역수지가 흑자여도 국내 총지출이 감소한다면 GDP는 감소한다.

③ 국내에서 지출한 재화와 서비스 지출액에는 해외에서 생산된 부분에 대한 지출도 포함되므로 국내 지출을 구하려면 이들을 제외하여야 한다.

⑤ S(총저축)$= I + (X - M)$이므로 무역수지가 흑자라면 총저축이 더 커진다.

23

답 ①

┃정답해설┃

- $C = 100 + 0.7(Y - T)$에서 한계소비성향이 0.7이고, 한계저축성향이 0.3이다.
- 정부가 조세를 100억원 증가시키면 가처분소득이 100억원 감소한다.
- 가처분소득이 100억원 감소하면 한계소비성향에 따라 소비가 70억원 감소하고 저축이 30억원 감소한다.
- $Y = C + I + G$에서 소비가 70억원 줄었고, 투자는 70억원 증가한다.

24

답 ④

┃정답해설┃

④ 장기적으로 소득과 자산은 거의 비슷한 비율로 증가하므로, 평균소비성향이 일정한 값을 갖게 하여 장기소비함수는 원점을 통과하는 직선의 형태가 된다.

┃오답해설┃

① 일반적으로 사람들은 소득의 일부를 소비로 지출하기 때문에 소비함수의 기울기는 1보다 작다.

② 부가 증가하면 단기 소비함수가 상방으로 이동한다.

③ 생애주기가설에서 소득의 흐름은 일정하지만 부는 지속적으로 증가하는 것이 아니라 장년기에는 높지만 유년기와 노년기에는 매우 낮게 형성된다.

⑤ 단기적으로 소비는 부와 소득에 의존한다.

25

답 ②

┃정답해설┃

② 조세가 감소하면 IS곡선이 우측으로 이동하고, 통화량이 증가하면 LM곡선도 우측으로 이동하기 때문에 균형국민소득이 크게 증가한다.

┃오답해설┃

① 정부지출을 증가하면 확대 재정정책으로 IS곡선이 우측으로 이동하지만, 통화량을 감소시키면 긴축 통화정책으로 LM곡선이 왼쪽으로 이동한다. 따라서 균형국민소득의 크기를 정확히 알 수가 없지만 효과는 줄어든다.

③ 정부지출이 감소하면 긴축 재정정책으로 IS곡선이 좌측으로 이동하고, 통화량을 감소시키면 긴축 통화정책으로 LM곡선이 왼쪽으로 이동한다. 따라서 균형국민소득은 줄어든다.

④ 조세가 증가하면 IS곡선이 좌측으로 이동하고, 통화량이 증가하면 LM곡선은 우측으로 이동하기 때문에 균형국민소득은 알 수가 없다.

26

답 ②

┃ 정답해설 ┃

② 이자율이 상승하면 요구불예금이 증가하여 현금통화가 줄게 되므로 통화승수는 커진다.

$$통화승수 = \frac{1}{현금통화비율 + 지급준비율(1 - 현금통화비율)}$$

┃ 오답해설 ┃

① 위 식에서 보듯이 지급준비율이 낮으면 통화승수가 커진다.

③ 개인과 기업들이 더 많은 현금을 보유할수록 통화승수 공식의 분모가 커지게 되므로 통화승수는 작아진다.

④ 은행들이 지급준비금을 더 많이 보유할수록 통화승수는 작아진다.

⑤ 현금통화비율과 초과지급준비율이 일정하다면 화폐공급은 중앙은행의 본원통화 발행에 의해 결정되므로 화폐공급곡선은 수직선으로 나타낼 수 있다.

27

답 ②

┃ 정답해설 ┃

- 피셔방정식에 의하면 '명목이자율 = 실질이자율 + 인플레이션율'로 명목이자율이 0%인 경우에 인플레이션이 2%에서 1%로 하락할 경우 실질이자율은 -2%에서 -1%로 상승한다.
- 실질이자율의 상승하면 투자가 감소하며 투자의 감소는 국민소득 감소로 이어진다.

28

답 ④

┃ 정답해설 ┃

④ 투자가 동물적 본능에 의해서만 이루어진다는 것은 이자율의 변화에 상관없이 투자가 이루어진다는 의미로 투자가 동물적 본능에 이루어진다면 투자의 이자율탄력성의 크기는 0으로 IS곡선의 기울기는 수직이 된다.

┃ 오답해설 ┃

① 투자와 저축이 일치하는 생산물시장의 균형에서의 이자율과 소득의 조합을 IS곡선이라 한다.

② 정부지출이 증가시 IS곡선은 우측으로 이동한다.

③ 투자의 이자율탄력성이란 이자의 변화율에 따른 투자의 변화율로 투자의 이자율탄력성이 클수록 IS곡선의 기울기는 완만해진다. 따라서 투자가 금리에 민감할수록 IS곡선의 기울기는 작아진다.

29

답 ①

┃ 정답해설 ┃

IS 곡선	$Y = C + I + G$ $= 200 + 0.5(Y - 1,000) + 1,600 - 10,000 + 1,000$ $\therefore\ Y = 4,600 - 20,000r$
LM 곡선	$M_d = M_s$ $0.5Y - 25,000r + 500 = M$ $\therefore\ Y = (2M - 1,000) + 50,000r$

IS곡선 $Y = 4,600 - 20,000r$에 균형이자율 $r = 0.06$을 대입하면 $Y = 4,600 - 20,000 \times 0.06 = 3,400$

LM곡선에 $Y = 3,400$, $r = 0.06$를 대입하면

$3,400 = (2M - 1,000) + 50,000 \times 0.06$

$\therefore\ M = 700$

30

답 ①

▌정답해설▌

- 상품시장(IS곡선)은 $Y = C + I + G$에서 $Y = [250 + 0.75(Y - T)] + (160 - 15r) + 235 = 2,220 - 60r$

- 화폐시장(LM곡선)은 $L = \dfrac{M}{P}$ 에서 $Y - 200r = 400$, $Y = 400 + 200r$

- 상품시장과 화폐시장의 두 식을 연립해서 계산해보면 $r = 7.0$, $Y = 1,800$이 계산된다.

31

답 ①

▌정답해설▌

- A점이 IS곡선 상방에 위치하므로 재화시장은 초과공급임을 알 수 있다.
- A점이 LM곡선 상방에 위치하므로 화폐시장은 초과공급임을 알 수 있다.

32

답 ④

▌정답해설▌

④ 부정적 수요 충격으로 단기공급곡선이 좌측으로 이동한 상태에서 확장적 통화정책을 시행함으로 인해 단기공급곡선이 우측으로 이동하게 되어 충격 이전과 동일한 물가와 생산으로 돌아간다.

▌오답해설▌

① 부정적 단기공급 충격이 발생하면 단기공급곡선이 좌측으로 이동하여 물가 상승과 생산량 감소가 발생한다. 이러한 상황에서 정부의 개입이 없으면 실업률 증가로 임금 및 생산 비용이 하락하여 단기공급곡선이 점점 우측으로 이동하여 결국 장기에는 장기 균형상태로 돌아온다.

② 부정적 단기공급 충격시 확장적 재정정책을 시행하면 생산량은 단기 충격 이전과 동일하나 물가는 상승한다.

③ 부정적 수요 충격이 발생하면 단기수요곡선이 좌측으로 이동하여 물가와 생산량 모두 하락한다. 이러한 상황에서 정부의 개입이 없으면 실업률 증가로 임금 및 생산 비용이 하락하여 단기공급곡선이 점점 우측으로 이동하여 장기에는 생산량은 충격 이전과 동일하나 물가는 여전히 충격 이전보다 낮은 상태이다.

33

답 ②

▌정답해설▌

- 2017년 GDP디플레이터 $= 100$(기준연도의 GDP디플레이터는 100이다)

- 2018년 GDP디플레이터 $= \dfrac{50 \times 1,005 + 30 \times 600}{50 \times 1,000 + 30 \times 500} \times 100 = 105$, GDP디플레이터는 5% 증가하였다.

- 2017년 $CPI = 100$(기준연도의 CPI는 100이다)

- 2018년 $CPI = \dfrac{1,005 \times 20 + 40 \times 600}{1,000 \times 20 + 500 \times 40} \times 100 = 110.25$, CPI는 10.25% 증가하였다.

34

답 ④

▌정답해설▌

④ 고용률 $= \dfrac{\text{취업자수}}{\text{생산가능인구수}} \times 100 = \dfrac{570\text{만명}}{1,000\text{만명}} \times 100$
$= 57\%$

▌오답해설▌

① 실업률 $= \dfrac{\text{실업자수}}{\text{경제활동인구수}} \times 100 = \dfrac{30\text{만명}}{600\text{만명}} \times 100$
$= 5\%$

② 비경제활동률
$= \dfrac{\text{생산가능인구수} - \text{경제활동인구수}}{\text{생산가능인구수}} \times 100$
$= \dfrac{400\text{만명}}{1,000\text{만명}} \times 100 = 40\%$

③ 경제활동인구수 $=$ 취업자수 $+$ 실업자수
$= 570\text{만명} + 30\text{만명} = 600\text{만명}$

⑤ 위의 숫자로는 만 15세 이상의 인구수만 알 수 있다. 또한 현역군인이나 공익근무요원, 교도소 수감자 등은 만 15세 이상의 인구수에서 제외되어 있다.

35

┃정답해설┃

- 주어진 조건을 오쿤의 법칙을 대입하여 실업률을 구해보면
$u - 5 = -0.3 \times (-1)$ (※ $Y - \overline{Y}$이 -1인 이유는 성장률이 잠재성장률보다 $1\%p$ 낮기 때문에)
∴ u(실업률) $= 5.3\%$
- 위에서 구한 실업률과 주어진 조건을 필립스곡선에 대입하여 인플레이션율을 구해보면
π(인플레이션) $= 2 - 0.5(5.3 - 5) = 1.85\%$

36

답 ④

┃오답해설┃

① 미리 정해진 규칙에 따라 정책을 운용하는 준칙에 따른 정책은 상황에 따라 소극적 정책일 수도 있고 적극적 정책일 수도 있다.

② 정책의 내부시차는 대체로 재정정책이 통화정책에 비해 길다.

③ 시간불일치(time inconsistency) 문제는 준칙이 아닌 재량정책을 비판한 것이다.

37

답 ③

┃정답해설┃

- 1인당 생산함수 : $y = 2\sqrt{k}$
- 감가상각 존재시 균제상태 : $sf(k) = (n+d)k$
$0.2 \times 2\sqrt{k} = (0.05 + 0.05)k$
∴ $k = 16$
- $k = 16$을 1인당 생산함수에 대입하면 $y = 2\sqrt{16} = 8$
- 자본 1단위당 산출량 $= \dfrac{y}{k} = \dfrac{8}{16} = 0.5$

38

답 ⑤

┃정답해설┃

⑤ 저축률은 외생적으로 주어진 것으로 가정한다.

┃오답해설┃

① · ④ 솔로우 성장모형에서 가정하는 생산함수는 수익불변인 요소대체가 가능한 1차 동차함수이므로, 자본에 대해 수확체감이 성립한다.

② 기술진보가 발생하면 생산함수가 상방으로 이동하고, 그에 따라 저축함수도 상방으로 이동한다. 저축증가로 투자가 증가하면 1인당 자본량과 생산량 모두 증가한다. 일회적인 기술진보는 단기적인 성장만을 가져올 뿐이므로, 지속적인 기술진보가 지속적인 경제성장을 이룰 수 있다.

③ 균제상태에서 1인당 자본량 증가율은 자본증가율에서 인구증가율의 차감한 값으로 나타내므로, 감가상각률의 증가는 1인당 자본량의 증가율에 영향을 미치지 못한다.

39

답 ③

┃정답해설┃

- 국가 사이에 상대적으로 생산비가 낮은 재화생산을 특화해 무역을 할 경우 양 국가 모두 이익을 얻을 수 있다. 상대적 생산비는 각 재화생산의 기회비용을 말한다.

〈국가간 재화생산의 기회비용〉

구분	옷	식료품
A	1/2	2
B	1/3	3

- A국은 식료품에 특화하고, B국은 옷에 특화해야 한다.

③ 교역시 A국이 식료품에 특화하는 것은 맞지만, 식료품 1단위와 교환되는 옷의 양 2~3단위 교역조건 내에서만 교역이 이루어질 것이다.

┃오답해설┃

① 교역전 A국은 옷과 식료품이 완전한 대체재로 1 : 1의 비율이기 때문에 상대적으로 노동력이 덜 들어가는 옷만 생산 · 소비한다.

② B국은 교역 전에 옷과 식료품이 완전보완재로 한 단위씩 소비해야 하므로 동일한 양의 옷과 식료품을 생산 소비한다.

④ 교역시 B국은 A국에 비해 상대적으로 기회비용이 저렴한 옷을 수출하고, 식료품을 수입한다.

⑤ 옷은 식료품 $\frac{1}{3}$과 $\frac{1}{2}$ 사이의 교역조건을 갖기 때문에, 식료품 1단위＝옷 $\frac{7}{3}$ 단위는 가능한 교역조건이다.

40　　답 ③

▌정답해설▐

ㄱ. (○) 한국에서 빅맥을 구입할 때 5,500원을 내고 1,100원이 남았으므로 한국의 빅맥 가격은 4,400원이고, 명목환율이 1달러에 1,100원이므로 한국의 빅맥 가격을 달러로 환산하면 4달러이다.

ㄹ. (○) 빅맥 가격기준 구매력평가환율은 1달러＝880원인데, 명목환율이 1달러＝1,100원이므로 현재 명목환율은 원화의 구매력을 과소평가하고 있다.

▌오답해설▐

ㄴ. (×) 미국에서는 빅맥 가격이 5달러이고, 한국에서는 4,400원이므로,

$$구매력평가환율＝\frac{국내물가수준}{해외물가수준}＝\frac{4,400원}{5달러}$$

$$＝880원/달러$$

ㄷ. (×) 실질환율＝명목환율×$\frac{외국물가}{자국물가}$

$$＝1,100원/달러×\frac{5,500원}{4,400원}$$

$$＝1,375원/달러$$

제2회 경제학원론
최종모의고사 정답 및 해설

01	02	03	04	05	06	07	08	09	10	11	12	13	14	15	16	17	18	19	20
④	④	③	⑤	②	②	②	①	①	③	①	②	②	⑤	②	②	②	④	②	①
21	22	23	24	25	26	27	28	29	30	31	32	33	34	35	36	37	38	39	40
①	④	②	②	③	③	③	②	④	②	②	②	③	②	④	④	②	②	②	①

01
답 ④

▌정답해설 ▌

④ 우하향하는 직선인 수요곡선상에서 수요량이 많아질수록 수요의 가격탄력성은 작아진다.

▌오답해설 ▌

① 수요의 가격탄력성이 1보다 작다면, 가격을 내려서 증가하는 수요량보다 가격을 내림으로써 감소하는 매출액이 더 크기 때문에 총수입은 감소한다.
② 수요의 가격탄력성이 작아야 물품세 부과로 상승한 가격으로 인한 수요량의 감소가 적기 때문에 경제적 순손실이 작아진다.
③ 소비자의 전체 지출에서 차지하는 비중이 큰 상품일수록 가격탄력성은 커진다.
⑤ 대체재가 많을수록 그 재화를 대체할 수 있는 다른 재화들이 있기 때문에 수요의 가격탄력성은 커진다.

02
답 ④

▌정답해설 ▌

• 완전경쟁시장에서는 수요곡선과 공급곡선이 접하는 점에서 가격과 거래량이 결정된다.
• 수요곡선과 공급곡선을 연립해보면 $Q_d = 8 - 0.5P = P - 4 = Q_s$, 균형가격은 8이 나오고, 균형거래량은 4가 나온다.
• 수요곡선은 가격인 세로축의 16을 지나는 우하향의 직선이고, 공급곡선은 세로축 4를 지나는 우상향의 직선이다.

• 균형가격 8의 상방 면적은 소비자잉여이다.
• 따라서 소비자잉여는 $4(수량) \times 8(가격차이) \times \frac{1}{2} = 16$이 나온다.

03
답 ③

▌정답해설 ▌

• 노동수요와 노동공급을 연립하면
$1,000 - 50w = 100w - 800$
$\therefore w = 12$
• $w = 12$를 노동수요 또는 노동공급에 대입하면 균형고용량은 400
• 최저임금 16을 노동수요에 대입하면 노동수요량은 200
• 노동공급량이 200일 때의 임금은 10

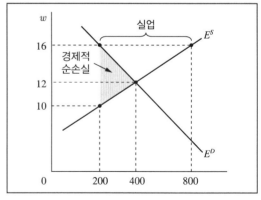

$$\therefore 경제적 순손실 = \frac{1}{2} \times (16 - 10) \times (400 - 200) = 600$$

04

답 ⑤

▮정답해설▮

⑤ 종량세가 수요자나 공급자 누구에게 부과되어도 동일한 조세수입을 가져오지만, 누가 더 많은 조세를 부과하는지는 수요와 공급의 탄력성에 의해 결정된다. 보기에서 수요자의 가격탄력성이 더 크다고 하였으므로, 공급자가 더 많은 조세를 부담한다. 상대적으로 가격탄력성이 낮은 쪽의 조세부담이 커지는 것은 조세부과로 인한 가격상승에도 수요량의 감소가 적기 때문이다.

▮오답해설▮

① 종량세를 공급자에게 부과하면 공급곡선이 10원만큼 상방으로 이동하므로, 균형가격은 상승한다.

② 종량세를 수요자에게 부과하면 수요곡선이 10원만큼 하방으로 이동하므로, 균형가격은 하락한다.

③ 종량세가 공급자에게 부과되든, 수요자에게 부과되든 균형가격의 변화만 있을 뿐, 정부의 조세수입은 동일하다.

④ 정부의 수입이 동일하므로, 경제적 순손실도 동일하다.

05

답 ②

▮정답해설▮

- 소비자 효용극대화를 위한 소비자균형에서는 효용함수가 $U = \min(X, Y)$이라면 소비자는 X재와 Y재를 1 : 1로 소비할 것이므로 $X = Y$가 성립한다.
- 이를 예산식 $P_X \times X + P_Y \times Y = M \rightarrow X(P_X + P_Y) = M$에 대입한다.
- $X = \dfrac{M}{P_X + P_Y} \rightarrow X = \dfrac{100}{P_X + 10}$

06

답 ②

▮정답해설▮

- 소비자의 효용이 극대화되는 상태는 소비자균형이다.
- 소비자균형의 조건 : 한계효용균등의 원리가 성립한다.

  $\dfrac{MU_X}{P_X} = \dfrac{MU_Y}{P_Y} \rightarrow \dfrac{MU_X}{P_X} = \dfrac{MU_Y}{P_Y} \rightarrow \dfrac{2}{2} = \dfrac{4}{P_Y}$

  $\rightarrow P_Y = 4$
- 예산제약선 : $P_X X + P_Y Y = M \rightarrow 2 \times 3 + 4 \times Y = 50$,

  $4Y = 44$, $Y = 11$, Y재는 11단위 소비할 수 있다.

07

답 ②

▮정답해설▮

- $MU_X = \dfrac{dU}{dX} = Y$
- $MU_Y = \dfrac{dU}{dY} = X$
- $MRS_{XY} = \dfrac{MU_X}{MU_Y} = \dfrac{Y}{X} = \dfrac{P_X}{P_Y}$
- $\therefore Y \cdot P_Y = X \cdot P_X$
- 예산제약 : $P_X \cdot X + P_Y \cdot Y = M$

  예산제약 공식을 이용하여 X재, Y재 수요함수를 각각 구해보면

X재 수요함수 도출	$P_X \cdot X + P_Y \cdot Y = M$ $P_X \cdot X + P_X \cdot X = 2P_X \cdot X = M$ $X = \dfrac{M}{2P_X}$
Y재 수요함수 도출	$P_X \cdot X + P_Y \cdot Y = M$ $P_Y \cdot Y + P_Y \cdot Y = 2P_Y \cdot Y = M$ $Y = \dfrac{M}{2P_Y}$

소비자의 Y재 소비량이 X재 소비량보다 2배 많고, X재 가격이 3이라 하였으므로

$2X = Y$

$2 \cdot \dfrac{M}{2P_X} = \dfrac{M}{P_X} = \dfrac{M}{3} = \dfrac{M}{2P_Y}$

$\therefore P_Y = 1.5$

08

답 ①

▮정답해설▮

① 등량곡선과 등비용선이 접할 때 비용의 최적화가 이뤄진다. 가격의 변화가 없으면, 등량곡선과 등비용선의 상대적 비율이 일정하므로, 노동을 2단위 줄였을 때 자본을 4단위 증가시켜 사용한다. 생산비용은 400으로 동일하다.

▮오답해설▮

② 자본의 단위당 가격이 상승하면 등비용선이 등량곡선보다 작아지므로, 노동의 투입량을 더 늘리는 것이 비용극소화에 유리하다.

③ 노동의 단위당 가격이 상승하면 등비용선이 등량곡선보다 커지므로, 자본만 투입하는 것이 비용극소화에 유리하다.

④·⑤ 주어진 조건을 생산함수로 나타내면 $Q=20L+10K$로 나타낼 수 있다. 노동의 한계생산을 구하기 위해 위 식을 L로 미분하면 $MP_L=20$이 계산되고, 자본의 한계생산을 구하기 위해 위 생산함수를 K로 미분하면 $MP_K=10$이 계산된다. 한계생산비율은 $\frac{MP_L}{MP_K}=2$로, 등량곡선의 기울기이다. 이것은 노동의 생산성이 자본의 생산성보다 2배 높다는 의미이다. 생산요소의 가격비율인 $\frac{임금}{임대료}=2$는 등비용선의 기울기이다.

09 　　답 ①

┃정답해설┃

① 등량곡선과 등비용선이 접하는 점은 이윤극대화점이 아니라 비용극소화점이다.

┃오답해설┃

② 등비용선의 기울기의 절댓값은 두 생산요소 가격의 상대적인 비율이다.

③ $\left(\frac{MP_L}{w}\right)=\left(\frac{MP_K}{r}\right)$일 때 비용극소화가 가능하므로 $\left(\frac{MP_L}{w}\right)\neq\left(\frac{MP_K}{r}\right)$이라면 생산요소 투입량을 조정하여 균형을 맞춘다. 즉 $\left(\frac{MP_L}{w}\right)>\left(\frac{MP_K}{r}\right)$일 경우 노동투입량을 증가시키고 자본투입량을 감소시키면 더 적은 비용으로 동일한 양을 생산할 수 있다.

④·⑤ 동일한 생산량을 유지하며 노동을 한 단위 더 고용하기 위해서 감소시켜야 하는 자본의 수량을 의미하는 한계기술대체율$(MRTS_{XY})$은 $-\frac{\triangle K}{\triangle L}=\frac{MP_L}{MP_K}$으로 표현하는데 이는 등량곡선 접선의 기울기이며, 두 생산요소의 한계생산물의 비율이다.

10 　　답 ③

┃정답해설┃

생산함수 $Q=5L^{1/2}K^{1/2}$이고, 자본이 4이므로 생산함수에 자본 4를 대입하면 생산함수 $Q=10L^{1/2}$이다.

생산함수 $Q=10L^{1/2}$ 양변을 제곱하면 $Q^2=100L$이고 이를 L에 대하여 정리하면 $L=\frac{1}{100}Q^2$이다.

위에서 정리한 함수와 임대료 2, 임금 2를 이용하여 비용함수를 구해보면

$$C=wL+rK=\left(2\times\frac{1}{100}Q^2\right)+(2\times4)=\frac{1}{50}Q^2+8$$

③ 한계비용 $=\frac{dC}{dQ}=\frac{1}{25}Q$

┃오답해설┃

① 총고정비용은 비용함수의 상수부분인 8이다.

② 총가변비용은 $\frac{1}{50}Q^2$이고 평균가변비용은 $\frac{1}{50}Q$이다.

④ 평균비용 $=\frac{C}{Q}=\frac{1}{50}Q+\frac{8}{Q}$

11 　　답 ①

┃정답해설┃

• 규모의 경제는 장기평균비용곡선의 최저점을 기준으로 왼쪽에서, 규모의 비경제는 최저점 오른쪽에서 발생한다.

• 장기평균비용곡선은 $\frac{TC}{Q}=LAC=40-10Q+Q^2$

• 최저점을 알기 위해 장기평균비용곡선을 Q로 미분하여 0으로 둔다.

$$\frac{dLAC}{dQ}=-10+2Q=0,\ \therefore\ Q=5$$

12

▌정답해설▌

② A기업은 시장의 수요증가로 시장가격이 상승하였음에도 손실을 보고 있다는 것은 현재가격이 평균비용보다 낮다는 것이며 가격이 평균비용보다 낮다는 것은 한계수입곡선이 평균비용곡선 하방에 위치하였음을 나타낸다.

▌오답해설▌

① 완전경쟁시장에서는 $P = MR = MC$인데, 시장가격이 상승하였으므로 한계비용곡선은 상방 이동한다.

③ 손실을 보고 있다면 가격이 평균비용보다 낮은데, 생산을 계속하고 있으므로 평균가변비용보다는 높은 경우이다.

④ 가격이 평균가변비용보다 높다면($P > AVC$) 총수입($TR = P \times Q$)은 총가변비용($TVC = AVC \times Q$)보다 많다.

⑤ 가격이 평균가변비용곡선보다 상방에 위치하므로 평균가변비용곡선의 최저점은 시장가격보다 낮다.

13

▌정답해설▌

- $\pi = TR - TC = P \cdot Q - 4Q = (100 - N - Q)Q - 4Q$

  $= -Q^2 + (96 - N)Q = -Q(Q - 96 + N)$

- 이윤(π)이 0이 되기 위해선 기업수는 $96 - Q$이다. … ②

- 이윤(π)이 극대화되기 위한 Q을 구하면

  $$\frac{d\pi}{dQ} = -2Q + (96 - N) = 0$$

  $$\therefore Q = 48 - \frac{N}{2}$$

- 기업수 60일때 최적생산량은 $48 - \dfrac{60}{2} = 18$이다. … ①

- $P = 100 - N - Q^d$이므로 기업수가 증가하면 균형가격은 하락한다. … ③

- $Q^d = 100 - N - P$이므로 기업수가 증가하면 생산량은 감소한다. … ④

14

▌정답해설▌

⑤ $Q = 100$을 시장수요함수식에 대입하면 $P = 200$

▌오답해설▌

① $P = 300 - Q$, $TR = Q \times P = (300 - Q) \times Q$

② TR을 Q로 미분하면 $MR = \dfrac{dTR}{dQ} = 300 - 2Q$

③ $C = 0.5Q^2$을 Q로 미분하면 $MC = \dfrac{dC}{dQ} = Q$

④ 이윤극대화조건 : $MR = MC \rightarrow 300 - 2Q = Q$,

  $\therefore Q = 100$

15

▌정답해설▌

- 독점기업의 이윤극대화 : $MR = MC$, $TR = 10Q - \dfrac{1}{2}Q^2$

  $\rightarrow MR = 10 - Q$, $MC = 2$

  대입해보면 가격은 6, 거래량은 8이다.

- 완전경쟁시장인 경우에는

  $P = MC$, $P = 10 - \dfrac{1}{2}Q$, $MC = 2$

  대입해보면 가격은 2, 거래량은 16이다.

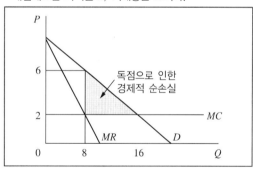

- 경제적 순손실은 $4 \times 8 \times \dfrac{1}{2} = 16$이다.

16
답 ②

▍정답해설▍

② 완전경쟁시장이 장기균형에 있다면 정상이윤만을 얻기 때문에 가격과 평균비용이 같지만, 단기에는 이익을 얻을 수도, 손해를 볼 수도 있기 때문에 반드시 가격과 평균비용이 일치한다고 볼 수는 없다.

▍오답해설▍

① 완전경쟁시장에서는 다수의 수요자와 공급자가 존재하므로 개별기업이나 소비자는 가격에 영향을 미칠 수가 없고, 시장에서 결정된 가격을 주어진 것으로 받아들이는 가격수용자이다.
③ 독점시장에서 균형상태일 때 가격은 한계비용보다 크고, 수요곡선과 일치한다.
④ 독점적 경쟁시장에서의 균형은 $P > MC$가 성립한다.
⑤ 독점적 경쟁시장에서도 완전경쟁시장과 같이 기업들의 진입과 퇴거가 자유롭기 때문에 장기에 초과수요를 얻을 수 없다.

17
답 ②

▍정답해설▍

• 기업 1의 생산량＋기업 2의 생산량＝시장전체 생산량
→ $q_1 + q_2 = Q$(시장전체 생산량)
• 시장전체 수요함수 : $P = 18 - Q$
• 꾸르노 경쟁에서의 생산량은 완전경쟁일 때의 생산량의 $\frac{2}{3}$ 만큼이고, 완전경쟁의 균형은 $P = MC$인 점에서 이루어지므로 $18 - Q = 6$, $Q = 12$
• 따라서 꾸르노 경쟁에서의 생산량은 $12 \times \frac{2}{3} = 8$, $q_1 + q_2 = 8$이다.
• 먼저 기업 1의 총수입을 구하고 $P = 18 - q_1 - q_2$, $TR = (18 - q_1 - q_2) \times q_1$
• 기업 1의 총수입 TR을 q_1으로 미분하면 한계수입을 계산할 수 있다.
• $MR = 18 - 2q_1 - q_2$, $MC = 6$
• 기업 1의 반응함수는 $MR = MC$에서 결정되므로 $18 - 2q_1 - q_2 = 6$ → $12 = 2q_1 + q_2$
• 앞에서 두 기업의 생산량은 $q_1 + q_2 = 8$, 두 식을 연립하여 풀면 $q_1 = 4$, $q_2 = 4$
• $q_1 = 4$, $q_2 = 4$를 시장수요함수에 넣어보면 $P = 10$이 계산된다.

18
답 ④

▍정답해설▍

④ 로렌츠곡선의 교차 여부와 관계없이 45도 대각선 밑의 면적이 같다면 동일한 지니계수를 갖는다.

▍오답해설▍

① 지니계수는 로렌츠곡선이 나타내는 소득분배상태를 숫자로 표시한 것으로 0부터 1사이의 값을 가지며, 그 값이 작을수록 소득분배가 균등함을 의미하므로 지니계수 값이 커질수록 더 불균등한 소득분배를 나타낸다.
② 십분위분배율은 최하위 40%의 소득점유율을 최상위 20%의 소득점유율로 나눈 값으로 0부터 2사이의 값을 가지며, 그 값이 클수록 소득분배가 균등함을 의미한다.
③ 로렌츠곡선은 인구와 소득의 누적점유율 사이의 대응관계를 그림으로 나타낸 것으로 소득분배가 균등할수록 로렌츠곡선은 대각선에 가까워진다.
⑤ 하위 10%의 인구가 전체 소득의 10%를 차지하고 있다면, 소득분배가 완전히 균등하고 볼 수 있으므로 로렌츠곡선은 45도 대각선의 형태로 나타날 것이다.

19
답 ②

▍정답해설▍

• 개별기업의 노동수요곡선이 $l = 8 - \frac{w}{600}$ 이고, 시장에 600개의 기업이 존재하므로 시장전체의 노동수요곡선은 $L = 4,800 - w$이다.
• 노동시장에 100명의 노동자가 있고, 노동공급이 완전비탄력적이므로 $L = 100$이 성립한다.
따라서 $w = 4,700$이다.

20
답 ①

▍정답해설▍

• 공공재의 시장수요곡선은 갑의 수요 곡선 $Q = 3,000 - P$ 와 을의 수요 곡선 $Q = 2,000 - 2P$를 수직으로 합한다.
• $P = 4,000 - \frac{3}{2}Q$이다.
• 공공재의 최적생산량을 위해 $P = MC$로 두면 $4,000 - \frac{3}{2}Q = 1,000$이다. 따라서 $Q = 2,000$

222 감정평가사 1차 경제학원론 기출문제집(+ 최종모의고사)

21

답 ①

▮정답해설▮

①은 역선택 방지 대책이며, 그 외의 보기 지문들은 도덕적 해이 방지 대책이다.

22

답 ④

▮정답해설▮

• 2014년 GDP디플레이터$=\dfrac{\text{명목}GDP}{\text{실질}GDP}\times 100=100$,

2014년 실질GDP=100억원

• 2015년 GDP디플레이터$=\dfrac{\text{명목}GDP}{\text{실질}GDP}\times 100=120$,

2015년 실질GDP=125억원

• 2015년의 전년 대비 실질GDP 증가율

$=\dfrac{125\text{억원}-100\text{억원}}{100\text{억원}}=0.25=25\%$

23

답 ②

▮정답해설▮

② 균형재정승수=정부지출승수+조세승수

$=5+(-4)=1$

▮오답해설▮

① 정부지출승수$=\dfrac{1}{1-\alpha}=\dfrac{1}{1-0.8}=5$

조세승수$=-\dfrac{\alpha}{1-\alpha}=-\dfrac{0.8}{1-0.8}=-4$

③ · ④ $\beta=0$으로 투자는 이자율에 영향을 받지 않는다. 따라서 통화량 증가로 인한 이자율 하락이 투자에 영향을 주지 않는다. 그러므로 통화량이 증가해도 생산은 불변이다.

24

답 ②

▮정답해설▮

② 항상소득가설은 현재소득의 증가 중에서 항상소득이 차지하는 비중이 높을수록 현재소비가 증가한다.

▮오답해설▮

① 케인즈의 절대소득가설에 의하면 소비는 현재의 소득에 의해서만 결정되고, 이자율과는 아무런 관련이 없으므로 이자율탄력성은 0이다.

③ 상대소득가설에서 개인의 소비는 습관성이 있어서, 소득이 변한다고 바로 변하지 않으므로 톱니효과가 존재한다.

④ 생애주기가설에 의하면 사람들은 중 · 장년층에 높은 소득수준을 갖고, 노년기에 낮은 소득수준을 보이기 때문에 그에 맞춰서 소비수준을 결정한다.

25

답 ③

▮정답해설▮

• 통화정책이 효과를 보기 위해서는 IS곡선은 완만하고, LM곡선은 기울기가 가팔라야 한다.

한계저축성향이 작을수록, 투자의 이자율탄력성이 클수록 IS곡선은 완만해지고, 화폐수요의 이자율탄력성이 작을수록 LM곡선의 기울기가 가팔라진다.

• ㉠ IS : $Y=500-2{,}000r \Rightarrow r=-\dfrac{1}{2{,}000}Y+\dfrac{1}{4}$

LM : $Y=400+4{,}000r \Rightarrow r=\dfrac{1}{4{,}000}Y-\dfrac{1}{10}$

㉡ IS : $0.5Y=320-1{,}600r \Rightarrow r=-\dfrac{1}{3{,}200}Y+\dfrac{1}{20}$

LM : $0.25Y=100+100r \Rightarrow r=\dfrac{1}{400}Y-\dfrac{1}{100}$

효과적인 통화정책이 되기 위해선 r에 관한 식에서 IS곡선은 완만하고 LM곡선은 급경사이어야 한다. 따라서 ㉠보다 ㉡에서 통화정책이 더 효과를 나타낼 것이다.

• ⓐ · ⓒ 통화정책의 효율성을 높이기 위한 IS곡선을 완만하게 하는 방법은 한계저축성향을 작게, 한계소비성향을 크게, 투자의 이자율탄력성을 크게 하는 것이다.

ⓑ LM곡선을 급경사로 만드는 요인은 화폐수요의 이자율탄력성을 작게 하면 된다.

26

답 ③

▍정답해설 ▍

③ 교환방정식은 화폐의 교환의 매개수단으로의 기능을 중시한다.

▍오답해설 ▍

① 교환방정식에 의하면 $MV=PY$가 성립한다. 화폐의 유통속도(V)가 일정하고 국민소득(Y)은 고정된 값이므로, 화폐공급(M)이 증가한다면 물가상승(P)이 일어난다.

② 교환방정식을 화폐수요 측면에서 살펴보면 $M=\dfrac{1}{V}PY$로 정리할 수 있다. 명목GDP는 PY인데, V가 일정하므로 1로 두면 화폐수요는 명목GDP에 비례한다.

④ 화폐의 교환방정식 $MV=PY$에서 명목GDP인 PY에 1,000을 넣고 화폐공급 M에 100을 대입하면 화폐의 유통속도 V가 10이 나온다.

27

답 ③

▍정답해설 ▍

③ 유동성함정에서는 화폐수요의 이자율탄력성이 무한대이다.

▍오답해설 ▍

① 이자율이 매우 낮은 수준이 되면 사회구성원 전부가 모든 자산을 화폐로 보유하고자 하므로 화폐수요곡선이 수평선이다. LM곡선의 기울기는 화폐수요의 이자율탄력성에 의해 결정되는데, 유동성함정에서는 화폐수요의 이자율탄력성이 무한대이므로, LM곡선이 수평이다.

②·④ 고전학파는 경제가 유동성함정구간에 있더라도 부의 효과가 존재하면 통화정책이 효과를 가질 수 있다고 주장한다. 통화정책을 실시하여 통화량을 증가시키면 민간의 소비증가로 인해 IS곡선을 오른쪽으로 이동시켜 국민소득을 증가시킬 수 있다.

28

답 ②

▍정답해설 ▍

② IS곡선의 경사가 가팔라질수록, 정부의 지출이 증가하면 이자율이 큰 폭으로 하락해서 투자가 크게 늘기 때문에 재정정책의 유효성이 커진다.

▍오답해설 ▍

① IS곡선이 수직에 가까우므로 투자의 이자율탄력성이 비탄력적이다.

③ LM곡선이 수평에 가까울수록 화폐수요의 이자율탄력성이 매우 크다.

④ LM곡선이 수평에 가까울수록 화폐수요가 증가하므로 이자율이 불변이 되므로 유동성함정의 발생가능성이 커진다.

29

답 ④

▍정답해설 ▍

ㄴ·ㄹ. (O) 폐쇄경제하에서 중앙은행이 통화량을 감소하면 LM곡선은 좌측으로 이동하고, LM곡선의 이동으로 인해 이자율이 상승하며, 이자율 상승은 투자를 위축시키는 구축효과를 유발한다.

30

답 ②

▍정답해설 ▍

IS곡선 : $\quad Y=C+I+G$

$\qquad\qquad Y=(3+0.5Y)+(2-r)+5$

$\qquad\qquad \therefore Y=20-2r$

LM곡선 : $9=-r+0.5Y$

$\qquad\qquad \therefore Y=18+2r$

IS곡선과 LM곡선을 연립해서 풀면 $20-2r=18+2r$

$\therefore r=0.5$

따라서 균형이자율은 0.5이다.

통화량이 0.4만큼 증가한 이후의 LM곡선은 $9.4=-r+0.5Y$

$\therefore Y=18.8+2r$

변경된 LM곡선을 IS곡선과 연립해서 풀면

$20-2r=18.8+2r$ $\therefore r=0.3$

따라서 변경된 균형이자율은 0.3이다.

31

답 ②

▎정답해설▎

IS곡선 혹은 LM곡선이 우측으로 이동하면 총수요곡선(AD곡선)도 우측으로 이동한다.

- IS곡선 우측 이동요인 : 소비 증가, 투자 증가, 정부지출 증가, 조세 감소, 수출 증가
- IS곡선 좌측 이동요인 : 소비 감소, 투자 감소, 정부지출 감소, 조세 증가, 수입 증가
- LM곡선 우측 이동요인 : 통화공급 증가, 통화수요 감소
- LM곡선 좌측 이동요인 : 통화공급 감소, 통화수요 증가

ㄱ. (○) 주택담보대출의 이자율 인하 → 소비 증가 → IS곡선 우측 이동

ㄷ. (○) 기업에 대한 투자세액공제 확대 → 투자 증가 → IS곡선 우측 이동

ㅁ. (○) 해외경기 호조로 순수출 증대 → IS곡선 우측 이동

▎오답해설▎

ㄴ. (×) 종합소득세율 인상 → 조세 증가 → 소비 감소 → IS곡선 좌측 이동

ㄹ. (×) 물가의 변화는 LM곡선의 이동요인이나 AD곡선의 이동요인은 아니다(AD곡선 상에서의 이동요인임).

32

답 ②

▎정답해설▎

② 장기총공급곡선은 자연산출량 수준에서 수직선 형태를 보이지만, 기술발전, 노동력이나 자본 같은 실물적인 요인이 증가하면 우측으로 이동한다.

▎오답해설▎

① 유가가 상승하면 생산요소가격의 상승으로, 기업의 생산비가 상승한다. 기업의 생산비가 상승하면, 단기총공급곡선은 좌측으로 이동한다.

③ 생산성이 향상되면 재화생산에 필요한 생산요소의 양이 줄어들어, 기업의 생산비가 하락한다. 기업의 생산비가 하락하면, 단기총공급곡선은 우측으로 이동한다.

④ 장기는 모든 가격변수가 신축적일 정도로 충분히 긴 시간이다. 장기에는 가격변수가 신축적이므로 물가가 상승하거나 하락하더라도 총생산량은 변하지 않으므로, 장기총공급곡선은 자연산출량 수준에서 수직선이다.

⑤ 고용주가 부담하는 의료보험료의 상승도 결국은 생산요소의 가격상승으로, 생산비의 증가를 가져온다.

33

답 ③

▎정답해설▎

$$\frac{M^d}{P} = \frac{M^s}{P}$$

$$5,000 - 5,000i = \frac{8,000}{2} = 4,000$$

$$\therefore\ i = 0.2 = 20\%$$

$\therefore$ 실질이자율＝명목이자율－기대인플레이션

$$= 20\% - 10\% = 10\%$$

34

답 ②

▎정답해설▎

② 구직포기자가 늘어나면 경제활동인구가 줄어들고, 실업자수가 감소하기 때문에 실업률은 줄어든다.

▎오답해설▎

① 경기적 실업은 경기가 침체함에 따라 발생하는 실업으로 이를 극복하기 위해서는 경기를 활성화시켜야 한다. 따라서 정부의 지출을 늘리고, 세율을 인하하거나, 기업의 설비투자를 장려하고 가계의 민간 소비를 늘려야 한다.

③ 비경제활동인구에 포함되었던 전업주부가 직장을 가지면 경제활동참가율도 올라가고 취업자수가 증가하여 취업률도 올라간다.

④ 실업급여의 확대는 실업급여가 높아지고, 지급기간이 길어지면 노동자들이 높은 임금의 일자리만 찾으려 할 것이므로 탐색적 실업을 증가시킨다.

⑤ 직업정보망이 확대되면 노동자의 구직 기간도 짧아지고, 기업의 구인 기간도 짧아지므로 구조적 실업을 줄이기 위해서는 취업정보의 제공을 늘려야 한다.

35

답 ④

▎정답해설▎

④ 밀턴 프리드만에 의하면 장기에는 사람들이 인플레이션율을 정확히 예측하므로 실제실업률과 자연실업률이 일치하여, 장기 필립스곡선은 자연산출량 수준에서 수직선의 형태로 도출된다.

① 단기 필립스곡선은 수요정책을 효과적이라고 보는 케인즈학파의 지지를 받았다. 실업률을 낮추기 위한 재량적인 총수요관리정책은 단기적으로 실제실업을 낮출 수 있다고 주장하였다.

② 희생률이란 인플레이션 하락에 따라 증가하는 실업률로서 이는 실업률과 물가상승률간 상충관계를 보여주는 단기 필립스곡선과 관계가 있다.

③ 단기 필립스곡선은 본래 필립스(A.W. Phillips)가 영국의 자료를 분석하여, 명목임금상승률과 실업률 간에 역의 상관관계가 있다는 것을 제시하였다.

⑤ 필립스곡선 : $\pi = \pi^e - \gamma(u - u^n)$, 예상인플레이션율 π^e이 상승하면 단기 필립스곡선은 오른쪽으로 이동한다.

36
답 ④

┃정답해설┃

④ 신케인지언학파에 의하면 경기변동이 경제주체들의 최적화에 따른 결과라고 주장한다.

┃오답해설┃

① 실물경기변동이론은 경기변동은 화폐와는 관계가 없고, 실물적인 요인에 의해 발생한다고 가정하며, 물가를 비롯한 가격변수가 신축적이라고 가정한다.

② 실물경기변동이론은 경기변동의 주요 요인이 공급측 충격이라고 가정한다.

③ 화폐의 중립성은 신고전학파의 실물경기변동이론에서 가정한다.

37
답 ②

┃정답해설┃

• 황금률의 1인당 자본량이 $MP_K = n + d$이므로

$$MP_K = \frac{dy}{dk} \rightarrow \frac{dy}{dk} = 2k^{-0.5} = \frac{2}{\sqrt{k}}$$

• 인구증가가 없다고 주어졌으므로 $n = 0$, $d = 0.1$

$$\rightarrow \frac{2}{\sqrt{k}} = 0.1 \rightarrow k = 400$$

• 황금률 수준의 1인당 생산량은 $k = 400$을 1인당 생산함수에 대입해보면 1인당 생산량 $y = 80$으로 계산된다.

38
답 ②

┃정답해설┃

• 경제성장률$\left(\frac{\Delta Y}{Y}\right) = 2\%$, 자본의 성장 기여율$= 80\%$

• $\alpha \frac{\Delta K}{K} = $ 경제성장률 × 자본의 성장 기여율

$$= 2\% \times 80\% = 1.6\%$$

• $\alpha \frac{\Delta K}{K} = 0.4 \times \frac{\Delta K}{K} = 1.6\%$, $\therefore \frac{\Delta K}{K} = 4\%$

39
답 ②

┃정답해설┃

• A국이 철강과 자동차의 생산 모두 절대 우위를 갖고 있으므로, 교역조건이 A국의 국내생산비율과 같아지면 B국의 이익이 최대가 된다.

• 문제 조건에서 A국이 시간당 2톤을 생산하거나 4대의 자동차를 생산할 수 있다고 하였으므로 A국은 자동차 1대와 철강 $\frac{1}{2}$ 톤의 교환이 가능하다.

• 문제의 조건에 의하면 B국은 자동차 1대에 철강 3톤의 교환이 가능하다.

• 따라서 B국이 무역으로 최대 이익을 얻기 위해선 자동차 1대와 철강 $\frac{1}{2}$ 톤을 교환할 때이다.

40
답 ①

┃정답해설┃

• 팽창적 통화정책을 실시하면, LM곡선이 우측으로 이동하면서 이자율이 하락한다.

• 이자율이 하락하면 국외로 자본이 빠져나가고, 국내에서 외환의 수요가 증가하면서 환율이 상승한다.

• 환율이 상승하면 순수출이 증가하고, IS곡선이 우측으로 이동한다.

• IS곡선과 LM곡선이 우측으로 이동하므로 총수요가 증가한다.

• 이자율은 다시 원상태로 돌아온다.

2025 SD에듀 감정평가사 1차 경제학원론 기출문제집(+최종모의고사)

개정1판1쇄 발행	2024년 06월 07일(인쇄 2024년 05월 24일)
초 판 발 행	2023년 07월 14일(인쇄 2023년 06월 30일)
발 행 인	박영일
책 임 편 집	이해욱
편 저	SD감정평가연구소
편 집 진 행	석지연
표 지 디 자 인	박종우
편 집 디 자 인	김민설 · 고현준
발 행 처	(주)시대고시기획
출 판 등 록	제10-1521호
주 소	서울시 마포구 큰우물로 75 [도화동 538 성지 B/D] 9F
전 화	1600-3600
팩 스	02-701-8823
홈 페 이 지	www.sdedu.co.kr
I S B N	979-11-383-7272-5 (13320)
정 가	21,000원

할 수 있다고 믿어라.

그러면 이미 반은 성공한 것이다.

– 시어도어 루즈벨트 –

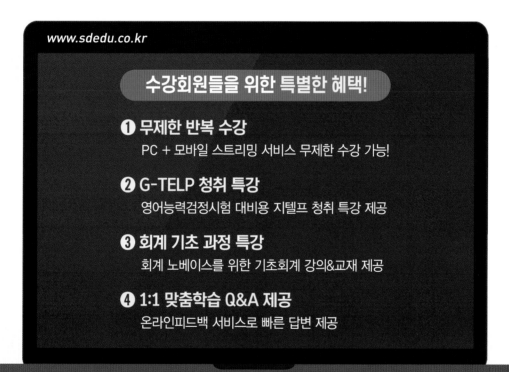

SD에듀 감정평가사

감정평가사 기출이 충실히 반영된 기본서!

1차 기본서 라인업

감정평가사 1차

민법 기본서

감정평가사 1차

경제학원론 기본서

감정평가사 1차

부동산학원론 기본서

감정평가사 1차

감정평가관계법규 기본서

감정평가사 1차

회계학 기본서